新・成年後見における死後の事務

円滑化法施行後の実務の対応と課題

松川 正毅【編】

日本加除出版株式会社

推薦のことば

　成年後見制度が2000年4月に施行されて以来，超高齢社会に突入した日本においては，制度利用者数は年々増加の一途をたどっています。また同時に核家族化，親族関係の希薄化等により，親族以外の第三者が成年後見人等に選任される件数も増加しており，現在，その割合は全体の約7割を超えています。

　日本司法書士会連合会と全国各地の司法書士は，成年後見制度の施行当初から，制度の趣旨に則り，高齢者や障害のある方々が，住み慣れた地域の中でその方らしく穏やかな生活ができるよう，成年後見人等の担い手として活動してまいりました。

　司法書士が専門職後見人等として活動する中で常に抱えていた課題が，成年被後見人等が死亡した後の事務です。従前，成年被後見人等の死亡後は，原則的に後見人等の地位は消滅するにもかかわらず，医療費の支払や火葬・埋葬に関する契約の締結など，いわゆる「死後の事務」を行うことを求められ，社会通念上これを拒むことが難しいという状況がありました。

　日本司法書士会連合会の大学提携事業として設置された，大阪大学・松川正毅名誉教授と成年後見の実務経験豊富な司法書士をメンバーとする「成年後見分野研究会」では，「死後の事務」についての研究を積み重ね，その成果として「成年後見における死後の事務 ── 事例にみる問題点と対応策」（2011年）を刊行されたところです。

　その後，「成年後見における死後の事務」は，社会的にも大きな問題として取り上げられるようになり，「成年後見の事務の円滑化を図るための民法及び家事事件手続法の一部を改正する法律」（平成28年法律第27号・平成28年10月13日施行。以下，「円滑化法」という。）が成立し，民法873条の2が新設されることによって，一定の要件のもとでの成年後見人の「死後の事務」の範囲，内容及びその手続が明確化されました。

　円滑化法により，「死後の事務」について一定の改善が図られたことは間違いありませんが，実際に実務を行う上で，いまだ解決が困難な問題がある

推薦のことば

ことや新たに生じる問題があることも見えてきました。

　本書は，円滑化法施行から約2年が経過した今，「死後の事務」について集積された事例に基づいて明らかになってきた実務の動向や問題点を踏まえて，松川名誉教授と前記の成年後見分野研究会の司法書士によって，内容を全面的に見直し，構成立てを一新して発刊されるものです。書名も「新・成年後見における死後の事務——円滑化法施行後の実務の対応と課題」と銘打ち，円滑化法と実務の対応について改正のポイントごとに分かりやすく解説がされています。成年後見人にとっては，必ず直面する「死後の事務」について，円滑化法の内容を踏まえた実務対応を行う上で非常に有益な実務書であります。

　第三者後見人等への需要と期待が更に高まる今日，成年後見人等の実務に役立ち，ひいては更なる成年後見制度の普及と発展につながることを願いまして，本書を広く推薦いたします。

　2019年2月

日本司法書士会連合会

会長　今　川　嘉　典

推薦のことば

　本書の前身である「成年後見における死後の事務」の初版が刊行された平成23年には，第三者後見人の選任率は約44.4％（親族後見人の選任率は約55.6％）でした。しかし平成24年に親族後見人と逆転して平成29年には約73.8％を占める割合まで拡大しています。

　このような状況は，「成年後見人の選任率として本来あるべき姿か」「後見人としての支援から親族が排除されるのではないか」という議論がある一方，第三者後見人が行う事務の「三大課題」といわれる「死後の事務」「医療行為に関する同意」「責任無能力者の後見人の責任」の問題を改めて浮き彫りにしています。

　そのうち「医療行為の同意」については，平成26年5月15日に当法人の意見書である「医療行為における本人の意思決定支援と代行決定のプロセスの透明化について」を公表いたしました。他の専門職団体も同様の提言を行うなどして各界から国に対し立法による改善を求めていますが，いまだその実現には至っていません。

　また，「責任無能力者の後見人の責任」については，認知症高齢者に関するJR東海列車事故に関する最高裁判決（最三小判平成28年3月1日民集70巻3号681頁）により介護家族のみならず成年後見人の責任の範囲にも言及した判断がされましたが，更なる研究と議論が必要です。

　そのなかで，「死後の事務」は，制度施行当初より，多くの理論と後見実務の観点からの議論が積み上げられてきました。

　これらの議論は，単に実務に理論としての道筋を示したのみならず，家庭裁判所の運用にも大きな影響を与え，「死後の事務」という課題の存在とその解決の必要性を強く訴えるものとなりました。

　その結果，議員立法により，平成28年4月に「成年後見の事務の円滑化を図るための民法及び家事事件手続法の一部を改正する法律」（平成28年法律第27号）が成立し，同年10月13日から施行されました。

　これは，制度施行以来の各方面の努力が結実したものとして後見類型にお

推薦のことば

ける一定の解決が図られました。しかし前書「成年後見における死後の事務」をはじめとする多くの努力により「三大課題」の中では一番研究と実践が進んでいる分野とはいえ，依然として課題は横たわっている状態です。

　更なる研究と議論が求められる中，本書「新・成年後見における死後の事務──円滑化法施行後の実務の対応と課題」が上梓されたことは，いまだ解決されていない理論的課題を整序して実務に資するのみならず，今後の制度のあるべき方向を照らす光として我々を導いてくれるものと期待しております。

　ここに本書を「三大課題」への挑戦を象徴する書籍として推薦いたします。

　2019年2月

　　　　　　　　　公益社団法人成年後見センター・リーガルサポート

　　　　　　　　　　　理事長　矢　頭　範　之

は　し　が　き

　成年後見制度が民法典に設けられて20年近い年月が経過しようとしている。2006年に成年後見分野研究会が発足し，実務に携わっている司法書士の現場の問題として，当時，問題意識も薄かった死後事務をテーマにして，議論をし研究を深めた。そして，2011年に研究会の成果として「成年後見における死後の事務」を公刊した。同書では，現に生じている，また生じうる問題の姿を示し，それらの解決方法を探った。幸いにして，この書物に対して興味が持たれた。問題の姿を示すことによって法理論が欠缺しているとの意識が実務家に広がった。実務的にも社会的にも問題意識を共有する契機を，「成年後見における死後の事務」の書物は与え得たと思う。

　その後，この書物で試みた問題提起に関して，解釈法上の解決編を作成しようとして，研究会を重ねていたところ，2016年に，「成年後見の事務の円滑化を図るための民法及び家事事件手続法の一部を改正する法律」によって，民法873条の2が新設され，死後事務に関する規定が設けられるに至った。

　そこで，これまでの研究会の成果をもとにして，新設の民法873条の2を分析，検討し，その意義を位置付け，また同時にこの条文の理論上そして実務上の問題点を明確にする作業を同時に行った。これは研究会の解決編に相当する作業でもあり，「新・成年後見における死後の事務」として，その成果を公にすることにした。改正に直接関係しないと思われるテーマの論考の中には以前のままのものもあるが，新たに設けられた民法873条の2に関連するテーマは新たに書き改められている。またコラムの多くも新法に対応してテーマが選ばれている。

　民法873条の2によって死後事務の問題はすべて解決されたわけではなく，相続法との関連性において，問題点が山積されたままであることは否定できない。そのほとんどが相続法に内在する問題ではあるが，後見の観点からもさらなる理論上の整備が必要であろう。本書では，さらに，信託との観点からの論考も新たに加えている。死後事務の問題を信託の観点からも光をあてることができるのであろうか。異なった視点からの分析方法で，将来への解

はしがき

釈の指針を探ってみようと思っている。

　本書で試みたこれらの作業は，よりよい後見制度を目指す姿勢のもとで行われていることは当然のことである。研究会は，仕事の終了した午後6時から行われている。日常の作業に追われている中で，研究会のための時間を見つけることは容易なことではない。それにも関わらず，110回を超える回数の研究会を続け得ているという事実は，研究会メンバーの問題意識の高さと，後見制度をよくしたいと願いの強さの現れであると思う。専門職後見人のプロとしてのプライドとメンバーのこのような真摯な努力によって，ここに新たな成果を公にすることが可能となった。

　本研究会では，「成年後見における意思の探求と日常の事務」（日本加除出版）として2016年にもう一つの研究成果を公にしている。実務の観点から，後見，保佐，補助の3分類の持つ意味を，意思の観点から分析しようとしたものである。実務の中では，すでに3類型は変容しつつあることを伝えている。将来の一元化や意思決定支援への舵取りなどを，先駆的に暗示している成果であると思っている。

　このように本研究会は，実務家の持つ問題意識のもと，理論的な分析が試みられており，将来を見据える研究が実現できていると言えよう。研究会のメンバーの真摯な取り組みには敬意を抱かざるを得ない。

　本書の公刊に当たって，日本加除出版編集部の牧陽子さんの格別のご配慮をいただいた。さらに，研究会の幹事である阪本朝子先生には原稿の整理，日程調整やメンバーとの連絡など献身的なサポートをしていただいた。ご支援に心からお礼申し上げたい。

2019年2月

大阪学院大学教授・大阪大学名誉教授

松　川　正　毅

凡　例

[法　令]

　文中に掲げる場合の法令については，主に次の略語を用いました。

円滑化法 …………　成年後見の事務の円滑化を図るための民法及び家事事件
　　　　　　　　　　手続法の一部を改正する法律（平成28年法律第27号）

民 ………………　民法

家事 ……………　家事事件手続法

後見登記 ………　後見登記等に関する法律

任意後見 ………　任意後見契約に関する法律

墓埋法 …………　墓地，埋葬等に関する法律

信託 ……………　信託法

戸 ………………　戸籍法

[判例・出典略語]

　判例・出典については，主に次の略記法・略称を用いました。

東京高等裁判所平成21年12月21日判決判例時報2073号32頁

　　　　　　　　→　東京高判平成21年12月21日判時2073号32頁

民集 ……………　最高裁判所民事判例集

裁判集民 ………　最高裁判所裁判集民事

民月 ……………　民事月報

家月 ……………　家庭裁判月報

判時 ……………　判例時報

判タ ……………　判例タイムズ

家判 ……………　家庭の法と裁判

ジュリ …………　ジュリスト

金判 ……………　金融・商事判例

金法 ……………　金融法務事情

凡　例

[参考文献]

・盛山正仁「成年後見の事務の円滑化を図るための民法及び家事事件手続法の一部を改正する法律の概要」金融法務事情2045号30頁

・大塚竜郎「成年後見の事務の円滑化を図るための民法及び家事事件手続法の一部を改正する法律の逐条解説」民事月報71巻7号63頁

・大塚竜郎「『成年後見の事務の円滑化を図るための民法及び家事事件手続法の一部を改正する法律』の逐条解説」家庭の法と裁判7号76頁

・日景聡ほか「『成年後見の事務の円滑化を図るための民法及び家事事件手続法の一部を改正する法律』の運用について」家庭の法と裁判7号88頁

・大阪家庭裁判所家事第4部後見係（大阪家裁後見センター）「大阪家裁後見センターだより」OBA Monthly Journal＝月刊大阪弁護士会　2017.5からの連載

・法務省のホームページ資料（http://www.moj.go.jp/MINJI/minji07_00196.html）など

[事例について]

・本書に出てくる事例は，執筆者が後見人等としての経験をもとに創作したものであり，実際の事件や実在の人物とは一切関係ありません。

執筆者紹介

執筆者紹介 （〈　〉内は執筆部分）

編著者

松川　正毅　大阪学院大学教授・大阪大学名誉教授〈第1編第1章〉

執筆者

藤原　正則　北海道大学名誉教授〈第1編第2章〉

〈成年後見分野研究会〉（執筆順）

荒川　拓己　大阪司法書士会〈第2編第1章〉

高雄佳津子　兵庫県司法書士会〈第2編第2章〉

田尻世津子　京都司法書士会〈第2編第3章〉

安井　祐子　兵庫県司法書士会〈第2編第4章〉

山岸　憲一　奈良県司法書士会〈第2編第5章〉

石田　頼義　大阪司法書士会〈第2編第6章〉

馬場　雅貴　大阪司法書士会〈第2編第7章／コラム9〉

多田　宏治　大阪司法書士会〈第2編第8章〉

川島　吉博　大阪司法書士会〈第3編第1章〉

吉野　一正　大阪司法書士会〈第3編第2章〉

井木大一郎　京都司法書士会〈第4編第1章〉

田中　利勝　滋賀県司法書士会〈第4編第2章〉

迫田　博幸　兵庫県司法書士会〈第4編第3章／コラム7〉

福田麻紀子　大阪司法書士会〈コラム1〉

松田　義浩　京都司法書士会〈コラム2〉

阪本　朝子　奈良県司法書士会〈コラム3〉

上野　博子　大阪司法書士会〈コラム4〉

寺田　康子　兵庫県司法書士会〈コラム5〉

執筆者紹介

岡根　昇　　大阪司法書士会〈コラム6〉

中谷　卓志　　大阪司法書士会〈コラム8〉

林　光子　　大阪司法書士会〈コラム10〉

穴田　智久　　兵庫県司法書士会〈コラム11〉

岸川久美子　　大阪司法書士会〈コラム12〉

冷水登紀代　　甲南大学共通教育センター教授〈コラム13〉

宮本　誠子　　金沢大学人間社会研究域法学系教授〈コラム14〉

マルセロ・デ・アウカンタラ　　お茶の水女子大学基幹研究院人間科学系准教授〈コラム15〉

目　次

Contents

目　次

第*1*編　死後事務に関する理論

第1章　死後事務に関する改正法（民法873条の2）について —3

はじめに……………………………………………………………… 3

1　改正法概説………………………………………………………… 3

　⑴　民法873条の2　　*4*

　⑵　民法873条の2の立法担当者の解説　　*4*

　　①　民法873条の2の柱書　　*4*

　　②　民法873条の2第1号　　*5*

　　③　民法873条の2第2号　　*5*

　　④　民法873条の2第3号　　*5*

　　⑤　3号に求められている許可　　*6*

　　⑥　まとめ　　*6*

2　改正法の問題点 ………………………………………………… 7

　⑴　死後事務とは何か　　*7*

　　①　法的な問題点　　*7*

　　②　相続債務の問題　　*8*

　　③　死後事務の法的根拠　　*8*

　⑵　死後事務の範囲　　*9*

xi

目　次

　　　　① 　民法873条の2の位置づけと問題点　*9*

　　　　（i）　民法873条の2第1号の問題点　*9*

　　　　（ii）　民法873条の2第2号と第3号の問題点　*10*

　　　　② 　死後事務の具体的な範囲　*11*

　　　(3)　支弁する財産　*12*

　　　(4)　相続法上の位置づけ　*13*

　　　(5)　3号に求められている家庭裁判所の許可の意味　*14*

　　　　① 　3号に求められている許可の意味　*14*

　　　　② 　火葬・埋葬と許可の意味　*16*

　　　(6)　後見事務の報酬の位置づけ　*17*

　むすび …………………………………………………………17

第2章　法定後見と信託 ── 死後の事務処理も考慮して ──── 23

1　はじめに ………………………………………………………23

2　信託制度について ……………………………………………24

3　後見制度支援信託 ……………………………………………26

4　死後事務との関係 ……………………………………………28

5　遺言代用信託と後継ぎ遺贈型の受益者連続信託 ……………30

　　(1)　遺言代用信託　*30*

　　(2)　受益者連続信託　*31*

　　(3)　遺言代用信託の問題性　*32*

6　おわりに ………………………………………………………34

コラム1　高齢単独世帯の増加と死後の事務 ……………………38

コラム2　市民後見人と死後事務 …………………………………41

目 次

第2編　円滑化法と実務の対応

第1章　病院費用の支払 ——————————————— 49

〈改正のポイント〉……………………………………………49

Q1　成年後見人は成年被後見人の死亡後に，未払いの病院費用
を成年被後見人の財産から支払ってもよいでしょうか。……50

Q2　Q1は，病院費用が高額である場合はどうでしょうか。…50

Q3　保佐人・補助人は被保佐人・被補助人の死亡後に未払いの
病院費用を被保佐人・被補助人の財産から支払ってもよいで
しょうか。……………………………………………50

1　円滑化法施行による状況の変化………………………………50

2　病院費用の支払が認められる要件について ……………………51

3　誰のお金で支払うのか………………………………………53

4　病院費用の範囲について ……………………………………53

5　保佐・補助について …………………………………………54

第2章　遺体の引取りと火葬・埋葬 ——————————— 59

〈改正のポイント〉……………………………………………59

Q1　入院中の被後見人が死亡し，その相続人と連絡が取れない
場合や相続人がいない場合，後見人は被後見人の遺体の引取
りや火葬・埋葬を行う義務があるのでしょうか。……………60

Q2　施設が，被後見人の入所契約の際，後見人に身元引受人に
なるよう求めた場合，後見人はどのような点に注意すべきで
しょうか。……………………………………………60

Q3　後見人が身元引受人になった場合，被後見人の遺体を引き

xiii

目　次

　　　　　　取る責任はあるのでしょうか。 ……………………61

1　後見人としての悩み …………………………………………61

2　遺体の引取りと火葬・埋葬の義務 …………………………61

　⑴　相続人の権利・義務　*62*

　⑵　市町村の義務　*63*

3　後見人による遺体の引取りと火葬・埋葬 …………………64

　⑴　従来の取扱い　*65*

　⑵　民法873条の2の新設による取扱い変更　*66*

　⑶　家庭裁判所の許可の意味及び後見人の地位について　*69*

　⑷　費用について ……………………………………………71

4　身元引受人，身元保証人になった場合 ……………………72

　⑴　身元引受人，身元保証人の責任　*72*

　⑵　後見人が，身元引受人，身元保証人になることの問題点　*73*

　⑶　「入院誓約書」の問題点　*74*

5　埋火葬に付随する事務 ………………………………………74

　⑴　死亡届の提出　*74*

　⑵　死亡診断書ないし死体検案書の請求　*74*

　⑶　直葬・火葬式　*75*

6　保佐人・補助人について ……………………………………75

コラム3　遺骨の引取り ………………………………………82

コラム4　財産がない方の火葬・埋葬 ………………………84

第3章　葬儀と葬儀費用 ——————————————— 87

〈改正のポイント〉………………………………………………87

> **Q1**　成年後見人Aは，Bのように相続人はいるが関わってくれ
> ない場合，Bの望むような簡素な葬儀と納骨をして，その費
> 用をBの財産から支払ってよいでしょうか。永代供養につい
> てはどうですか。………………………………………………89

xiv

Q2 成年後見人Aは，相続人が関わってくれない場合，Bの望むような葬儀と納骨（必要な場合は永代供養も）ができるために，生前に何かできることがありますか。……89

Q3 Cとだけ連絡が取れ，Bの望む葬儀と納骨をするが，費用はBの財産からすぐに支払ってくれと言われた場合，Aは費用を支払ってもよいでしょうか。……89

Q4 Aが保佐人の場合はどうですか。保佐人に預貯金管理の代理権のある場合とない場合とで違いがありますか。……89

1　はじめに〜この章で扱うこと〜……90
2　民法873条の2第3号の要件
　〜安心の死後事務になったのか〜……91
　⑴　新設された民法873条の2第3号　*91*
　　①　「必要があるとき」　*91*
　　②　「相続人が相続財産を管理することができるに至るまで」　*91*
　　③　「成年被後見人の相続人の意思に反することが明らかなとき」を除く　*92*
　⑵　応急処分義務・事務管理と無権代理　*92*
　⑶　準用されない保佐・補助　*93*
3　民法873条の2の新設〜納骨・葬儀・永代供養の扱い〜……94
　⑴　納骨に関する契約　*94*
　⑵　葬　儀　*94*
　⑶　永代供養　*95*
　⑷　納骨・葬儀・永代供養の扱いのまとめ　*96*
4　葬儀について……96
　⑴　民法873条の2新設までの，火葬・埋葬と葬儀の区別　*97*
　⑵　法務省ホームページと逐条解説での葬儀の意味の検討　*98*
　　①　無宗教であること　*99*

目　次

　　　② 本人の財産から支出して行われるものではないこと　*100*

　　⑶ 家庭裁判所の実務　*100*

　5 成年被後見人の弔いについての意向

　　〜生前にできることは？〜……………………………………… 101

　　⑴ 成年被後見人の意向　*101*

　　⑵ 成年被後見人の意向を尊重すべきか？　*102*

　　⑶ 本人の意向が簡易な葬儀ではすまない場合における成年

　　　後見人の方策　*103*

　　⑷ 相続人による本人の意向の実現　*104*

　6 保佐人，補助人による葬儀………………………………… 105

　　⑴ 代理権の有無　*105*

　　⑵ 応急処分義務や事務管理として行う場合の額や規模　*105*

　　⑶ 被保佐人等について特に配慮すべきこと　*106*

　　　ア 民法873条の２の準用のない保佐人等に必要な相続人

　　　調査　*106*

　　　イ 被保佐人等の事理弁識能力が後見相当であると思われ

　　　る場合　*106*

　　　ウ 保佐人等の死後事務と法定単純承認との関係　*107*

　　　エ 被保佐人等の本人の死後の弔いについての意向と生前

　　　の準備　*107*

　7 最後に ……………………………………………………… 108

　　⑴ 増え続ける第三者後見人のために　*108*

　　⑵ 保佐，補助について　*108*

コラム５ 被保佐人・被補助人の希望に添う葬儀，納骨のために …… 113

コラム６ 葬儀費用等の保全と信託……………………………… 115

第4章　預貯金の払戻し ————————— 117

　〈改正のポイント〉…………………………………………… 117

xvi

Q1 後見人は被後見人の死亡後に，被後見人の入院費用や死亡
診断書料等の支払をするためや，成年後見人報酬を受領する
ために，被後見人の口座から預貯金の払戻しを受けることが
できるでしょうか。……………………………………………… 118

Q2 被後見人の口座から水道光熱費等が自動引落しになってい
る場合，被後見人の死亡後，後見人には自動引落しを止める
義務があるでしょうか。……………………………………… 118

1 円滑化法の制定 ……………………………………………………… 118
　⑴ 円滑化法の制定による変化　*118*
　⑵ 預貯金の払戻し　*119*
　　ア 預貯金の払戻しの許可の要件　*119*
　　イ 預貯金の払戻しの許可の対象　*120*
2 円滑化法により，後見人の悩みは解決したのか ………………… 121
　⑴ 解決した問題　*121*
　⑵ 残された課題　*122*
　　ア 手元現金の管理　*122*
　　イ 預り金口座　*122*
　　ウ 被後見人の死亡を知った後の金融機関の取扱い　*124*
　　エ キャッシュカード　*125*
3 口座振替（自動引落し）………………………………………………… 125

第5章　居住空間の明渡し ——————————— 129

〈改正のポイント〉………………………………………………………… 129

Q1 被後見人死亡後，後見人は被後見人の借家の家賃の支払を
継続すべきでしょうか。賃貸人が賃貸借契約の解除を求めて
いる場合に，後見人は対応することになるのでしょうか。‥130

Q2 被後見人死亡後，後見人は，被後見人の借家に残っている

xvii

家財道具や私物などを撤去又は処分しなくてはいけませんか。また，被後見人の居室に関する電気・ガス・水道等の契約について，後見人から解除することはできるでしょうか。……130

Q3 被後見人死亡後，施設や病院が後見人に対して，残置物の引取り及び部屋の明渡しを要求した場合，後見人は，それに応じて，残置物の引取りと，退所手続や入院契約の解除をしなければいけないのでしょうか。………………………………131

1 居住空間の明渡しと死後事務の可能性を認めた「円滑化法」……131
2 持ち家，借家権，借地権の場合……………………………………132
 (1) 持ち家と借家の引渡し　*133*
　① 相続人が存在する場合（共同相続人のうちの1名に通知する場合）　*134*
　② 相続人間の対立が激しく引継者が定まらない場合や，相続人が引継ぎを拒否する場合　*135*
　③ 承継する者が容易に見当たらない場合，相続人がいても実際に対応することが困難又は長期間を要すると考えられる場合　*136*
　④ 相続人がいない場合　*137*
　⑤ 内縁の配偶者や事実上の養子（相続人以外の者）と同居していた場合　*138*
　⑥ 本人が，被保佐人や被補助人であった場合　*138*
 (2) 成年被後見人の居室に係る電気・ガス・水道等の供給契約の解除　*139*
3 施設，病院等の場合…………………………………………………140
 (1) 入所契約，入院契約の終了　*141*
 (2) 残置物の扱い　*142*
コラム7 所持に許可が必要な物の処分………………………………150

目　次

第6章　住宅ローンの支払 ———————————————— 153

〈改正のポイント〉 ………………………………………………… 153

> **Q** 被後見人死亡後の住宅ローンの口座からの自動引落しによる
> 支払について，後見人はどのように対応すればよいでしょう
> か。 ……………………………………………………………… 154

1　円滑化法の成立と死後事務としての後見人による住宅ロー
　ンの支払 ………………………………………………………… 154

2　相続人の対応 …………………………………………………… 156

3　本事例についての考察 ………………………………………… 157

　(1)　後見人の住宅ローン自動引落しに対する対応　*157*

　　①　相続人が存在し，かつ連絡も取ることができる場合　*157*

　　②　相続人は存在するが，音信不通である場合　*158*

　　③　相続人の所在が不明な場合　*159*

　　④　相続人が不存在である場合　*160*

　(2)　後見人の住宅ローン銀行に対する対応　*160*

　　①　銀行に対して被後見人の死亡を通知する義務がないと
　　　考える場合　*160*

　　②　銀行に対して被後見人の死亡を通知する義務があると
　　　考える場合　*161*

4　解釈上の問題点 ………………………………………………… 162

　(1)　法定単純承認　*162*

　(2)　応急処分義務　*162*

　　①　応急処分義務の内容　*162*

　　②　債務の支払を応急処分義務に求める意見　*164*

　(3)　相続人不存在の際の相続財産管理人による相続財産の
　　清算　*165*

xix

目　次

第7章　後見人等に対する報酬 ————————————— 171

〈改正のポイント〉 ··· 171

Q1　後見人等に対する報酬は，どのような基準に基づき付与されるのでしょうか。 ······································· 172

Q2　後見人が後見事務を行うのに支出した交通費や通信費等の実費についても報酬付与の審判の申立てが必要なのでしょうか。 ·· 174

Q3　被後見人の死亡後に，応急処分義務（民874条による654条の準用）として後見人が行った後見事務（死後事務）については，報酬付与の対象となるのでしょうか。 ·················· 174

Q4　後見人は，被後見人が死亡した後に家庭裁判所から付与審判を受けた後見事務報酬を，どのように受領すればよいのでしょうか。 ·· 176

コラム8　本人死亡後の後見人等に対する報酬債務について ········· 180
コラム9　専門職後見人の報酬に対する消費税の取扱いについて ······· 182

第8章　民事責任 ————————————————————— 183

〈改正のポイント〉 ··· 183
1　後見人としての悩みと民法873条の2の新設 ····························· 183
2　後見人の民事責任について ··· 185
　(1)　後見人の注意義務違反による民事責任の法的性質　185
　(2)　善管注意義務が問題とされた判例や裁判例　186
　　①　民事責任を肯定した裁判例　186
　　②　民事責任を否定した裁判例　186
　　③　若干のコメント　187
3　死後の事務における民事責任 ··· 187
　(1)　後見人は死後の事務を行わず放置した場合に責任が発生

目 次

するのか　*187*

① 管理計算等の事務　*187*

② 応急処分義務　*188*

(2) 後見人は死後の事務をすれば責任が発生するのか　*189*

(3) 民法873条の2の新設の下，成年後見人はいかなる場合
に民事責任を負うのか　*190*

① 成年後見人が死後の事務を行うための要件（民873条
の2柱書）　*190*

② 成年後見人ができる死後の事務の範囲　*190*

③ 死後の事務における成年後見人の民事責任について　*191*

ア 成年後見人が民法873条の2が定める要件に反して
死後の事務を行った場合 …………………………………… *191*

イ 民法873条の2による死後の事務と応急処分義務に
よる死後の事務が重なり合う場合において，成年後見
人が当該死後の事務を行わず放置した場合 ………………… *192*

ウ 民法873条の2第3号の埋火葬に関する契約の締結
行為について応急処分義務が成立することがあるのか…… *192*

4 おわりに ………………………………………………………………… *194*

第*3*編　後見終了時の引継ぎ

第1章　財産の引渡し――――――――――――――199

Q 被後見人の相続人がいるかどうかが不明の場合，後見人は，
被後見人の残された財産について，どのように関与していけば
よいでしょうか。また，複数の相続人の存在が判明した場合，
誰に遺産を渡せばよいでしょうか。………………………………199

1 問題点 ………………………………………………………………………200

xxi

目　次

　　2　相続人の調査··200

　　3　後見の計算（民870条）··202

　　4　被相続人の財産を死後に管理する根拠······························204

　　　(1)　円滑化法（民873条の2）　*204*

　　　(2)　後見終了後（応急処分義務，民874条による654条準用）　*204*

　　　(3)　事務管理（民697条）　*205*

　　　(4)　後見の計算の直接効果（民870条）　*205*

　　5　被後見人の財産の死亡後の引渡し····································205

　　　(1)　代表者への引渡しの可否　*205*

　　　　①　不動産について　*206*

　　　　②　預貯金，株式・投資信託について　*206*

　　　　③　現金について　*207*

　　　　④　動産について　*208*

　　　(2)　相続人間で争いのある場合　*208*

　　　(3)　相続財産管理人の選任（民952条）　*210*

　　　(4)　不在者財産管理人の選任（民25条）　*210*

　　　(5)　遺言書について　*210*

　　6　むすび··211

　　コラム10　財産の引継ぎができないとき── 供託の利用の可能性········216

第2章　後見の終了と遺言執行 ———————————— 219

　〈改正のポイント〉··219

　　Q　後見人は，被後見人の遺言にどこまで関与すべきでしょう
　　　か。··220

　　1　後見終了後の後見人と遺言執行者の関係について···············220

　　　(1)　遺言執行者の指定と後見終了の効果　*220*

　　　(2)　処分禁止開始時期　*221*

　　　(3)　遺言執行者がある場合とは　*222*

目　次

　　　⑷　引渡し後に遺言書が発見された場合　*223*

　　　⑸　後見人による死後事務　*223*

　　2　遺言事項 ………………………………………………………… 226

　　　⑴　執行が必要であり遺言執行者のみができる事項　*226*

　　　⑵　執行は必要であるが，遺言執行者でも相続人でも執行で

　　　　きる事項　*227*

　　　⑶　遺言の効力発生と同時に内容が実現されるから，執行の

　　　　余地がないとされる事項　*229*

　　3　遺言執行 ………………………………………………………… 230

　　4　遺言執行者の職責 ……………………………………………… 231

　　コラム11　相続財産管理人の選任申立てに関して ……………… 236

第4編　円滑化法を補完する理論

　〈改正のポイント〉 ……………………………………………………… 239

第1章　死後事務と応急処分義務 ——————— 241

　はじめに ………………………………………………………………… 241

　　1　委任終了後の応急処分義務 —— 民法654条について ………… 242

　　　⑴　意　義　*242*

　　　⑵　要　件　*243*

　　　⑶　応急処分義務を負う期間　*243*

　　　⑷　応急処分義務者　*243*

　　　⑸　効　果　*244*

　　　⑹　義務，報酬と費用償還　*244*

　　2　後見法による委任の規定の準用 …………………………………… 244

　　　⑴　委任と後見法との関係と応急処分義務の意義　*244*

　　　⑵　急迫の事情　*244*

xxiii

目　次

　　(3)　必要な処分　*245*

　3　死後事務と応急処分義務 ── 法理論上の問題点と実務上の

　　留意点 ··· 245

　4　円滑化法による民法873条の2と応急処分義務との関係 ········· 247

　むすび ·· 248

第2章　死後事務と事務管理 ─────────── 251

Q1　成年後見人は，被後見人の預り金から，被後見人の生前に
生じた債務を支払ってもよいのでしょうか。それとも，成年
後見人が立て替えて支払うことになるのでしょうか。それと
も支払うべきではないのでしょうか。 ······················ 251

Q2　成年後見人ではなく，保佐人であった場合は，どのような
違いがあるのでしょうか。 ······························· 252

　1　円滑化法による民法873条の2の新設 ······················· 252

　2　事務管理 ·· 254

　　(1)　事務管理の成立要件（民697条）　*254*

　　(2)　事務管理の効果　*255*

　3　ケースの検討 ·· 256

　　(1)　Q1について　*256*

　　(2)　Q2について　*257*

第3章　死後事務委任 ─────────────── 263

〈改正のポイント〉 ·· 263

Q1　任意後見委任者Dはなぜ，身元引受人なしで△△高齢者住
宅に入居できたのですか。 ······························· 264

Q2　被後見人Bが入院の必要がなく，介護施設入所が可能な健
康状態になれば，身元引受人がいなくても，Bは介護施設等

に問題なく入所できますか。………………………………… 264

Q3 任意後見契約と公正証書遺言をしているのに，なぜ，任意
後見委任者Dには死後事務委任契約が必要なのですか。…… 264

Q4 死後事務委任契約は公正証書でする必要がありますか。… 265

Q5 被後見人Bが死亡した場合も，死後事務の受任者Cがした
死後事務と同様の事務処理を求められますが，後見人Aは事
務処理が可能でしょうか。………………………………… 265

Q6 死後事務委任契約の内容で注意すべきことはあります
か。…………………………………………………………… 265

Q7 死後事務委任契約を相続人から任意解除されることはあり
ませんか。…………………………………………………… 265

1 死後事務委任者の施設等への入所 ………………………… 266
2 被後見人の施設等への入所 ………………………………… 267
3 死後事務委任契約の必要性 ………………………………… 268
4 死後事務委任契約の締結についての真実性の担保 ……… 270
5 後見人の死後事務の範囲 …………………………………… 271
6 死後事務の事務手続の範囲 ………………………………… 273
7 相続人からの死後事務委任契約の任意解除 ……………… 274
コラム12 被保佐人・被補助人との葬儀，永代供養を中心とし
た死後事務委任契約………………………………………… 279

諸外国における成年後見と死後事務

コラム13 ドイツにおける死後事務 ………………………………… 283
コラム14 フランスにおける死後事務 ……………………………… 285
コラム15 アメリカにおける死後事務 ……………………………… 287

第**1**編

死後事務に関する理論

第1章　死後事務に関する改正法(民法873条の2)について

第2章　法定後見と信託 —— 死後の事務処理も考慮して

第1章

死後事務に関する改正法 （民法873条の2）について

はじめに

　平成28年に民法典に，873条の2が追加されて，後見に関して，いわゆる死後事務を行うことが法的に可能となりました。

　以下の検討では，まず初めに，立法担当者と法務省による改正条文の解説を参照にしながら，立法で意図したと思われる解釈を明らかにします。ここでは改正法の趣旨を，立法担当者，法務省の見解をもとにして，改正法（円滑化法）の趣旨を概略することを試みることにします（後述1）。

　続いて，後見における「死後事務」とは何かという問題意識のもと，改正法を理論的に分析し，その問題点を明らかにし，それを修正したり補ったりして，筆者の解釈論を展開しようと思います（後述2）。今回の改正法には，不明瞭な箇所があり，また相続法の基礎理論からは，解釈上問題と思われる点も散在しており，主として，それらについて考察を行うことにします。

1 改正法概説

　成年後見の事務の円滑化を図るための民法及び家事事件手続法の一部を改正する法律が，平成28年4月6日に成立し，4月13日に公布され，平成28年10月13日に施行されました。後見における死後事務[1]に関して，民法典に873条の2が設けられました[2]。

　理論的には，被後見人の死亡と同時に法定後見が終了し，被後見人の権利義務は相続人に帰属し，後見人はもはや法定代理権を有さず，被後見人の代

第1編　死後事務に関する理論

理行為ができなくなります。また当然のことながら，後見人は相続人の代理人ではありません。

任意代理であれば，判例は委任契約に関して，例外的な扱いを認めています[3]。しかし，法定代理では，規定がなく死後事務の関しての根拠を欠く状態でした。本改正によって，死後事務は成年後見人の権限に含まれることを明らかにしたと言われています[4]。

(1)　民法873条の2

民法典に新たに規定された民法873条の2は以下の規定です。

第873条の2　成年後見人は，成年被後見人が死亡した場合において，必要があるときは，成年被後見人の相続人の意思に反することが明らかなときを除き，相続人が相続財産を管理することができるに至るまで，次に掲げる行為をすることができる。ただし，第三号に掲げる行為をするには，家庭裁判所の許可を得なければならない。

一　相続財産に属する特定の財産の保存に必要な行為

二　相続財産に属する債務（弁済期が到来しているものに限る。）の弁済

三　その死体の火葬又は埋葬に関する契約の締結その他相続財産の保存に必要な行為（前二号に掲げる行為を除く。）

本改正条文は，議員立法によるものであり，法制審議会でその内容が検討されていません。

(2)　民法873条の2の立法担当者の解説

①　民法873条の2の柱書

柱書に規定された死後事務の要件を整理すれば以下のとおりです。

(i)死後事務の必要性，(ii)相続人の意思に反しないこと（なお，「『相続人が存在しないか，又は相続人の存否が不明である』場合や，『相続人は存在するものの，その所在が不明，若しくは連絡をとることができない』場合については，『成年後見人の相続人の意思に反することが明らかなとき』には該当しないと考えられる。」[5]と記されています。），(iii)相続人が相続財産を管理することができるに至るまで（「基本的には，相続人に相続財産を実際に引き渡す時点までを指す」と説明があります[6]。）です。

第1章 死後事務に関する改正法（民法873条の2）について

　これらの要件は，死後事務が例外的なものであることを前提としており，相続人の権利義務とも関係するのであり，このように規定されたと思われます。これらは，死後事務の基本をなす重要な要件であると言えます。

　また加えて，この死後事務は，後見類型に関してのみの規定とされています。後見類型に限って認めた理由としては以下のことが述べられています。保佐人や補助人は包括的な管理権を有しておらず，もしも認めると，生前よりも死後に強い権限を持つことになりかねず，必ずしも相当ではないと説明されています[7]。

② 民法873条の2第1号

　死後事務として何をなし得るかに関して，民法873条の2第1号で，「相続財産に属する特定の財産の保存に必要な行為」と規定しています。特定財産の保存行為として，相続財産に属する債権について時効の完成が間近に迫っている場合に行う時効の中断や，相続財産に雨漏りがある場合の修繕行為が示されています[8]。

③ 民法873条の2第2号

　2号では，「相続財産に属する債務（弁済期が到来しているものに限る。）の弁済」が規定されています。「弁済が遅れると遅延損害金を課される等，相続財産を侵害するおそれがあることから，とくに家庭裁判所の許可を必要とすることなく債務を弁済することができるとして定めた」と理由が記されています[9]。そしてその例として，入院していた際の医療費，成年被後見人が住んでいた居室の賃貸料の支払が挙げられています[10]。

④ 民法873条の2第3号

　3号では，「その死体の火葬又は埋葬に関する契約の締結その他相続財産の保存に必要な行為（前二号に掲げる行為を除く。）」を規定しています。そしてその行為をするには，家庭裁判所の許可を得ることが必要となっています。

　その例として，遺体の引取りや火葬等のための契約の締結が示されています[11]。火葬・埋葬に家庭裁判所の許可が必要とされていますが，その理由は，「相続人が遺体の引取りを拒んでいるような場合等において，成年後見人が火葬等の契約を締結する必要に迫られることがあるが，火葬はいったん行う

第1編　死後事務に関する理論

とやり直しがきかず，事後に相続人等との間で紛争が生じるおそれもある」
ので，許可を必要としたと説明されています[12]。また火葬・埋葬は権限で
あり，義務ではないと説明が続いています。

　なお，3号に関連して，納骨に関する契約を締結することは，「家庭裁判
所がその必要性等を考慮した上で，その諾否を判断することになるものと考
えられます。」と説明があります[13]。しかし，葬儀は，「その死体の火葬又
は埋葬に関する契約の締結」に含めて解釈していません[14]。公衆衛生上不
可欠でないことや行わなくても相続財産が減少することはないことが理由と
して示されています。また宗教上の問題もあることも指摘されています。こ
のような理由で，「成年後見人に権限を追加することはせずに，相続人が行
うことが適当と判断したものである。」と説明されています[15]。

　3号が規定する「その他相続財産の保存に必要な行為（前二号に掲げる行
為を除く。）」とは，「相続財産全体の保存に必要な行為」を意味し，1号に規
定する行為ととらえることが難しく，相続財産全体として見たときに，その
保存に必要な行為を意味する旨が立法者によって説明されています[16]。そ
してその具体例として，管理していた動産類の寄託契約（トランクルームの
利用契約等）の締結，成年被後見人の居室に係る電気・ガス・水道等の供給
契約の解約，債務を弁済するための預貯金（成年被後見人名義）の払戻し等
が挙げられています[17]。

⑤　3号に求められている許可

　また3号に求められている家庭裁判所の許可に関しては，「相続財産全体
の保存に必要な行為であるか否かが必ずしも明確ではなく，相続人に与える
影響が大きいことから，家庭裁判所の許可を必要とするものとした」[18]と
説明があります。

⑥　まとめ

　立法者の見解をまとめれば，1号では，特定の財産の保存行為をすること，
2号では，弁済期の到来している相続債務の弁済をすること，3号は火葬・
埋葬と，その他相続財産全体の保存に必要な行為をすることです。そして3
号には家庭裁判所の許可が必要であり，許可は保存に必要な行為であるのか

6

どうかの判断のためと整理することができると思います。

2 改正法の問題点

立法担当者の，このような改正法の位置づけをどのように考えればよいのでしょうか。現行の法定後見の制度の中での死後事務の位置づけと，さらに相続法との関連から法理論的な問題がないのかについての検討が同時に必要になります。以下で検討を試みることにします。

(1) 死後事務とは何か

① 法的な問題点

被後見人の死亡と同時に，後見は終了し，被相続人の財産は相続人に包括承継されます。その結果，被後見人の死亡時に，後見人の手元にある被後見人の財産は，その権利が相続人に移転してしまっており，もはや後見人には代理権はなく，管理することはできず，被後見人の財産（債務も含めて）を相続人に引き渡すことが必要になります。

このような中にあって，後見人として，被後見人生存中の，つまり後見事務で生じた債務に関して，被後見人の死後においても債務の弁済をなし得るかが問題となります。理論的には，債務の支払は相続人がなすべき事柄となっています。それにもかかわらず，後見終了後においても，一定の範囲の債務の弁済を後見人が後見事務として，なし得るのかの問題は，以前からありました。

これは，まさに，被後見人の財産が相続人のものになり，代理権のない段階で，後見人が後見事務の一端としてなし得るのかの問題です。本来，債務の支払は，相続人がなすものです。契約であれば，委任契約の意思解釈でそれが受任者に可能であると解し得ますが，法定後見では，このような意思をもとにした解釈は不可能であり，立法の必要性がありました。

このことは，被後見人が負った債務のみならず，死亡後，遺産分割までの間に締結され得た契約に関しても，同様に問題になります。例えば，火葬・埋葬に関する契約がそれです。さらに加えて，相続財産の管理に関する事柄もこの種の問題です。

第1編　死後事務に関する理論

　死後事務は，相続人の権利義務とも密接に関連しますので，民法873条の
2の柱書で規定する4つの要件は，意味を持っていると思います。死後事務
として行い得る場合を相続人との関係で，限定していると解し得るからです。

②　相続債務の問題

　死後事務は相続人の権利義務とも関連している以上，相続債務の理解が必
要となります。

　相続債務とは，被相続人が負ったものです。被相続人は死亡後には不存在
であり，自らが債務を負い続けることは理論的にはありません。また，遺産
分割までの間で，遺産の管理に関して債務が生じる場合があり，それを民法
は，885条で相続財産に関する費用として相続債務として規定しています。
民法885条が規定する相続財産から支弁するの意味は，被相続人がした法律
行為ではないが，遺産の管理で発生した債務を相続債務として位置づけるこ
とを意味しています。なお学説の中には，もっぱら相続財産にのみ負わせ，
相続人には負わせないという解釈もみられますが，遺産の管理費用であり本
来ならば被相続人の負った債務であるという位置づけをして，相続債務と解
するのが正当であると考えます[19]。

　したがって，後見における死後事務には，相続法の観点からは，二つの性
質を異にする債務の存在があります。一つは，被後見人の死亡前に債務が発
生したが，弁済未了のものです。ここには，その債務の支払を後見人が，被
後見人の死亡後になし得るのかの問題があります。また他の一つとして，死
亡後の財産管理として，後見人が法律行為をすることが可能であるのか，ま
たその結果，発生した債務の支払が可能かという問題があります。

③　死後事務の法的根拠

　次の大きな問題は，死後事務を可能とする根拠は何かです。

　相続債務は，相続人に相続分に応じて帰属し，相続人が負うものです。被
後見人の死亡後は，後見が終了しており，後見人はもはや代理人でなく，後
見人は債務を支払う根拠を欠いています。このような状況で，弁済がなされ
ることがあれば，それは事務管理か応急処分か第三者弁済になってしまうと
ころ，改正された民法873条の2で，法的に，死後事務としての相続債務の

8

支払を可能としたと位置づけることができます。債務の弁済をなし得るということの根拠が，民法873条の２で明らかにされたことは，意味があると言えます。

以下では，このように本来ならば被後見人の財産に関して権利を有していない後見人が，被後見人の死後に後見事務をなし得るとすれば，その支払可能な債務の範囲は何か，またどの財産から支弁することになるのかも明らかにしなければなりません。

そして，相続人との関係で，既に相続人の権利でありながら後見人がした行為の相続法上の位置づけをする必要性があります。さらに３号の行為に求められた裁判所の許可の意味も検討しておくことが必要となります。そして最後に，後見の報酬の位置づけに関しても検討を加えることにします。

⑵ 死後事務の範囲

ここでは，死後事務として，後見人が被後見人の債務で支払うことができる債務は，どのようなものがあるのかについて検討を加えることにします。つまり，死後事務の範囲（民法873条の２の各号の位置づけ）の問題です。

① 民法873条の２の位置づけと問題点

（i） 民法873条の２第１号の問題点

１号は，「相続財産に属する特定の財産」の保存に必要な行為であり，これは遺産の管理行為であり，死後事務として認めることが必要でしょう。死後事務は遺産の管理をそのベースとし，それが法的に認められたことになります。この行為は，被後見人の死亡後，遺産分割までの間に行われる可能性があります。

しかしながら，３号にいう，「相続財産の保存に必要な行為」との相違は不明瞭です。立法担当者が説明する「特定の財産の保存に必要な行為」と「相続財産全体の保存に必要な行為」との使い分けは困難ですし，相続法の理論からはこのような分類は不要と思われます。

相続法の観点から重要な事柄は，財産の種類ではなく，いつ法律行為が成立し債務が発生したのかです。被相続人がした法律行為か，死亡後遺産分割までの間にした法律行為いわゆる遺産管理の債務であるのかが，相続法の観

第1編　死後事務に関する理論

点から重要になってきます。

　条文上，3号に関しては，裁判所の許可が必要とされている以上，許可が必要な行為と不要な行為の区別が必要となります。のちに検討する3号の行為に求められている「許可」の意味をどのように解するかにも関連しますが，管理行為であれば，特定のものであっても，相続財産全体の保存にかかわるものであっても同じであるように思われます。そこで，2号が既に生前になされた管理行為を問題にしており，3号では死亡後遺産分割までの間の管理行為が規定されているという理解をするのです。3号の行為とは，まさに条文が規定するように，火葬・埋葬のための法律行為がその典型例となります。このように，死後事務に関する遺産管理行為は可能であるとされているので，生前にしたものと死後にしたものとに分けて解釈する方が，相続法の債務に関する基本にも忠実であり，分かりやすいと思います。

　つまり，1号は，死後事務として，管理行為としての保存行為は可能であるという点を一般的に明らかにしているという位置づけをするのです。1号は，本来的には，死後事務は可能として本文で規定すべき事柄であったと思われます。このように理解すれば，2号は，生前に発生した債務に関する事柄，3号は死後に発生した債務（契約した債務）と位置づけることができます。この方が，死後事務に関する法律としては，理論的になると考えます。

(ii)　民法873条の2第2号と第3号の問題点

　2号と3号に関しても不明な点が散見されます。

　2号は，「相続財産に属する債務（弁済期が到来しているものに限る。）の弁済」，3号は，条文に従えば，「火葬又は埋葬に関する契約の締結その他相続財産の保存に必要な行為（前二号に掲げる行為を除く。）」です。3号は，特に1号の特定の財産の管理行為と対比させて規定してあり，しかも両者には裁判所の許可を要するか要しないかの差があります。1号との区別が明確でないことに関しては，既に述べました。

　2号に関して，「弁済期が到来しているものに限る。」という規定も，漠然としてます。もしも，そのような債務のすべてが含まれるとすれば，相続法の基本的な体系を大きく揺るがすことになります。可分債務は相続開始と同

10

時に，相続人に移転し，相続分に応じて負担することになるというのが相続法の基本です。したがって，相続人の代理人でなければ，債務の弁済はできないことになります。相続人はさらに選択の権利も有しており，その関連性が問題になります。場合によっては，ある債権者が優先的に債務を回収するという結果を導くことにもなりかねません[20]。これも法定相続における相続債務の基本的な考え方に反することになります。

　２号は，相続開始前に発生していた債務で弁済がなされていないものに関すると解すべきであると考えますが，もとより，弁済期の到来したすべての相続債務ではなく，後見人が死後事務として支払い得るものは，後見との関連性がある被後見人の最後の債務でなければならず，その範囲は自ずと限定されていると言えましょう。

②　死後事務の具体的な範囲

　民法873条の２の立法により，後見人は，被後見人の生前に負っていた債務を，死後にいわゆる死後事務として支払うことが法的に認められました。しかしながら，当然のことながら，遺産の清算が一般的に認められたのではない点に注意を要します。

　死後事務は，後見事務の一つとして位置づけられたのであり，その範囲は後見の一連の範囲に属するものでなければならず，被後見人の財産は相続により，相続人に移転している以上，２号で規定する行為の範囲は，おのずと限定されています。しかも，改正条文により，債務の発生が，相続開始前のものであれば，裁判所の許可もなく当然できるという位置づけになるように思います。

　この例として考えられるのは，医療費（病院費用），最後の住居費，光熱水費，生前に負っていた税金が２号の例として考えられます。またこれらに限定すべきではないでしょうか。これらは以前から，死後事務として問題提起されていた債務です。

　また同時に３号で，管理行為として死後に締結した契約に関しても，その契約締結と債務の支払が，死後事務として認められています。これは，民法885条が規定する，いわゆる相続財産に関する費用つまり相続債務です。こ

第1編　死後事務に関する理論

のように考えられるものの典型例は，火葬・埋葬に関する契約です。それに加えて，死後に締結された財産管理に要する契約により生じた債務の支払でしょう。

それに財産管理の専門職に対する報酬の位置づけが問題になりますが，この問題については後に検討を加えることにします。

(3)　支弁する財産

死亡と同時に法定代理権がなくなるにもかかわらず，被後見人であった被相続人の債務を，法的に支払えるとすれば，それはどの財産からかの支弁なのでしょうか。

考え得る可能性は，以下の2通りです。第一の考え方として，債務の弁済は，相続人の債務の弁済であり，後見人がする弁済は後見人の個人財産からするのであり，立替払いを意味し，後見人はそれを相続人に請求するというものです。

第二の考え方として，一連の後見の事務であり，被後見人の預かっている財産から支払うことになるとするものです。

民法が873条の2で死後事務の可能性を認めたことは，後見の一環としての位置づけの中での死後事務の位置づけがなされたと考えられるのであり，支弁の対象たる財産は，「管理していた被後見人の財産」（つまり被相続人の財産）と位置づけることができます。この点が明確化されたことの意味は大きいと思われます。被後見人の財産の管理が，被後見人の死後も「例外的」に継続し得るとの考え方を，その基本としていると考えます。

死後事務の範囲とされ得る債務の支払に要した費用は，後見人が預かっている財産からの支弁が可能となります。死後事務として，例外的に後見の延長であると考えれば，積極財産は死亡と同時に相続人に帰属してはいるが，事務の履行のために要した費用は，後見事務の一環として，支払うことが認められたと言えましょう。

このような位置づけでは，死後事務に要する債務の支払は，相続財産として相続人の財産と混合することなく，後見事務の一環としての決済と位置づけることが可能となります。

12

このように考えれば，被後見人であった被相続人のブロックされた預金の引出しは可能です。立法担当者が３号の例として挙げている預金の引出しは，死後に行われるものであり，その意味において３号の位置づけがなされていると位置づけることができます[21]。

(4) 相続法上の位置づけ

既に述べたように，「後見人が死後事務として支払う債務」と「相続人が負う相続債務」との関係・位置づけが，相続法上の重要な問題となります。

そこで，死後事務として，後見人がする債務の支払の法的な意味を検討しておく必要があります。一つの考え方として，死後事務の対象たる債務は，相続債務を構成しないとする考え方も可能ですが，今回の改正では，そこまでの理論を採用しているとは考えられません。しかしながら，むしろ，それらは相続債務であり，相続人に承継しているが，後見とも密接に関連する費用であり，例外的に後見人にも支払が許されていると位置づけられているように思われます。これらの被相続人の債務に関して，本条の規定より，死後事務として，後見人も支払が可能とはなっていますが，法的には，債務は死亡と同時に相続人に帰属しているのです。この意味において，死後事務としての支払の対象となる債務は，相続人が負い支払うべき債務であると同時に，後見人が支払い得る債務であるという二重の構造を持っていると言えましょう。このような二重構造を相続債務全体に及ばせることは適切ではありません。このような意味においても，死後事務として後見人が支払い得る債務やなし得る行為は限定された例外的なものであるべきことが理解できるのではないでしょうか。

また二重構造になっているのであれば，相続法と，どのような関係になるのかの分析が必要不可欠となります。相続人の権利との関連性の分析は避けては通ることができない問題です。

特に相続放棄や限定承認がなされた場合に，後見人がした弁済が，結果的に債権の優先的回収にあたらないか問題となるかもしれません。また法定承認になってしまわないのかの問題があり得ます。例えば，これらの支払は，承認とは関係がないとか，相続放棄をしても既にした支払は影響を受けない

第1編　死後事務に関する理論

とか，債権者がした債権回収に優先権を認めるとか，相続財産の例外を構成するなどの解釈をすることが必要となりましょう。フランス法では，2006年の改正で，民法784条で，保存行為をしても，相続の承認にならない旨の規定を設けています。その1号では，葬式費用，最後の医療費，税金の支払，賃料，その他緊急の支払が求められる相続債務の支払が規定されています。また同じく2006年の改正で，フランス民法806条では，葬式費用は，相続人が放棄しても支払義務がある旨のことを規定しています。少なくとも，このような規定があれば，死後事務にあたって，後見人によって被後見人（被相続人）の債務の支払がなされたとしても，相続人がなす承認・放棄などの相続法上の権利，義務との齟齬を幾分か回避できることになります[22]。

(5)　3号に求められている家庭裁判所の許可の意味

①　3号に求められている許可の意味

3号に求められている許可の意味は必ずしも明確ではないように思われます。「相続財産全体の保存に必要な行為であるか否かが明確ではなく，相続人に与える影響が大きいことから」[23]，家庭裁判所の許可を求めたというのが立法者の説明に見られます。

しかしながら，許可がなければ，正当な死後事務として扱われないのかどうかは不明です。このことは，つまり，手元に預かっている現金があれば，それで許可を得ることなく当然のように支払ってよいのかどうかにもかかわってきます。もしも，許可が，行為の正当性を判断し，死後事務行為として認めるかどうかの許可であれば，許可がない限り，預かっている金銭からの支払ができないことになります。

既に述べた私見による2号の位置づけ（既に発生している債務の死後事務）では許可を必要としないのであり，手元に預かっている現金があれば支払が可能となります。また，預金がブロックされていなければ，カードでの引出しが事実上行われていると聞きますが，このことも認められることになりましょう。後見の一環としての死後になす後見事務は，自ずと制限されたものであり，その範囲を明確にしてあれば，許可は不要となるでしょう。この意味において，2号に規定する行為で，限定されたものには許可を必要としな

14

第1章 死後事務に関する改正法（民法873条の2）について

いと解されます。改正法でも，2号に該当する行為には，許可を必要としていません。

これに対して，3号では，死後事務として認めるかどうかで，許可が必要となるという位置づけであれば，3号に該当する行為を行った場合には，手元に預かっている現金があっても，死後には支払うことは認められないことになってしまう可能性があります。このことは特に，火葬・埋葬に関する事柄で問題になってきます（後述②参照）。

3号で許可を求めているのは，後見人の死亡後，遺産分割までに生じた管理行為に対してであり，それは多様であり許可を必要とするという趣旨であると思われます。とすれば，立法者の理論では，ここでは行為に正当性を求めるために許可を必要とすると解されることになります。許可がなければ正当化し得ないとなれば，許可を得ることがなければ行為は正当化されず，手持ちに財産があったとしても支払う根拠を欠くことになります。許可が行為の正当性も含めての判断であれば（特に，死亡後，遺産分割までの間に締結された契約の場合に必要となり得る），許可を得ることなく，した場合には事務管理か応急処分義務になってしまう可能性があります。許可が得られない場合には，その行為は無効になってしまうおそれがあります。もしも，許可が得られない場合があるとすれば，それは，死後事務とは認められないものであり，後見人が許可なくした行為は，この意味において，相続人の観点から無権代理行為と位置づけ得るように思われます[24]。

また，立法者の説明によれば，預金の払戻しに許可が必要とされています。後見事務を進める上で，客観性と正当性を担保するためには，手持ちの財産を少なくするということは重要です。預金の引出し手続のための許可それ自体は，死後事務に該当する行為であれば，それぞれの事務の正当性を判断することなく債務の支払のために求め得るものと思われます[25]。手持ちの現金での決済は，不正防止上，でき得る限り避けるべきであり，裁判所の許可による預金の引出しが，スムーズに進むことが死後事務では望ましく必要なことです[26]。

つまり，債務の支払が死後事務として認められているものであれば[27]，

15

第1編　死後事務に関する理論

銀行預金からの支弁が必要な際には，その許可は単に銀行預金の凍結を解くための手段にすぎないと位置づけることが必要になります。既に死後事務として認められた行為の弁済のためのものであり，死後の事務ではあるが，他の行為と異なる緩和された要件で可能となるべきものでしょう。そうでなければ，柱書の規定のために，既に死後事務として認められた行為に関して，相続人の反対があり支払ができない事例も生じ得ることになります。債務の支払を認めながら履行ができない可能性を残す立法になってしまっています。このように考えれば，ブロックされた預金の引出しは，死後事務としての独立の位置づけをするのであれば，柱書の要件を緩和すべきでしょう。むしろ，支払い可能な債務として認めた以上，それに協力すべきであり，単なる相続法上の手続規定に位置づけることも可能であったと思われます。この意味において，相続法改正による民法909条の2が規定する，「相続された預貯金債権の仮払い」制度のような銀行預金のブロックを解く立法があれば十分であり，後見事務にも類似の規定が必要であると思われます。いずれにしろ，実務上，問題となる場合が生じ得ます[28]。

②　火葬・埋葬と許可の意味

　3号に規定する許可を必要とされている火葬・埋葬に関する契約の締結は，むしろ死後事務の典型的な事例であり，実務上起こり得るのは，身寄りのない被後見人の場合や，相続人等が火葬に興味を示さず放置され得る可能性のある場合です。これらは基本的には，紛争性がない以上，その行為の正当性の判断はむしろ不要であると考えられます。この意味において，3号の中で，火葬・埋葬に関しての許可は，死後に締結される契約に基づくものであるといえども，許可は必要でないと解することが可能と思われます。

　火葬・埋葬に関して3号で許可を求めてしまっていますが，原則として，死後事務かどうかの判断を一般に求められているとの解釈ではなく，行為自体に紛争性のある場合に特別に求められるものとの例外的な解釈が必要となりましょう。火葬・埋葬を，このように死後事務の典型と位置づけるのであれば，応急処分という位置づけではなく，許可を得ることなくした火葬・埋葬も死後事務としての位置づけが可能となります。その結果，被後見人の財

第1章　死後事務に関する改正法（民法873条の2）について

産から費用の支弁を行い得ると考えることができます[29]。

(6)　後見事務の報酬の位置づけ

　後見事務の報酬請求を，死後事務として位置づけることは可能でしょうか。

　後見人の報酬の位置づけは，生前にした管理行為に関しての報酬と，死後にした管理行為いわゆる死後事務に関する管理行為が考えられます。報酬は，家庭裁判所による付与審判がなされ，後見人は報酬請求権を取得するという位置づけがなされています[30]。

　生前に行った管理行為で，請求がなされていないものや，死後に行った死後事務に関する報酬は，いずれも債権の発生は死後であり，その請求はいずれも死後事務と解されることになります。これは，死亡後遺産分割までに発生した管理費用であり，民法885条により，相続財産に関する費用として相続債務となりますが，一連の管理行為であり，死後事務と解すれば，被後見人の財産から支弁することが可能と解することができます。

　いずれの後見事務の報酬請求も死後事務としての位置づけが可能ですが，この場合に優先的な権利が認められているのかどうかは問題となります[31]。このことは，前述のフランス法のような[32] 規定のない以上，優先的に回収することはできなくなってしまう可能性があります。改正法によっても，死後事務の相続法に関連する問題は不明瞭なままです。このことは，他の事務である，病院費用などにおいても同じことが言えます[33]。

　報酬請求を死後事務としての位置づけが可能であれば，相続人に請求することなく，自らの管理していた財産から報酬の支払を受けることはなんら問題がないことになりましょう。手元になく，管理財産を引き渡していた場合には，相続人に，法定相続分に応じて相続債務として請求することができることになります[34]。

むすび

　死後事務として後見人が債務の支払が可能なものは，被後見人が生前に負った債務です。医療費，光熱水費，税の支払，後見の費用（請求権の発生したもの）です。

17

第1編　死後事務に関する理論

　これに対して，被後見人死亡後に締結される契約に基づく火葬・埋葬は，死後事務に当然に含めてもよいと考えられます。これは，死後の相続財産に関する事柄に関する契約から発生した費用ですが，解釈上，被後見人が自らの財産でしたと解され，相続財産の費用として，財産管理の一環として可能であると考えられるからです。

　これに対して，管理行為として，家屋の修繕や，契約の解除，動産類の保管などが必要となった場合，被後見人死亡後の管理行為に関する後見人の報酬請求は，死亡後，遺産分割までの行為であり，裁判所の許可を必要とすると解するという位置づけとなると思われます。死後の法律行為であり，本来的には，後見の範囲ではなく例外的な位置づけだからです。

　このような解釈を簡単にまとめれば，以下のようになります。

　民法873条の2第1号の意味は不明瞭です。しかしながら一般的な意味ととらえることは可能です。

　2号は被後見人が生存中に負った債務であり，その債務の支払は当然に死後事務とし得るものです。しかしながら，その範囲は限定されたものです。債務としての支払を認め得るものは，最後の医療費，光熱水費，最後の住居費（施設の費用），税の支払，請求権の発生した後見人への報酬です。

　3号は，死亡後，遺産分割までの間にした管理行為から生じた債務であり，裁判所の正当性の許可を必要とします。

　しかし死後に行われる，火葬・埋葬は，典型的な死後事務であり，本来の行為の許可判断を必要としないとする例外的な位置づけが必要ではないでしょうか。紛争性がある場合に限り，許可を得て，することができることになります。

　また金融機関からの預金の払戻しの許可も，死後に行われる事務ですが，単なるブロックを解く手段としての位置づけが必要となります。

　改正法には，不明瞭なことや，相続法と関連する事柄に配慮されていないという問題も散見されます。死後事務を法的に認めたことは評価できますが，未解決のままに残されている問題も多く残っています[35]。

18

第1章　死後事務に関する改正法（民法873条の2）について

【注】

1）法務省のホームページ（http://www.moj.go.jp/MINJI/minji07_00196.html #08）によれば，死後事務の定義として以下の説明があります。「死後事務とは，成年後見人がその職務として成年被後見人の死亡後に行う事務をいいます。死後事務の具体例としては，遺体の引取り及び火葬並びに成年被後見人の生前にかかった医療費，入院費及び公共料金等の支払などが挙げられます」。

2）立法の経緯に関しては，盛山正仁「成年後見の事務の円滑化を図るための民法及び家事事件手続法の一部を改正する法律の概要」金法2045号30頁に詳しい説明があります。

3）最判平成4年9月22日金法1358号55頁。なお，改正前の問題点に関して，松川正毅「成年後見における死後事務の問題点」松川正毅編『成年後見における死後の事務』1頁以下（日本加除出版，2011）で委任契約と法定後見を比較して，死後事務の問題点を検討してます。

4）盛山・前掲注2）34頁。

5）盛山・前掲注2）35頁。

6）盛山・前掲注2）35頁。

7）盛山・前掲注2）35頁。なお，保佐や補助に関しては，「応急処分として認められる範囲内で死後事務を行うことは可能である。」として説明されてます。

8）盛山・前掲注2）35頁。前掲注1）の法務省のホームページも同じ例を挙げています。

9）盛山・前掲注2）35頁。

10）盛山・前掲注2）35頁。前掲注1）の法務省のホームページでは，医療費と入院費及び公共料金等の支払が挙げられています。

11）盛山・前掲注2）36頁。前掲注1）の法務省のホームページでは，遺体の火葬に関する契約の締結が記されています。

12）盛山・前掲注2）36頁。

13）前掲注1）の法務省のホームページQ11参照。

14）盛山・前掲注2）37頁。前掲注1）の法務省のホームページQ12参照。

15）盛山・前掲注2）37頁。

16）盛山・前掲注2）37頁。前2号とは，1号と2号を指していると解釈されて

第1編　死後事務に関する理論

います。

17) 盛山・前掲注２）37頁。前掲注１）の法務省のホームページQ10参照。

18) 盛山・前掲注２）37頁。

19) 相続債務としての位置づけが通説と思われます。例えば，中川善之助＝泉久雄編集『新版注釈民法㉖ 相続(1)』137頁参照〔泉久雄〕（有斐閣，1992）。フランス法にも古くから相続財産の負担という考え方が存しており，立法に際して日本法に影響を与えたものと思われます。旧法（明治民法）993条，967条参照。なお，近藤英吉『相続法論（下）』532頁（弘文堂，1938）では，明確に，相続債務としての位置づけがなされています。なお，現行フランス民法では，873条で，相続人は，相続債務と相続財産の負担に責任を持つ旨が規定されています。

20) 例えば，限定承認では民法929条に，債権額の割合に応じた弁済が必要である旨が規定されています。優先権がない限り，債務の弁済は債権額の割合に応じてなされます。いわゆる債権者平等の考え方です。

21) 預金の引出しは，死後事務の中では異質のものであるとも言えます。これはむしろ，預金が遺産分割の対象とされ，死亡と同時に金融機関によってブロックされることになり，このことの関連で，裁判所の許可が求められていると位置づけることができるように思われます。

　　もしも手元に現金があれば，それで死後に支払うことが可能となりますが，財産管理で現金を事前に引き出しておくことに関しては，不正の疑いが生じ得ますので，勧められたものではないように思われます。

　　また，金融機関に死亡の事実を伝えなければ，カードで事実上引き出すことが可能となります。この方法も，死後事務の範囲が明確に限定されていない法律のもとでは，相続人の財産の使用にもなりかねず，大きな問題が潜んでいます。

　　死亡した旨を金融機関に伝えるべきかどうかは，現在，実務では問題になっているようです。

22) 後に限定承認や放棄で影響を受けるべきときには再度，問題にするとして支払うことも想定できます。債務超過にもかかわらず，死後事務として支払った後に，相続放棄がなされた場合の扱いは複雑になります。死後事務に関し

ては，破産財団の考え方のように（破産法148条1項6号参照），相続法においても債務の中で優先権を与えるのも一つの立法的な解決策のように思われます。

　なお，大塚竜郎「成年後見の事務の円滑化を図るための民法及び家事事件手続法の一部を改正する法律の逐条解説」民月71巻7号80〜81頁では，後見人がした死後事務に関する債務の支払が，相続人の法定単純承認にはあたらない旨を述べています。しかし，後見人がなす死後事務は，本来は相続人がすべきものであるという二重の構造の存在をみると，必ずしも明確に言い切れるかどうかは疑問です。むしろ，保存行為は，単純承認を導かない旨の規定がある方が分かりやすいと考えます。

23）盛山・前掲注2）37頁参照。

24）大塚・前掲注22）80頁参照。

25）この意味において，預金の引出しの許可は特別な意味を有しています。死後事務の範囲であれば，後見人は管理財産から費用を支弁することができる点において，銀行預金のブロックを解く点に意味があると思われます。

26）もしも，死後にした事務が，事務管理であれば，受任者の費用で行うのであり，応急処分であれば，被後見人の財産から支弁されます。

27）筆者の条文解釈，位置づけでは2号に該当する行為。

28）金融機関からの預金の払戻しを受けて報酬を得る場合，この許可審判は，3号に規定する死後事務であるとすれば，相続人が反対の意思表示をしているときには，回収できなくなります。結果的に，既に法により認めた死後事務の管理行為の対価の支払を拒否する可能性を認めることになってしまいます。金融機関からの預金の払戻しを求める許可は，他の死後事務とは異質のものであるにもかかわらず，それ自体を一つの死後事務として立法者は考えていることからくる不合理な結果であると言えます。

29）事務管理と死後事務に関しては，解釈上，差が生じ得ると思われます。死後事務として認められなければ，後見人は被後見人の財産から支弁することはできず，相続財産からの債務者としての位置づけになってしまいます。前掲注26）参照。

30）民法862条，家事事件手続法39条参照。報酬請求権に関して，平成30年3月18

第1編 死後事務に関する理論

日の関西家事事件研究会の折に，河野文彦判事から，多くのご教示を得ました。

31) 放棄，限定承認，相続財産破産などの場合に問題となり得ます。

32) 本文2(4)参照。フランス法であれば，医療費，裁判に要する費用に先取特権が認められ，優先的な回収が可能です。フランス民法2331条参照。医師に対する費用や，法律家に対する費用に優先的な地位を与えなければ，このような仕事をする者がいなくなるという政策が働いていると言えましょう。我が国でも葬式費用に関しては，債務者の総財産つまり遺産に先取特権が成立しています（民306条3号，309条1項）。また報酬請求権を有する者も共益の費用として先取特権を有すると解され得ます（民306条1号，307条）。

33) もしも優先権が認められていないとすれば，相続財産破産の際には，普通の債務の扱いになり，後見人報酬が否認権行使の対象となってしまう可能性が否定できません。

　死後事務に関する報酬請求は，管理行為に関する費用としての位置づけをして，先取りできれば，偏頗弁済にもあたらないことになります。破産法148条1項2号にいう管理費用としての位置づけも可能と思われます。民法873条の2第3号の問題であるとすれば，相続財産の管理となり得るとする解釈は可能と思われます。

　報酬付与も審判は必要としますが，一連の後見事務の締めくくりであり，相続財産に関する費用として，被後見人の財産から優先的に回収できるとするのが望ましいと思われます。

34) この意味において，大阪地判平成27年7月22日判時2286号118頁の判決は正当であり参考になります。

35) 大阪家裁後見センターの後見に関する連載（大阪家庭裁判所家事第4部後見係「大阪家裁後見センターだより」OBA Monthly Journal 2017.5 からの連載）は，実務の観点からの分析が見られます。新法に関する第3回（OBA Monthly Journal 2017.10），また特に財産の引渡しに関する第6回（OBA Monthly Journal 2018.4），第7回（OBA Monthly Journal 2018.6），第8回（OBA Monthly Journal 2018.8）は興味深い論考です。

〔松川　正毅〕

第2章

法定後見と信託
――死後の事務処理も考慮して

1 はじめに

　成年後見は「成年被後見人の生活，療養看護及び財産の管理に関する事務を行う」（民858条）ための制度です。ですから，本人の判断能力の喪失，及び成年後見の申立てと審判によって開始し，本人（成年被後見人）の死亡と同時に終了します[1]。他方で，信託とは自己（委託者）の財産を他人（受託者）に移転した上で，一定の目的に則して他人に自己の財産の管理，運用，処分を委ねる制度です。ですから，信託は他人の財産管理のための法制度という意味では，成年後見と共通性を有しますが，身上監護は含みませんから，もちろん，その守備範囲は限られています。ただし，成年被後見人の財産に信託を設定することで，成年後見人の財産管理の事務を軽減することが期待できます。加えて，信託は信託目的によって財産管理がなされる制度で，信託財産は委託者から受託者に移転して，委託者の生存中のみならず死亡後も存続しますから，委託者（例えば，成年後見人）の死亡後も委託者の意思に即して長期間にわたって財産管理を行う制度として，成年後見をバックアップするための信託の利用が注目されています[2]。信託による成年後見の支援は，法定後見のみならず任意後見でも当然に可能ですが，ここでは信託と法定後見の協働の可能性について説明したいと考えます[3]。

　具体的には，成年被後見人の生存中に信託を利用することによって，成年後見人の財産管理の事務を軽減し（一般的な信託の利用），加えて，成年後見人の事務処理を監督する役割も果たすことができます（後見制度支援信託）。

第1編　死後事務に関する理論

さらに，成年被後見人の死後は，成年被後見人の死後事務の処理を信託に委ねること（死後事務の処理の支援）も考えられます。加えて，信託の委託者（例えば，成年被後見人の親である成年後見人）が成年被後見人のために遺言を行ったのと同様の効果を信託によって実現すること（遺言代用信託），さらには，成年被後見人のために委託者の死後の継続的な財産管理を委ねることも可能です（後継ぎ遺贈型の受益者連続信託）。そこで，以下では，まず信託制度について説明した上で（後述2），後見制度支援信託（後述3），信託と死後事務との関係（後述4），遺言代用信託，後継ぎ遺贈型の受益者連続信託，及び，その問題点（後述5）に関して見ていくことにします。

2 信託制度について

　信託とは，自己（委託者）の財産を他人（受託者）に移転した上で，一定の目的（信託目的）に則して受託者に自己の財産の管理，運用，処分を委ねる制度です。その結果，信託を設定すれば，委託者，受託者，及び，信託目的に従って管理，運用された信託財産から給付を受ける受益者という三者が登場することになります（他益信託）。ただし，委託者自身が受益者となる信託（自益信託）も可能です。信託と同様に他人の財産管理を目的とする制度でも，委任や包括的ではあっても委任の一種である成年後見とは異なり，信託財産は委託者（本人）から受託者に移転されます。したがって，信託では法形式上は受託者が信託財産の所有者であり，受託者は自己の裁量で信託目的に従って受益者のために信託財産を管理，運用，処分することになります。ただし，受託者には善管注意義務のほかに，忠実義務，公平義務，信託財産の分別管理義務が課されており，さらに，受益者には受託者に対する監督権限が与えられています（信託92条）。加えて，信託財産を登記しておけば，受託者が破産した場合でも，信託財産は受託者の破産財団に含まれることはありません（倒産隔離機能）。ですから，法形式では信託財産の所有者は受託者ですが，経済的な利益は受益者に帰属することになります。信託の設定には，契約，遺言，意思表示（信託宣言）の3つがあります（ただし，信託宣言はあまり利用されていません。）。契約で信託を設定する場合は，委託者（本人）

と受託者の信託契約の締結によって，遺言の場合は，委託者（本人）の死亡時に信託を設定すると遺言することによって信託が成立することになります（ただし，遺言で委託者の死亡時以外を信託の効力開始時とすることも可能です（信託4条4項））。信託の終了に関しては，契約，遺言条項によって終期が定められることになります。

信託の内容は，成年後見とは異なり，本人（成年被後見人）の生活，療養看護を目的とするものではなく，財産管理に限られています。ただし，本人から移転された一定の財産（信託財産）が一定の目的（信託目的）によって管理，運用，処分され，しかも，独立した目的財産になりますから，信託は成年後見を支援するのに適した制度と考えられています。例えば，信託設定による成年後見の補完として，次のような例が挙げられています。すなわち，(i)A（本人）が委託者兼受益者として自己の財産に信託設定し，B（Aの子，長男）が受託者として財産管理していたが，後にAが成年被後見人となり，C（Aの子，次男）が成年後見人となった場合には，BCでAの財産管理，身上監護を分担していますから，成年後見人Cの財産管理の負担が軽減され，しかも，信託事務の透明性が確保できることになります。(ii)Aの法定後見が開始し，B（Aの子）が成年後見人として財産管理，身上監護をしていましたが，Aの不動産管理のために不動産管理に精通したCを受託者として不動産に不動産管理信託などの信託設定を行うという利用方法も考えられます（居住用不動産を処分する場合は家庭裁判所の許可が必要ですが（民859条の3），賃貸借する場合は家庭裁判所の許可を必要としません。）。(iii)障害のある子（成年被後見人）Dのために，Dの親(A)又は他の人間(B)が複数の成年後見人となり，健常な子(C)などを受託者として，自己(A)の財産に信託設定をします。その上で，自己(A)の死後は，成年後見人Bが引き続き後見事務を遂行し，さらに，受益者をD（成年被後見人）として信託から生活費を定期的に給付するという方法もあります。さらに，(iv)成年被後見人である子(B)が財産を有している場合に，Bの親で成年後見人のAが，Bの財産にCを受託者として信託設定し，Bを委託者兼受益者として，Bに生活費などを定期的に給付させるという利用方法も考えられます[4]。以上の(i)(ii)は，成年被後見人が委託者の例で，

25

第1編　死後事務に関する理論

(iii)では成年後見人が委託者で，(iv)では成年被後見人が委託者ですが，成年被後見人を受益者として信託を設定する例です。(i)(ii)では，信託によって成年後見人の財産管理が軽減され，(iii)では，委託者の死後も成年被後見人の生活を支援しようという委託者の意思が継続されることになります（意思凍結機能）。(iv)は，成年後見人が成年被後見人を代理して，成年被後見人の財産管理を信託に委ねるという方法です。ですから，成年後見と信託の協働の可能性は，相当に広いと考えられます。

3　後見制度支援信託

　成年後見をバックアップするための信託制度の利用として，2012年から導入されたのが後見制度支援信託です。その背景は，特に，親族後見人などの成年後見人による成年被後見人の財産の横領などの不正行為の増加です。もちろん，成年後見人には，親族後見だけでなく，専門職後見人を選任することも可能ですし，成年後見監督人を選任する余地もあります。しかし，現実には，成年後見の件数と比べて，専門職の人数は十分ではありませんし，報酬の問題もあります。通常は，専門職が就任することを前提とする後見監督人に関しても事情は同じです。もちろん，後見人の監督の責任は最終的には家庭裁判所が担当しています。しかし，家庭裁判所は，その人的資源の制限からも，後見人の監督を十分に行える事情にはありません。その結果，家庭裁判所の後見人の選任・監督が不十分だったために成年後見人（親族後見人）による成年被後見人の財産の横領が発生したとして，国家賠償が認められた例までありました[5]。

　その結果として新設されたのが，後見制度支援信託です。後見制度支援信託は法律に規定があるわけではなく，信託銀行などの用意する信託商品です。後見制度支援信託の対象は，成年後見と未成年後見だけで，保佐，補助は含まれていません。後見制度支援信託の契約を締結するには，まず専門職後見人を家庭裁判所が選任し，当該の後見が後見制度支援信託の活用に相応しいのか否かを調査させます。その結果，訴訟対応などが必要で専門職後見人が引き続き後見人を務めるのが相応しいと判断されれば，後見制度支援信託は

26

必要ないことになります。つまり，後見制度支援信託が利用に適すると判断され，親族後見人が選任されたときに限って家庭裁判所から専門職後見人に信託契約締結の指示がされることになります。さらに，後見制度支援信託は金銭信託に限られますから，被後見人の財産に預貯金が多いときが，後見制度支援信託に相応しいということになります。他方で，現金，預貯金が少なく，信託が設定できない財産（例えば，不動産など）が多い場合は，専門職後見人を後見人又は後見監督人として選任することになります。さらに，財産が僅少な場合も，後見制度支援信託は利用の必要がないか，現実として信託の利用は無理だということになります。したがって，後見制度支援信託は，親族後見人による財産（現金，預貯金）の横領を防止する制度です。

　後見制度支援信託を実施するに当たっては，専門職後見人は，本人の財産状況を踏まえて将来の生活設計に則した収支予定表を作成します。その上で，本人の生活に必要な財産が信託契約後に親族後見人の手元に残るように信託条件を設定した上で，信託契約を締結し，その後に専門職後見人は後見人を辞任して，親族後見人に後見事務を引き継ぐことになります。その際には，後見人が被後見人を代理して信託契約を締結しますが，信託契約の当事者は，被後見人であり，信託の委託者で受益者となります。契約の締結の際は，専門職後見人が報告書を裁判所に提出し，その上で家庭裁判所から指示書の発行を受け，指示書謄本を受託者となる信託銀行などに提出します。信託目的は，受益者（成年被後見人）の財産を保全し，生活の安定に資することです。そのため，信託財産は「元本填補」契約付きの指定金銭信託で，信託による運用の結果，損失を被ったときでも元本が填補される金銭信託ということになります。信託期間は，成年後見が終了する，成年被後見人の死亡又は後見開始審判の取消しまでです。受益者には信託財産から一定額の金銭（定期金）が交付されますが，成年被後見人の医療行為，家屋の改装などで一時金が必要な場合には，家庭裁判所から指示書の発行を受けて，受託者に一時金の支払を請求することになります。反対に，成年被後見人に保険金の受領などで予想外の収入があれば，後見人が管理することになりますから，家庭裁判所に報告して指示書の発行を受けた上で，追加信託することになります[6)]。

第1編　死後事務に関する理論

　以上のように，後見制度支援信託は，成年被後見人の日常生活に必要な金銭の支出に家庭裁判所の事前のチェックをかけることで，成年被後見人の財産を守ることを目的とする制度なのです。

4 死後事務との関係

　成年被後見人が死亡すると成年後見は終了し，成年後見人ではなく，成年被後見人の財産を包括承継した相続人が成年被後見人の死後の事務（債務の弁済，施設との契約の解除，葬儀を行うことなど），相続財産に関する事務を処理することになります。成年後見法が施行される以前は，禁治産者の後見人のほとんどは親族，相続人だったので，本人の死後も後見人は相続人としての地位に基づいて事務処理が可能な場合が多かったと考えられます。現在でも，相続人が相続開始後に即座に財産管理が可能なら，問題は生じないでしょう。しかし，相続人が不存在だったり，連絡が取れなかったり，相続人が非協力的な場合は，現実的に死後事務の処理が成年後見人に委ねられる場合も多いと考えられます。そこで，第三者が成年後見人の場合に，成年被後見人の死後事務に関しては，(i)成年後見（委任契約）の終了後の応急処分義務として死後事務を処理する可能性と，(ii)本人の行為能力が十分な間に，例えば，成年後見人に就任する者に死後事務を委任しておくという方法が考えられていました。前者は，成年後見（委任契約）の事後的な効力であり，後者は，一種の予防法学的な措置だということになります。

　成年被後見人が死亡すると，成年後見人は原則として2か月以内に管理計算をする義務を負います（民870条）。管理計算が終了すれば，成年後見人は管理していた財産を成年被後見人の相続人に返還するか，成年後見人の相続人が不存在・不明の場合は，応急処分義務（民654条）の一環として相続財産管理人の選任の申立てを行えば，成年後見人の事務は終了します。しかし，成年被後見人の相続人が存在することが分かっていても，(i)所在不明で連絡が取れない場合，(ii)連絡は取れても外国滞在中などで管理できない場合は，後見人の応急処分義務が問題となると考えられます。その場合でも，相続財産管理人の選任の申立てを応急処分義務と解することができれば，成年後見の

28

第2章　法定後見と信託——死後の事務処理も考慮して

終了と相続法との軋轢を回避することが可能でしょう。とはいっても，(iii)相続人が非協力的で，現実には成年後見人が死後事務を処理せざるを得ない場合もままあると考えられます。その際に，死後事務を応急処分義務と解することが可能なら，（成年後見人が事務処理を怠れば，債務不履行責任が発生しますが）成年後見人は報酬請求することも可能です。ただし，（学説には，違った考え方をするものもありますが7)）実務家の多くは現行法での応急処分義務を広く解することには慎重です8)。その結果，応急処分義務に当たらないときは，事務管理に基づいて事務処理することになります。しかし，事務管理では，成年後見人は報酬請求はできません9)。

　以上のような事情で，死後の事務処理を成年被後見人が行為能力のある間に締結した委任契約で処理させようという考え方も主張されています（加えて，法定後見でも，家庭裁判所と事前に協議すれば，成年後見人が被後見人を代理して，死後事務に関する費用に関して信託設定することは可能と考えられます。）。というのは，周知のように，判例（最判平成4年9月22日金法1358号55頁）は，委任者の死亡後の受任者による生前・死後の債務の弁済などの死後事務の処理のみならず，死因贈与の申込みと履行の有効性を認めています。ただし，学説では，特に，受任者による委任者の死後の贈与の申込みと履行に関しては，委任者の相続人の相続財産が減少しますから，相続人との利害衝突，及び，生前行為の委任は諾成契約ですから，死後処分である遺言の方式との抵触を考えて，懐疑的な見解が有力です10)。ですから，委任による死後事務の処理も，管理行為にとどめるべきで，贈与などの無償行為の委任は問題があると考えるべきでしょう11)。つまり，死後の無償行為に関しては，死後事務委任ではなく，遺言によるべきであり，しかも，相続人との利害衝突を考えて，確実かつ迅速に履行したいときは，遺言執行者を選任すべきだということになります（民1013条，遺言執行者によって管理される相続財産を相続人が処分しても無効と解されています12)。）。他方で，信託で受益者を指定して，死後事務費用を信託しておけば，葬儀費用の支出，預貯金の引出しなどの問題は解決できると考えられます。特に，最近の最高裁の決定（最大決平成28年12月19日民集70巻8号2121頁）では，預金債権が相続されたときは，相続人

29

第1編 死後事務に関する理論

全員の合意がなければ，払戻ができませんから，死後事務に必要な金銭を信託しておくことは十分な考慮に値するでしょう[13]。さらに，死後の無償行為も信託によれば実現させることが可能です。他方で，遺言執行は遺言内容の実現，つまり，相続財産の清算に限られますから，死後の事務を継続的に委ねることはできませんが，それが可能となるのが信託という制度です。そこで，以下では，信託による死後の継続的な財産管理の方法について説明します。

5　遺言代用信託と後継ぎ遺贈型の受益者連続信託

信託設定した委託者の死後の持続的な配慮を考えて用意されているのが，遺言代用信託（信託90条）及び，後継ぎ遺贈型の受益者連続信託（信託91条）です。

⑴　遺言代用信託

生前に自分（委託者）の財産に信託を設定した上で，受益者となる者が受益権を取得するのは，委託者の死亡時以後とする信託設定をすると（信託90条1項2号），受益者となる者に受益権を遺贈したのと同様の効果をもたらすことが可能となります。さらに，信託と同時に受益権は受益者に帰属しますが，受益権の給付を受けるのは委託者の死亡時とすると，同じ効果が達成できます（信託90条1項1号）。このような信託には撤回権（信託145条2項）及び，受益者の変更権（信託90条1項ただし書）が留保されています。ですから，以上のような信託は，遺言がいつでも撤回可能で（民1022条），死因贈与もいつでも取消しが可能（最判昭和47年5月25日民集26巻4号805頁（遺言の方式に関する部分を除いて，民1022条が死因贈与に準用されるとしています。））なのと同様の機能を持っており，その機能に注目して遺言代用信託とネーミングされています。以上の信託法90条1項1号による信託では，委託者の死亡時まで受益者とされた者には，受益権は帰属しません。他方で，同項2号による信託では，委託者の生前から受益権者が存在します。そうすると，受益者とされた者は，受託者に対する監督権や信託の変更に関して同意権を有しているとも考えられますが，信託行為に別段の定めのない限りは，委託者

30

が受益者の変更権を有していますから，委託者の死亡までは受益者としての権利を有しないことになります（信託90条2項）。したがって，信託法90条1項1号と同項2号の信託で違いはないことになります。さらに，受託者による信託の事務の執行に関しては，遺言代用信託では受益者が存在しないとき，又は，受益者としての権利を有しないときは，委託者に対して義務を負うとされています（信託148条）。ですから，信託設定後，受益者が権利を取得するまでは，委託者である本人が受託者の信託業務に関する監督を行うことになります。さらに，別段の定めがない限り，委託者の生存中は，委託者が受益者になります（信託90条1項1号，同条2項，182条2項）[14]。つまり，遺言代用信託は，委託者の死後もその意思を実現させるという機能を持っていることになります。

遺言代用信託の利用方法としては，例えば，委託者（本人）が自分の財産に信託設定して，(i)自分の生前は自身で月額5万円を受領し，(ii)死亡時に妻に200万円を葬儀費用として給付する。(iii)その上で残額から月額10万円を妻に給付するという具体例が挙げられています。そのメリットとして，(ii)では，先述した最高裁の大法廷決定（最大決平成28年12月19日民集70巻8号2121頁）によれば，預金の払戻しには相続人全員の同意が必要となりますが，即座に葬儀費用を使用することが可能となることが，(iii)では，遺言による財産の交付より柔軟性があることが指摘されています[15]。以上の例で，委託者の死亡時に受益者を自分の子である成年被後見人と定めておけば，委託者は自分の死後に成年被後見人に対する配慮を実現させることが可能となります。

(2) 受益者連続信託

委託者Aが，自分の財産に信託を設定し，生前は自分が受益者となり，Aの死亡後はBが第2受益者に，Bの死亡後はCが第3受益者になる旨を定めたとします。このような指示を遺言で行えば，いわゆる「後継ぎ遺贈」に当たり，民法上はその効力を疑問視する考え方が有力です[16]。しかし，信託法91条は，「受益者の死亡により，当該受益者の有する受益権が消滅し，他の者が新たな受益権を取得する旨の定めのある信託は，当該信託がされた時から30年を経過した時以後に現に存する受益者が当該定めにより受益権を取

第1編　死後事務に関する理論

得した場合であって当該受益者が死亡するまで又は当該受益権が消滅するまでの間，その効力を有する。」と規定しています。つまり，信託設定時から30年が経過した後に，生存者が受益権を取得すると，その者の死亡又は受益権の消滅によって信託は終了することになります。したがって，上記の例では，Aが信託設定から30年以上生存し，その時点でBが生存していたときは，Bは受益権を取得しますが，Cは受益権を取得しません。ただし，Aが信託設定から30年が経過する前に死亡し，Bが受益権者になれば，Cは受益権を取得することになります[17]。以上のように受益者の連続を期間で制限する理由は，委託者Aが連続して受益者（B，C，D）を指定することを認めると，特定の財産の利用方法が長期にわたって拘束され，その財産が市場から脱落してしまい，効率性を損なうと考えられるからです[18]。ただし，例えば，成年後見人Aが，自己の財産に信託設定し，生前は自分が受益者となり，自分の死後は自分の子で成年被後見人Bを受益者とし，Bの死後はもう1人の子で健常者のCが受益権者になると定めるなどすれば，受益者連続信託も，成年後見をバックアップする制度と考えられます。

⑶　遺言代用信託の問題性

　以上のように信託は，その応用範囲が広く便利な制度だといえます。しかし，信託は形式的には財産権が受託者に移転しながら，実質的な利益は受益者が享受するという法形式であり，相続法との抵触が発生する可能性があります。例えば，配偶者Cと子DEがいる委託者Aが自己の財産の多くの部分に信託設定して，受託者をBとし，Aの生存中は自身が受益者に，Aの死亡後の受益者を配偶者Cとしたとします。Aが死亡して，Cが受益権を取得したときには，Cの受益権はAのCに対する贈与又は遺贈に当たりますから，相続財産に持ち戻されることになります（民903条1項）。仮に，Aが持戻しの免除の意思表示をしていた場合でも，「遺留分に関する規定に反しない範囲内で，その効力を有する」（民903条3項）にすぎませんから，遺留分を侵害されたDないしEは，Cに対して遺留分減殺請求ができることになります[19]。ところが，その際に，DないしEが，誰に対して何を減殺請求できるのかに関して，学説は分かれています。具体的には，(i)遺留分減殺請求の相手方は

受託者で，減殺の対象は信託財産の価値であり，減殺請求の効果は現物返還が原則ですから，受託者と遺留分権者が信託財産を共有するという説（受託者説）[20]，(ii)相手方は受益者で，減殺の対象は受益権であり，効果は受益権の共有という説（受益者説）[21]，(iii)相手方は，受託者・受益者で，対象は信託財産・受益権，効果は信託財産の共有という説（折衷説）[22] に分かれています。つまり，(i)は，信託財産の所有権が委託者から受託者に移転したことを遺留分の侵害行為であり，信託財産の返還を求める考え方，(ii)は，信託設定で受益者が取得した受益権が遺留分侵害行為と考えて，受益権の返還を求めるという考え方，(iii)は，遺留分は受託者への所有権移転と受益者の受益権取得によって侵害されているという考え方です。

　ただし，受益権は信託財産の価格より低額に評価されるのが通例ですから，(ii)では，AがCに信託財産を贈与，又は，遺贈した場合と比べて，DないしはEの減殺請求できる財産額は減少することになります。具体例を挙げると，土地・建物（Aの死亡時の価格8,000万円）を所有するAには，配偶者B，AB間の子CDがいましたが，遺言で，知人Eを受託者として信託を設定し，自分の死亡時からB死亡時までBに土地・建物に居住する権利（収益受益権，価格2,000万円）を与え，CはB死亡時から土地・建物の所有権を取得する権利（元本受益権，価格2,000万円）を与えるとしました[23]。信託を設定した土地・建物がAの財産の全てだったとき，(ii)の考え方では，遺留分算定の基礎となる財産の価格は，BCの受益権の合計4,000万円ですから，Bの遺留分額は1,000万円，CDは500万円となります。そこで，Dは，（相続分8分の1の）500万円の遺留分に関して，Bの遺留分額（1,000万円）を超える1,000万円と，Cの遺留分額（500万円）を超える1,500万円に対して，遺留分を超える額の割合に応じて，Bの受益権に200万円，Cの受益権に300万円の遺留分減殺請求が可能となります。しかし，AがBCに土地・建物を遺贈した場合には，遺留分の基礎となる財産は8,000万円ですから，DはBCに対して1,000万円の遺留分減殺の請求が可能なはずです。つまり，信託による形式的な財産権の移転（価格8,000万円の土地・建物への信託設定）と，実質的な経済的利益の移転（受益権の合計4,000万円）という法形式と実質の分裂が，以上のよ

第1編　死後事務に関する理論

うな問題を惹起しているのです。ですから，遺言代用信託に関しては不安定な要素が強く，信託設定の際に遺留分の侵害の可能性は十分に意識しておくべきでしょう[24]。

6　おわりに

　成年後見は成年被後見人の財産管理と身上監護を目的としています。他方で，信託は財産権を他人に移転した上で，信託目的に従って信託財産を管理，収益，処分させる財産管理の制度です。ですから，信託は，成年後見人の財産管理の事務を軽減する機能を果たすことが可能です。さらに，成年後見人が日常的には必要としない金銭を信託し，それ以外の金銭の使用には家庭裁判所の指示を必要とすることで，成年後見人の監督に関する裁判所の機能を一部分担させることもできます（後見制度支援信託）。さらに，成年被後見人の生前に信託設定しておけば，死後の事務処理を円滑に進めることも可能となります。加えて，遺言代用信託，受益者連続信託は，委託者の死後の成年被後見人に対する配慮を持続的に実現させる機能を持ち合わせています。同様の配慮は，成年被後見人に対する遺贈でも可能ですが，信託は委託者の意思を継続的に実現させることが可能な点で，遺贈より優れていると考えられます。さらに，遺言は単独行為で，効力が発生するのは遺言者の死後ですから，厳格な方式が要求されており，自筆証書遺言などでは方式違背で無効となる可能性もないではありません。他方で，生前の契約で信託設定しておけば，その効力は確実でしょうし，しかも，遺言とは異なり，遺産分割の手続も必要としません。さらに，信託の倒産隔離機能から，委託者の意思は，確実に実現されると考えることができます。以上の意味で，成年後見と信託の協働が，近年注目を集めています。ただし，信託は，いわば法形式と実体とが乖離している法制度ですから，信託財産の相続財産からの逸出に関して，特に，遺留分制度との関係が問題となります。その意味では，信託を財産管理に利用するケースは別として，遺言代用信託に関しては，遺留分との関係に注意が必要だということになります。

34

【注】

1）例えば，於保不二雄＝中川淳『新版注釈民法(25)』462頁〔佐藤義彦〕（有斐閣，改訂版，2004）。任意後見も委任契約ですから，民法653条１号が適用され，法定後見と同様に本人（委任者）の死亡で終了します。

2）例えば，新井誠「高齢社会における個人信託制度の必要性」新井誠編『高齢社会における信託制度の理論と実務』１頁以下，特に，23頁以下（日本加除出版，2017）。

3）事前配慮としての任意後見と信託の連携に関しては，新井誠『信託法』522頁以下（有斐閣，第４版，2014）。

4）小林徹「成年後見制度と信託制度の連携」実践成年後見58号22頁以下，26頁以下の具体例です。信託と任意後見との連携に関しても詳細です。

5）例えば，広島高判平成24年２月20日金判1392号49頁。同判決の判例評釈として，藤原正則「判批」実践成年後見43号93頁以下。

6）後見制度支援信託に関しては，例えば，浅香竜太＝内田哲也「後見制度支援信託の目的と運用」金法1939号30頁以下，石井芳明「後見制度における信託の活用について」信託270号123頁以下。

7）上山泰『専門職後見人と身上監護』196頁以下（民事法研究会，第３版，2015）。

8）例えば，日本弁護士連合会「成年後見に関する改善提言」（2005年５月６日）21頁以下ですが，同時に，相続財産管理人の権限を準用して成年後見人への死後事務処理の権限の付与を提案していました。

　現在は，平成28年に法改正されて，民法873条の２が新設され，成年被後見人の死後に，必要があるときは，成年被後見人の相続人の意思に反することが明らかなときを除いて，相続人が相続財産を管理することができるに至るまで，成年後見人には相続財産の保存，債務の弁済，及び，家庭裁判所の許可を得てですが死体の火葬・埋葬などの契約締結などに関して相続財産の管理の権限が与えられています。ただし，成年後見人が葬儀を行うことはできないと考えられます。

9）死後事務に関する応急処分義務と事務管理の関係については，藤原正則「死後事務における応急処分義務と事務管理の交錯」実践成年後見38号22頁以下，

第 1 編　死後事務に関する理論

宮本誠子「成年後見人による死後事務」道垣内弘人・松原正明編『家事法の理論・実務・判例 2』57頁以下（勁草書房，2018）。

10）死後事務の委任に関する学説については，例えば，藤原正則「本人の死後事務の委任と民法653条 1 号の強行法性」椿寿夫編『民法における強行法・任意法』（日本評論社，2015）。

11）松川正毅「死後の事務に関する委任契約と遺産の管理行為」実践成年後見58号47頁。

12）最一小判昭和62年 4 月23日民集41巻 3 号474頁。於保ほか・前掲注 1 ）〔泉久夫〕351頁。

13）ですから，同決定の共同補足意見は，遺産分割前に緊急に現金が必要なときには，遺産分割前に審判前の保全処分（仮分割の仮処分〔家事200条 2 項〕）によって，特定の相続人に預金の一部を取得させる方法を指示しています。ただし，その前提は遺産分割の調停又は審判の係属ですから，通常の市民にとっては預金を信託にしておくほうが分かりやすい方法でしょう。ただし，相続法の改正では，法定相続人は，遺産に属する預貯金債権の相続開始時の債権額の 3 分の 1 に関しては各自の法定相続分の割合で，単独の行使が可能とされています（改正民法909条の 2 ）。

14）遺言代用信託に関しては，新井・前掲注 3 ）167頁以下，道垣内弘人『信託法』303頁以下（有斐閣，2017）。

15）中田直茂「遺言代用信託の法務」金法2074号 6 頁以下，7 頁。

16）後継ぎ遺贈は無効と解する学説が，例えば，中川善之助＝泉久夫『相続法』569頁（有斐閣，第 4 版，2000）。

17）受益者連続信託に関しては，道垣内・前掲注14）306頁以下，新井・前掲注 3 ）512頁以下。

18）道垣内・前掲注14）308頁以下。

19）相続人が保険金の受取人として指定されたときは，死亡保険金請求権は，原則として特別受益に当たらず，例外的に受取人と他の相続人の間の不公平が是認できないほど著しいと評価すべき特段の事情がある場合に限って，民法903条の類推適用で特別受益に準じて持戻しの対象となるという判例（最決平成16年10月29日民集58巻 7 号1979頁）からは，信託設定も持戻しの対象と

なるかを疑問視する余地もないではありません。しかし，保険料と保険金請求権の間には等価的な関係がありませんから，信託と同一視するのは不当だと考えられます。この問題に関しては，西希代子「遺言代用信託の理論的検討 —— 民法と信託法からのアプローチ」信託フォーラム2号51頁以下，53頁。

20) 例えば，川淳一「受益者死亡を理由とする受益者連続型遺贈」「受益者死亡を理由とする受益者連続型遺贈・補論」野村豊弘＝床谷文雄編著『遺言自由の原則と遺言の解釈』19頁以下，28頁，141頁以下，155頁以下（商事法務，2008）。

21) 例えば，道垣内・前掲注14）62頁以下。

22) 例えば，四宮和夫『信託法』160頁（有斐閣，新版，1989）。さらに，受託者に対して所有権の返還を求めるだけでなく，受託者と受益者の双方を相手として所有権の返還を求めるか，受益者を相手に受益権の返還を求めるかの選択可能と解するのが，三枝健治「遺言信託における遺留分減殺請求」早法87巻1号37頁以下，51頁以下，加藤祐司「後継ぎ遺贈型の受益者連続信託と遺産分割及び遺留分減殺請求」判タ1327号18頁以下，21頁以下。

23) 加藤・前掲注22）21頁の挙げる例です。

24) 信託と相続，特に遺留分との関係については，白須真理子「信託と相続」松川正毅編『成年後見における死後の事務』84頁以下（日本加除出版，2011）。

〔藤原　正則〕

第1編　死後事務に関する理論

コラム1
高齢単独世帯の増加と死後の事務

　国立社会保障・人口問題研究所が，平成30年1月12日に，「日本の世帯数の将来推計（全国推計）2018（平成30）年推計」を公表しました。推計結果の中から，特に「世帯主が65歳以上である世帯」に注目すると，2040年には次のような社会になっていることが見えてきました。

■全世帯主に占める「65歳以上である世帯主」の割合が40％を超える。

　○　2015年〜2040年の間に，「世帯主が65歳以上である世帯」は1,918万世帯→2,242万世帯に増加する。

　○　全世帯主に占める「65歳以上である世帯主」の割合は，36.0％→44.2％に増加する。また65歳以上世帯主に占める「75歳以上世帯主の割合」も46.3％→54.3％と増加し，高齢世帯の高齢化も一層進展する。

■「世帯主が65歳以上である世帯」のうち「単独世帯」の割合が40％になる

　○　世帯主が65歳以上の世帯数について家族類型別（「単独」「夫婦のみ」「夫婦と子」「ひとり親と子」「その他」の5類型）に2015年と2040年の値を比較すると，顕著に増加するのは「単独世帯」の1.43倍（625万世帯→896万世帯）である。家族類型別割合の変化をみると，一貫して上昇するのは「単独世帯」で，32.6％から40.0％へと上昇する。

　○　本推計における「単独世帯」の増加は，もっぱら晩婚化，未婚化，離婚の増加，親子同居率低下といった結婚・世帯形成行動の変化によってもたらされることが分かる。

■未婚率の大幅な上昇

　○　65歳以上の未婚率は，2015年には男性5.9％，女性4.5％であるのに対し，2040年には男性14.9％，女性9.9％まで大幅

コラム1　高齢単独世帯の増加と死後の事務

　に上昇する。

○　現在の高齢者が未婚が比較的稀だった1970年代までに結婚
　適齢期を終えたのに対し，今後は未婚が珍しくなくなった世代
　が高齢期に入ることによる。

■独居率の上昇

○　単独世帯の数はすなわち独居者の数。

○　独居率の動向は未婚率に強く影響される。

　ここで注目すべきは，未婚の高齢者が増えることです。未婚であると
いうことは，配偶者はもちろん，子もいないことが予想されます。した
がって，専門職後見人が選任され，死後の事務についても後見人が対応
せざるを得ないケースが増えることも予想されます。

　後見人が死後の事務を行う場合，後見人として気がかりなのは，「後
見人に権限が有るか」という問題と，「本人の意思にかなっているか」
という不安です。「後見人に権限が有るか」は本書のテーマでもあり，
実務家である私たちが検討を重ね，発信していくことで，法や制度の整
備を促すことができるでしょう。しかし，「本人の意思にかなっている
か」に関しては，私たちが本人と関わるときには，その意思表示が既に
困難な場合もあり，意思を確認することができないケースも少なくあり
ません。未婚のおひとりさまの場合には上記のように家族がいないこと
も多いので，本人に関する情報が足りないことも考えられます。

　平成30年4月17日，神奈川県横須賀市が，希望する市民を対象に，
終活関連情報を生前登録する「わたしの終活登録」を5月1日から始め
るとのニュースがありました。登録できる内容は，(1)本人の氏名，本籍，
住所，生年月日，(2)緊急連絡先，(3)支援事業所等，(4)かかりつけ医師や
アレルギー等，(5)リビングウィルの保管場所・預け先，(6)エンディング
ノートの保管場所・預け先，(7)臓器提供意思，(8)葬儀や遺品整理の生前
契約先，(9)遺言書の保管場所と，その場所を開示する対象者の指定，(10)
墓の所在地，(11)本人の自由登録事項です。死後だけではなく，生前で
あっても，当事者が認知症や意識障害などを契機に，登録内容を伝えら

第1編　死後事務に関する理論

れなくなったと確認できた場合は，医療機関，消防署，警察署，福祉事務所，及び本人が指定した者からの照会に対して，(9)と(10)を除く登録情報を開示するというものです。

　上記のような，本人の意思を確認できる方法があれば，私たち専門職後見人も本人のために自信をもって死後事務に取り組むことができます１）。そのような高齢者を支える仕組みが社会全体でもっと充実していけば，おひとりさまでも，家族がいなくても，安心して老後を迎えることができます。単独世帯の高齢者が安心して暮らせる社会をこれから築いていく必要があります２）。

【注】

1）国連の障害者権利条約12条の「障害者の権利，意思及び選好を尊重すること」につながるものと思われます。

2）本人の意思の探求については，松川正毅編『成年後見における意思の探求と日常の事務 —— 事例にみる問題点と対応策』（日本加除出版，2016）を参照。

〔福田　麻紀子〕

コラム2

市民後見人と死後事務

　老人福祉法32条の2等に基づき，全国の地方自治体において市民後見人を確保できる体制整備や，地域における市民後見人の活動を支援・推進をする事業（具体的には，50時間等に及ぶ市民後見人養成講座や就任後の市民後見人の支援等）（以下，「市民後見推進事業」と言います。）が行われています。

　一方，本書でも様々な検討を行っているように，成年後見人の死後事務は，専門職後見人においても，法的根拠等を踏まえながら，ときに慎重な取扱いが必要とされる場合があるところ，市民後見人やそれを支援する自治体の現場では，どのような困難に直面し，対応を行っているのでしょうか。

　そこで，平成24年よりX市の市民後見推進事業を受託して執り行っているX市社会福祉協議会に，市民後見人における死後事務の現場の実情について，インタビュー形式でお聞きしてみました。

　なお，市民後見推進事業における取組は各自治体によって様々です。例えば，X市のように社会福祉協議会に事業を全部委託しているところもあれば，一部委託のところもあります。あるいは，就任後の市民後見人との関わり方も，X市のように社会福祉協議会が，自治体より受託して運営する成年後見支援センターを通じて相談・支援という形で関わる形態もあれば，監督人等に就任して関わる形もあります。本インタビューは，このような自治体ごとの様々な形態がある中で，これらを代表するものではなく，あくまで1つの自治体の参考事例として捉えていただければと思います。

――**本日はよろしくお願いいたします。まず，X市での市民後見推進事業の取組実績について，教えてください。**

　　X市社会福祉協議会（以下，「社」とする。）：X市では，X市社会福祉協議会が市民後見推進事業を全部受託し，成年後見支援セン

第1編　死後事務に関する理論

ターの運営を通じて，平成24年より現在に至るまで41件の市民後
見人の就任・後見事務を支援しています。そのうち，本人が亡くな
られた件数は14件となります。

—— **市民後見人が就任されるのはどのようなケースが多い等はあります
か。**

社：X市では，市長申立てのケースで，かつ，例えば生活保護受給者
など，資産や収支が比較的少なく簡潔である方で，さらに虐待や親
族間の紛争等のトラブルを含んでいないことが予想される，つまり，
市長申立てで，後見事務を行うにおいてリスクや困難度が低いと思
われる案件について，市民後見人が選任されるように取り扱ってい
ただいています。

—— **死後事務において，市民後見人には2つのハードルが予想されます。
1つは相続人の調査・確定と相続人への管理財産の引継ぎ。そして，
もう1つは，管理財産の引継ぎまでの間，必要性に応じて行われる
べきか検討される各個別の死後事務における論点。まず，相続人の
調査・確定においては，戸籍の収集と読込みという技術的な点が必
要となりますが，この点においてはいかがですか。**

社：X市では市長申立ての段階で2親等までの親族調査は行っており，
その資料は就任後の市民後見人に引き継がれています。よって，相
続人調査においては，3親等以降の，つまり甥姪からのものとなり
ますので，比較的負担は軽いかと思われます。また，これらの戸籍
の収集・読込みについても，X市成年後見支援センター（X市の市
民後見人事業等を行う事業所のこと。X市よりX市社会福祉協議会
が受託して運営している。以下同じ）から助言や支援等も行ってい
ます。結果，相続人の調査・確定においては，円滑に行われています。

—— **相続人への管理財産の引継ぎについてはいかがですか。**

社：市長申立ての段階で判明している2親等までの親族の方へ，市民

コラム2　市民後見人と死後事務

後見人より就任のご挨拶をお送りしています。また，医療同意等の必要性に応じて，生前に3親等以降の推定相続人調査を行っていただいている場合もあります。これらにより，本人の死後に相続人への連絡がつかないことや財産引継ぎができない等の困難が発生することを未然に防ぐようにしています。また，相続人がいない場合の相続財産管理人選任申立てについても，市民後見人への支援ができるようにしています。

―― では，続いて2点目のハードルとなる，相続人への管理財産の引継ぎまでの個別の各死後事務についてはいかがですか。例えば，葬儀等，悩ましい点があるかと思いますが。

社：先ほど話に出ました，市民後見人より行っていただいている就任のご挨拶の際に，医療同意のこと，亡くなられてからの葬儀等のこと，相続財産の引継ぎのことについて，親族へお尋ねをしていただいています。このように事前に意向調査をした上で，お亡くなりになられたとき，さらにご連絡と，事前の意向調査のとおりでよいかの確認を行っていただいています。その結果，お葬式等について，親族ではなく，市民後見人が行う場合もあります。生活保護の方が多いので，福祉葬等の小さなお弔いという形が多いです。いずれにせよ，これらの事前の意向確認等を行うことによって，これまでのところ，円滑に対応していただけているのかなと思われます。

―― なるほど。市民後見人の選任段階のフィルタリングにより，市長申立てで，また，生活保護受給者の方が多いとなると，推定相続人等の親族と疎遠になっているケースが多いように思われますが，しかし，現在のところ，様々な対策が功を奏して，死後事務において大きな困難に直面したことは無いということですね。

社：1つ1つの事案には大なり小なりの苦労はありますが，おおむね円滑に対応していただけているのかと思われます。先ほど申しました困難度が低いと思われる案件に市民後見人をという選任時のフィ

43

第1編　死後事務に関する理論

ルタリングや，就任後の親族への連絡・意向確認等，死後事務の負担軽減を考慮した事務を行っていただいていること，マニュアルやチェックリスト等の書式の提供や，その他の相談・助言等による成年後見支援センターでの支援体制，そして，事業運営委員会への参加や相談事業開催等の弁護士・司法書士・社会福祉士等の専門職の先生方からの支援など，これらが総合的にうまく機能しているからだと思われます。

—— **これまでの支援実績を踏まえて，今後の市民後見人と死後事務について，何か思われるところはありますか。**

社：市民後見人の皆さんには，ご本人さんの身上監護を重視した，生きてらっしゃる間のご本人さんへの寄り添いというところを重視してもらいたいという想いが成年後見支援センターとしてはありますし，また，そのような後見人となることができるのが市民後見人の強み・目玉のところなのかなと思います。

ですので，市民後見人の皆さんに，お亡くなりになられた後の死後事務について悩ましい判断や，そのリスクに悩んでいただくものではないと考えていますし，いかにリスクを負ってもらわないかというところで成年後見支援センターも支援しています。

その中で思うところとしては，円滑化法による民法改正があったものの，まだまだ個々の死後事務について後見人がすべきかどうか悩ましいところがありますので，もう少し明確な線引きがあればよいなと思うところが1点です。

また，今後，ケースによっては，弁護士や司法書士の先生に死後事務のところを依頼したいような案件も出てくるのではないかと思われます。例えば，親族関係が複雑で相続人調査や財産引継ぎが市民後見人にとって非常に負担が大きい場合や，死後事務についての法律処理や法律判断が複雑な場合等です。そのような場合に，相続人調査から財産引継ぎまでの死後事務についての受け皿のサービスがあってもよいかと思います。

44

コラム2　市民後見人と死後事務

――死後事務のみの復代理人については，例えば，法テラスの業務メ
　ニューの中で弁護士・司法書士の受け皿があってもよいのかもしれ
　ないですね。
　　いろいろなご尽力のもと，市民後見人の皆さんを支えていただい
　ていることが，本日はよく分かりました。長時間にわたってありが
　とうございました。
社：ありがとうございました。

〔松田　義浩〕

第**2**編

円滑化法と実務の対応

第1章　病院費用の支払

第2章　遺体の引取りと火葬・埋葬

第3章　葬儀と葬儀費用

第4章　預貯金の払戻し

第5章　居住空間の明渡し

第6章　住宅ローンの支払

第7章　後見人等に対する報酬

第8章　民事責任

第1章

病院費用の支払

改正のポイント

　民法873条の2が新たに規定され，成年被後見人が死亡した場合において，必要があるときは，成年被後見人の相続人の意思に反することが明らかなときを除き，相続人が相続財産を管理することができるに至るまで，裁判所の許可がなくても病院費用の支払が認められることになりました。ただし，あくまでもこれは後見類型にのみ認められた権限であること，そして支払のために預貯金から払戻しが必要な場合は裁判所の許可が必要です。

事例1

　AはBの成年後見人です。Bは施設に入所していました。

　Bには相続人はなく，他の親族も不明です。Bの財産は40万円ほどの預金だけです。債務はありませんでした。

　Bには持病があったものの食欲も旺盛で，日々を元気に機嫌よく過ごしていました。しかし，ある朝突然，意識不明の状態になり，病院へ救急搬送されましたが，手当ての甲斐なく病院搬送後1時間ほどで亡くなりました。

　Aが病院に駆けつけると既に死後の処置も終わっており，病院はAに，費用の精算をするように言いました。この日は休日で，Aは家庭裁判所に相談することもできず，病院に支払う費用は1万円未満だったので，

たまたま持っていた成年被後見人の小口現金で支払いました。

事例2

CはDの保佐人（補助人）です。Dは以前から病院に入院しており，病院費用は預貯金管理の代理権と，病院費用の支払の代理権が付与されているCがその支払をしてきました。

ある日突然Dが亡くなり，Cは病院から最終の支払を求められました。Dには相続人はいますが，連絡がつき難く，また，Dとは疎遠であり事実上，関わり拒否の状態でした。Cは，相続人にしても病院費用の未払がない方がよいだろうと漠然と考え，請求されたままに病院費用を支払いました。

成年後見人は成年被後見人の死亡後に，未払いの病院費用を成年被後見人の財産から支払ってもよいでしょうか。

Q1は，病院費用が高額である場合はどうでしょうか。

保佐人・補助人は被保佐人・被補助人の死亡後に未払いの病院費用を被保佐人・被補助人の財産から支払ってもよいでしょうか。

解　説

1　円滑化法施行による状況の変化

成年被後見人が病院で亡くなると，最後の病院費用の支払の必要が出てき

第1章　病院費用の支払

ます。成年被後見人にかかった病院費用，つまり治療の甲斐なく死亡した時の治療費や，たとえ月々入院費用を支払っていたとしても死亡した月の入院費用は，成年被後見人の死亡後，未払いのまま残っています。病院は，多くの場合，①その場ですぐに，あるいは，②しばらくしてから，成年後見人に対して，その支払請求をします。病院は，そして遺族も，①・②いずれの場合でも，成年後見人が成年被後見人の財産から支払うのが当然のように思っています。成年被後見人が長期にわたり入院していた場合は，それまで成年後見人が病院費用を支払ってきたものの，成年被後見人死亡により，成年後見人は病院費用を支払う明確な根拠をなくしてしまうのが円滑化法施行までの状況でした。しかし，民法873条の２が新たに規定され，成年後見制度の３類型のうち，後見類型のみは，成年被後見人が死亡した場合において，必要があるときは，成年被後見人の相続人の意思に反することが明らかなときを除き，相続人が相続財産を管理することができるに至るまで，病院費用の支払が認められることになりました。

2 病院費用の支払が認められる要件について

円滑化法では，後見類型に限り成年被後見人死亡後も一定の要件を満たせば弁済期が到来している相続財産に属する債務の支払が後見人の権限に含まれることが規定されました（民873条の２第２号）。また，この支払には家庭裁判所の許可は不要であるとされています（民873条の２）。そして，相続財産に属する債務の例として病院費用が挙げられています[1]。

病院費用の支払が認められる要件は先述のとおりですが，これらの要件の詳細については，①「必要があるとき」とは，「例えば，入院費等の支払を請求されているが，成年被後見人の相続人の連絡先が不明である等の事情により，成年後見人が支払をしないと，相当期間債務の支払がなされないこととなる場合を想定している。」[2]とされています。

②「成年被後見人の相続人の意思に反することが明らかなとき」とは「成年後見人が民法873条の２第１号から３号までに規定する事務を行うことについて，成年被後見人の相続人が明確に反対の意思を表示している場合であ

51

第2編　円滑化法と実務の対応

る。相続人が複数存在する場合，そのうちの1人でも反対の意思を表示している場合には，成年後見人はその意思に反して死後事務を行うことはできないと考え，このように定めたものである。これに対し，『相続人が存在しないか，又は相続人の存否が不明である』場合や，『相続人は存在するものの，その所在が不明，若しくは連絡をとることができない』場合については，『成年被後見人の相続人の意思に反することが明らかなとき』には該当しないと考えられる。」3)とされています。

③「相続人が相続財産を管理することができるに至るまで」とは「基本的には，相続人に相続財産を実際に引き渡す時点までを指す。」4)「本条各号に掲げられた行為は，本来，成年被後見人の相続人において行うべきものであることから，このような時期的限定が設けられている。」5)「もっとも，成年後見人が相続財産を相続人にいつでも引き渡せる状態にあり，かつ相続人もいつでも引継ぎを受けることができる状態にある場合には，『相続人が相続財産を管理することができる』状態に至ったものと考えられ，その場合には，成年後見人は民法873条の2に規定する死後事務を行う権限を有しないこととなると考えられる。」6)とされています。したがって，弁済期が到来しているが，成年被後見人の相続人が不明である等の事情から長期間病院費用の支払がされないことになるため，成年後見人による支払の必要がある場合で，相続人に財産を引継ぐまでの間，かつ，相続人の意思に反することが明らかではない場合に限り支払が認められることになります。ただし，あくまでもこれは後見類型にのみ認められた権限であること，そして支払のために預貯金から払戻しが必要な場合は民法873条の2第3号の「その他相続財産の保存に必要な行為」に該当し家庭裁判所の許可が必要となることに注意が必要です7)。また，あくまでも弁済することができるとされたのであり，民法873条の2に基づいた支払は後見人の義務ではないことも覚えておく必要があります。

以上の点が今回の円滑化法の施行により，後見類型においてのみ一定の要件を満たせば後見人の権限として病院費用の支払が可能になったという大きな変更点になります。

第1章　病院費用の支払

3　誰のお金で支払うのか

　さて，民法873条の2第2号に基づき，病院費用の支払をする場合，誰の
お金で支払うのか考えてみましょう。立法担当者である盛山正仁氏の「成年
後見の事務の円滑化を図るための民法及び家事事件手続法の一部を改正する
法律の概要」[8]によると「本改正により，民法873条の2を新設し，個々の
相続財産の保存行為，弁済期が到来した債務の弁済，火葬または埋葬に関す
る契約の締結等といった一定の範囲の死後事務について，成年後見人の権限
に含まれることを明らかにしたものである。」[9]とあることから成年後見人
の事務として権限を持って行う行為となります。そうであるならば民法861
条2項で「後見人が後見の事務を行うために必要な費用は，被後見人の財産
の中から支弁する。」と規定されているので成年後見人が管理している成年
被後見人の財産から支払うことができると筆者は考えます[10]。また，支払
にあたり預貯金口座からの払戻しが必要な場合は家庭裁判所の許可が必要と
された[11]ということから考えても成年被後見人の財産から支払うことがで
きるという解釈になると考えます。

　では，なぜ病院費用の支払にあたり成年被後見人名義の預貯金口座からの
払戻しが必要になる場合は家庭裁判所の許可が必要となるとされたのでしょ
うか。これは，成年後見人が手元に多額の現金を保管することは考えづらく，
手元の現金から病院費用の支払を行っても相続財産に大きく影響を与えるこ
とはないだろうということであり，反対に預貯金口座からの払戻しを無制限
に許可なく可能であるとすれば相続財産へ大きく影響を与えることになりか
ねず，相続財産の保存という観点から逸脱すると考えているからではないで
しょうか。

4　病院費用の範囲について

　民法873条の2第2号の債務は成年被後見人が生存中に負った債務です
が[12]，病院費用には成年被後見人死亡後に発生した費用が含まれていない
のでしょうか。死亡後のいわゆるエンゼルケアの費用，死亡診断書の費用は

53

第2編　円滑化法と実務の対応

どのように考えるべきなのでしょうか。実務上，このあたりの境界的な費用も病院費用に含むという見解を出している家庭裁判所もあるようですが，法律上明確にされていません。また，病院費用の中に入院中の寝具等のレンタル費用やおむつ代等，専門業者に支払う費用は含まれるのでしょうか。

エンゼルケアは成年被後見人の生前に必要であった医的侵襲により傷ついた体を修復し，亡くなられた方の尊厳を回復する行為や，感染症を予防する行為でもあることから，生前の医療行為とは切っても切れない関係にあり，民法873条の2第2号の病院費用に含まれる費用であると考えるべきでしょうし，死亡診断書については，「死亡診断書（死体検案書）は，人の死亡に関する厳粛な医学的・法律的証明であり，死亡者本人の死亡に至るまでの過程を可能な限り詳細に論理的に表すもの」[13]であり，一連の医療行為の最終的なものと考えられることから病院費用に含まれるものと筆者は考えます。同様に入院中の寝具等のレンタル費用やおむつ代等，専門業者に支払う費用も病院入院中は必要不可欠な費用であることから病院費用に含まれると考えるべきでしょう。

5 保佐・補助について

円滑化法における死後事務の規定は，後見のみの規定とされていますので，預貯金管理の代理権と，病院費用の支払の代理権が付与されていても保佐・補助においてはこれまでの状況と変わりはありません。

保佐・補助は被保佐人・被補助人の死亡により終了し，原則，保佐人・補助人が行うべきことは管理の計算（民876条の5第3項，876条の10第2項がそれぞれ民870条を準用しています。）と債務を含めた財産の引継ぎの事務を行うのみとなり，それまで有していた代理権もなくなります。保佐人・補助人は，被保佐人・被補助人の生前に代理して病院費用を支払っていたとしても，その死亡後は病院費用を支払う明確な根拠がなくなります。それまで保佐人・補助人が管理していた財産は相続人のものになっており，勝手にその財産から病院費用を支払うことは問題があるでしょう[14]。保佐人・補助人の対応としては，病院費用の債務者は相続人となるので，病院にはそのことを伝え，

相続人には病院費用の未払いがある旨を伝えるにとどめるべきです。

　ただし，実務上では応急処分や事務管理を根拠に病院費用の支払をすることがあったり，「応急処分として認められる範囲内で死後事務を行うことは可能である」とする文献[15]もあるようです。保佐・補助の終了については，民法876条の5第3項，876条の10第2項がそれぞれ民法654条を準用しており，民法654条は委任の終了の場合において急迫の事情があるときは必要な処分をしなければならない旨を定めています。そこで，保佐・補助終了後であっても，急迫の事情があれば，保佐人・補助人は必要な処分をする義務があることになります。これを応急処分義務といいます。急迫の事情がある場合とは，委任については，「委任終了のときに委任者が重病のため自ら委任事務をとることができないときなど，従来の委任の趣旨に従って善処しなければ委任者の不利益になる場合」で，「委任の終了に伴う当事者の損害を防止する」とされています[16]。

　それでは，保佐・補助の終了後，病院費用を支払うことについて「急迫の事情」があるといえる場合はあるのでしょうか。未払いとなれば，遅延損害金が発生します。これは「委任（＝保佐・補助）は終了したものの，従来の委任の趣旨に従って善処しなければ委任者の不利益になる場合」に該当するでしょう。このように考えれば，被保佐人・被補助人が死亡した後に，保佐人・補助人がその病院費用を支払う行為は，遅延損害金の発生を防ぐという意味において，応急処分義務にあたるといえます。しかし，これでは，病院費用の支払のほとんどが急迫の事情にあたることになってしまい，円滑化法でさえ一定の要件を定めているのに円滑化法の対象外である保佐・補助において，ほぼ制限なく病院費用を支払うことができるというのは矛盾があります。したがって，急迫の事情については，相続人への引継ぎに多大な時間がかかる場合など特段の事情がある場合においてのみ該当すると狭く解するべきだと考えます。

　また，急迫の事情がないのに，保佐人・補助人が病院費用を支払った場合は，これは事務管理（民697条）としかいえません。事務管理の場合は，費用を立替え，後に相続人に求償することが原則です。しかし，保佐人・補助

第2編　円滑化法と実務の対応

人が立て替えをするというのは負担が大きく，現実的ではありません。保佐人・補助人は安易に病院費用を支払うべきではないでしょう。

　もちろん，保佐人・補助人に預貯金管理の代理権と病院費用の支払の代理権が付与されていない場合は，そもそも被保佐人・被補助人の生前であっても病院費用の支払ができませんので被保佐人・被補助人死亡後に保佐人・補助人が病院費用の支払を手当てする必要がないことは言うまでもありません。

　しかし，代理権が付与されている場合には，実務の現場では，死後事務を行えるようにすることを望む声が存在していることも事実です。

　後見類型については円滑化法の施行により相続財産に属する債務である病院費用についての支払の権限が認められましたので，手元に現金がある場合は裁判所の許可不要で支払をすることができます。

　ただし，債務超過が疑われる場合においては，病院費用だけを支払うと，他の相続債権者との平等という観点から問題が発生したり，相続人が相続放棄をしようとしても相続の単純承認とみなされたりする可能性がありますので支払は控えるべきでしょう17)18)。

　病院費用があまりに高額である場合は，他の相続債権者とのバランスの問題がありますので，家庭裁判所と十分に協議する必要があるでしょう。基本的には，高額な病院費用の支払については，その他に債務がなく，相続人が誰もいない状況の下，やむを得ない事情がある時以外は消極的にならざるを得ないでしょう。

　円滑化法における死後事務の規定は，後見のみの規定とされていますので保佐・補助においてはこれまでの状況と変わりはありません。

　保佐人・補助人ができることとしては，まずは，死亡後に未払

第1章　病院費用の支払

いの病院費用を残さないよう，できるだけこまめに病院費用を支払っておくのが基本です。未払い分については，相続人に財産を引き継いだ上で，改めて相続人から病院費用支払についての委任を受けてから支払をするのが原則です。あるいは，入院時にある程度のお金を前もって病院に預けておき，被保佐人・被補助人が死亡した時に，その最終の精算時に相殺してもらうという方法も考えられます。

【注】

1）盛山正仁「成年後見の事務の円滑化を図るための民法及び家事事件手続法の一部を改正する法律の概要」金法2045号36頁。

2）盛山・前掲注1）34頁。

3）盛山・前掲注1）35頁。

4）盛山・前掲注1）35頁。

5）大塚竜郎「『成年後見の事務の円滑化を図るための民法及び家事事件手続法の一部を改正する法律』の逐条解説」家判7号81頁。

6）盛山・前掲注1）35頁。

7）盛山・前掲注1）35頁，大塚・前掲注5）82頁。

8）盛山・前掲注1）36頁。

9）盛山・前掲注1）35頁。

10）第1編第1章　松川正毅「死後事務に関する改正法（民法873条の2）について」12頁。

11）松川・前掲注10）6頁。

12）松川・前掲注10）17頁・「むすび」。

13）厚生労働省医政局政策統括官（統計・情報政策担当）「平成30年度版死亡診断書（死体検案書）記入マニュアル」3頁。 https://www.mhlw.go.jp/toukei/manual/dl/manual_h30.pdf

14）松川・前掲注10）7頁・2(1)①において，死後事務の法的問題点について述べられています。

15）盛山・前掲注1）35頁。

57

第2編　円滑化法と実務の対応

16)　幾代通＝広中俊雄編『新版注釈民法⒃　債権(7)』297〜298頁〔中川高男〕（有斐閣，1989）。

17)　大塚竜郎「成年後見の事務の円滑化を図るための民法及び家事事件手続法の一部を改正する法律の逐条解説」民月71巻7号80〜81頁において「成年後見人が死後事務として相続財産の処分等を行った場合には，これにより相続人について法定単純承認の効果が生じてしまうのではないかが問題となり得る。判例は，相続人の法定代理人が相続人に代わって熟慮期間中に相続財産を処分した場合にも単純承認の効果が生ずるとしており（大審院大正13年7月9日判決），学説上も，『放棄ないし限定承認をするか否かの決定さえできる法定代理人が処分行為をしたのだから，その結果として単純承認の効果が生じてもやむを得ない』との説明がされている。もっとも，成年後見人は相続人に代わって死後事務を行うものとはいえ，相続放棄等をする権限は何ら有していないのであるから，成年後見人が死後事務として相続財産の処分等をしたとしても，相続人につき法定単純承認の効果は生じないものと解される。」としています。今後の学説，判例に注視が必要でしょう。

18)　松川・前掲注10）20頁・注22。

〔荒川　拓己〕

第2章　遺体の引取りと火葬・埋葬

第2章
遺体の引取りと火葬・埋葬

改正のポイント

🧷　被後見人の死亡時に，その遺体の引取りや火葬・埋葬を行う相続人等が身近にいない場合，家庭裁判所の許可等，民法873条の2第3号が規定する一定の要件を満たすときは，後見人にそれらに関する契約の締結を行う権限が与えられました。ただし，市町村長が法律上の義務者であることに変わりはありません（墓埋法9条）。

🧷　また，同時に，家庭裁判所の許可を得ることなく，従来の方法（応急処分義務，事務管理）で行うことも可能です。

事例1

　司法書士Aは，一人暮らしの高齢者Bの後見人に就任しました。Bは，若い頃，一度結婚し，子も1人いたのですが，その子がまだ幼いうちに離婚をし，それ以来，元妻や子とは全く連絡を取っていませんでした。

　Bの持病が悪化したため，Aは，Bに代わって病院の入院手続をしました。しかし，治療の甲斐なく，Bは2か月後に死亡しました。

　病院からAに電話があり，「Bが死亡した。すぐに遺体を引き取ってほしい」と言われました。Aは，どうすればよいのか迷い，病院には「少しだけ待っていただきたい」とお願いしました。

　Bの子の行方はまだ分かっていません。Bの両親や兄弟姉妹は既に死亡しています。Bの甥Cに連絡がついたのですが，Cは「自分は相続人

59

第2編　円滑化法と実務の対応

でないし，亡くなった叔父Bとは長年会っておらず，関係ない」と言って取り合ってくれません。

　市役所にも相談に行きましたが，「戸籍上，相続人がいる以上，市役所は何もできない。後見人が対応すればいいだろう」と言われました。

　市役所からの帰り道，病院からAに再度電話がかかりました。病院は，入院契約を行ったAが遺体を引き取るものと信じて疑わない態度で，「遺体の引取りは何時になりますか？　とにかく今日中に引き取ってください」と言ってきました。家庭裁判所に相談をすべきかとも考えましたが既に閉庁しており，あいにく明日からは連休です。

入院中の被後見人が死亡し，その相続人と連絡が取れない場合や相続人がいない場合，後見人は被後見人の遺体の引取りや火葬・埋葬を行う義務があるのでしょうか。

事例2

　司法書士Aは，身寄りのない高齢者Bの後見人を引き受けました。Bは一人暮らしが難しい状態であるため，Aは，施設を探しました。満員の施設が多く，なかなか大変だったのですが，ようやく入所先が見つかりました。Aは，Bに代わって入所契約をするため，施設に出向きました。施設は，入所契約に際し，Aに対していわゆる「身元引受人」になるよう求めています。入所契約時には身元引受人をつけるのが決まりになっており，身元引受人がいない限り，入所は認められないというのです。

施設が，被後見人の入所契約の際，後見人に身元引受人になるよう求めた場合，後見人はどのような点に注意すべきでしょうか。

第2章　遺体の引取りと火葬・埋葬

後見人が身元引受人になった場合，被後見人の遺体を引き取る責任はあるのでしょうか。

解　説

1　後見人としての悩み

　被後見人が，病院又は施設で死亡し，身近な親族がいない場合や連絡のつかない場合に，被後見人の遺体の引取りと火葬・埋葬[1]を誰が行うのかが問題となります。後述2(2)のとおり，引取者のない遺体については，市町村長の埋火葬義務を定める法律がありますが，市町村は，後日，親族などとトラブルになるのを懸念して，遺体の引取りや火葬・埋葬には消極的です。市町村の業務として全く想定しておらず，担当課も決めていないというところも少なくありません。迅速な対応は望めないのが実情です。

　しかし，遺体を放置するのは，道義的にも忍びないし，許されないというのが社会全体の共通した認識でしょう。被後見人の生前，後見人として関わっていた者にとっては，遺体を前にどのように対応すればよいのか悩むところです。

　病院や施設にとっても，遺体の引取りは悩ましい問題です。霊安室の収容スペースの問題もありますし，次の入院者・入居者への影響もあります。そこで，病院や施設は，身近な親族のいない人を入院・入所させる場合，将来，遺体の引取り問題が生じることを見込んで，後見人に遺体の引取り手となるよう要求します。後見人が遺体の引取りに全く関与しない旨を伝えると，病院や施設は入院・入所契約の際に難色を示します。入所を断る施設もあります。身寄りのない方々から十分な医療やサービスを受ける機会を奪いかねないことになります。

2　遺体の引取りと火葬・埋葬の義務

　本来，遺体は誰が引き取り，火葬・埋葬を行うものなのでしょうか。

第2編　円滑化法と実務の対応

(1)　相続人の権利・義務

　まず，遺体は誰に帰属するかを考えたいと思います。遺体の帰属者及び帰属原因については，主に次の3つの見解があります。

① 　相続人承継説：遺体は相続財産に含まれ，相続によって相続人に承継されるとする説です[2]。

② 　喪主帰属説：遺体は被相続人の所有権の客体ではなかったのであるから，相続財産には含まれず，相続による承継ではなく，慣習法に基づいて定まる喪主に原始的に帰属するとする説です[3]。

③ 　祭祀承継者承継説：遺体を祭祀財産に準じて，祭祀主宰者が承継するとする説です。例えば，高知地判平成8年10月23日（判時1624号126頁）は，遺体，遺骨の帰属について「通常の所有権の概念からは著しく離れており，むしろ，祭具と近似するものであるから，民法897条の準用により承継されるとするのが相当である」としています。最判平成元年7月18日（家月41巻10号128頁）においても，遺骨は，慣習に従って祭祀を主宰すべき者に帰属するとしています。

　ただ，これらは遺体の帰属について論じるものであり，遺体の引取りや火葬・埋葬の義務者について言及するものではありません。

　相続人に遺体の引取り義務があるとする見解[4]もありますが，遺体の引取り義務は，遺体の火葬・埋葬をする前提として発生するのであり，被相続人と疎遠であった者を含めたすべての相続人に一律に義務を課するのは，難しいでしょう。

　また，喪主又は祭祀承継者に遺体の引取り義務があるとする場合も，次のような不都合が生じます。

① 　葬儀が義務でない以上，喪主が存在しない場合も少なくありません。

② 　祭祀承継者は，被相続人の指定，慣習，家庭裁判所の指定によって定まるものとされます（民897条）。しかし，現実には，被相続人が指定しない場合や，慣習によっても被相続人の死亡後，直ちには明らかにならない場合が多いように思えます。「従来からの長子承継や末子承継に加えて，現在では配偶者によるそれも有力であって，承継者を決定するほどの慣習の

確定は相当に困難であろう」ともいわれています[5]。

さらに，遺体の火葬・埋葬について定めた墓埋法5条1項は「埋葬，火葬又は改葬を行おうとする者は，厚生労働省令で定めるところにより，市町村長（特別区の区長を含む。以下同じ。）の許可を受けなければならない。」旨を定めていますが，「埋葬，火葬又は改葬を行おうとする者」が具体的に誰を指すかについては，同法にも同法施行規則においても定めはありません[6]。

このように，相続人・親族などでさえ，法律の規定では，誰に遺体の引取りや火葬・埋葬の義務があるのか，明確にされていないといえます。

(2) 市町村の義務

ただし，墓埋法9条1項は，「死体の埋葬又は火葬を行う者がないとき又は判明しないときは，死亡地の市町村長が，これを行わなければならない。」と定めています。「死体の埋葬又は火葬を行う者」とは，「現実に埋葬又は火葬を行う者」をいうと解されており[7]，このような者がいない場合には，市町村長に火葬又は埋葬の義務があります。したがって，このような場合には，火葬・埋葬を行う前提として，市町村長に遺体を引き取る義務があると考えられます。

そうすると，「死体の埋葬又は火葬を行う者がないとき又は判明しないとき」とは，具体的にどのような場合を指すかが問題となります。しかし，同法施行規則等においてはその定めはありません。実施する各市町村の裁量に委ねられているのが実情です。

今のところは，相続人によるクレームの可能性を考えて，戸籍上，被後見人の相続人が1人も存在しないことが証明されたときしか対応できないとする市町村や，相続人が1人も存在しないことが証明されたとしても，後見人がいる場合は後見人が対応すべきであり，墓埋法9条には該当しないと考える市町村が少なくありません。

一方，戸籍上，被後見人の相続人が存在しても，実際に遺体を引き取る親族が身近にいないときは，墓埋法9条に基づき対応するとする市町村もあります。なお，この場合も，市町村は，後見人に対し，親族調査についての資料提供や，特に被後見人の健康状態が悪化した段階での密な連絡等の協力を

第2編　円滑化法と実務の対応

求めていますので，後見人は被後見人の生前から市町村に相談しておくことが望ましいでしょう。このように積極的に取り組む市町村は，まだ数少ないものの，高齢化の一途をたどる現代社会において大変に頼もしい存在です。

相続人がいても対処できない場合が「死体の埋葬又は火葬を行う者がないとき又は判明しないとき」にあたるかどうかについては，墓埋法9条2項が「前項の規定により火葬又は埋葬を行つたときは，その費用に関しては，行旅病人及び行旅死亡人取扱法（明治32年法律第93号）の規定を準用する。」と定めており，行旅病人及行旅死亡人取扱法11条が「行旅死亡人取扱ノ費用ハ先ツ其ノ遺留ノ金銭若ハ有価証券ヲ以テ之ニ充テ仍足ラサルトキハ相続人ノ負担トシ相続人ヨリ弁償ヲ得サルトキハ死亡人ノ扶養義務者ノ負担トス」としていることから，市町村長が火葬又は埋葬を行ったときに費用を相続人の負担とする場合もあることが分かります。ここから，墓埋法9条も相続人の存在する場合を適用除外としていないと考えられるでしょう。

なお，老人福祉法11条は，65歳以上で環境上の理由及び経済的理由により居宅において養護を受けることが困難な人について，市町村の措置により養護老人ホーム等への入所・入所委託をすべきことを定めており，これを措置入所といいます。この措置入所を受けた被後見人が死亡した場合で，その葬祭を行う者がないときは，市町村が，その葬祭を行い，又は入所していた施設にその葬祭を行うことを委託する措置を採ることができます（老福11条2項）。

また，被後見人が生活保護受給者の場合は，生活保護法18条により，検案，死体の運搬，火葬又は埋葬，納骨その他葬祭のために必要なものについて市町村が葬祭扶助を行います。この場合，市町村が遺体の引取りや火葬・埋葬についても，直接，業者に手配して費用を支払うケースも多いようですので，あらかじめ市町村と相談をしておくことが望ましいでしょう。

3 後見人による遺体の引取りと火葬・埋葬

遺体は通常，相続人，親族が引き取り，火葬・埋葬をし，相続人などがいない場合や引取りが困難な場合には，前述2でみたように，市町村長が引き

取り，火葬・埋葬を行うことになっています。しかし，実際には，後見人に遺体の引取りを求めるケースが少なくありません。

　本来，後見人の権限・義務は，被後見人の死亡によって消滅します。被後見人は，死亡により権利義務の主体でなくなるため，後見人が代理すべき対象がなく，後見は終了するのです。しかし，被後見人の死後も，後見人が周囲からの期待を拒めず，苦慮しながらも対応せざるを得ない状況があったため，法改正が行われました。円滑化法に基づき新設された民法873条の2により，一定の要件を満たす場合，後見人が被後見人の死体の火葬又は埋葬に関する契約の締結を行うことができる旨が定められましたが，これにより，後見人の悩みは解消されるのでしょうか。

(1)　従来の取扱い

　被後見人の死亡により後見業務は終了することから，民法873条の2の新設前は，後見人が被後見人の死後に行う事務は，民法874条の準用する654条による応急処分義務又は民法697条の事務管理の法理によらざるを得ませんでした。

　応急処分義務にあたるという場合，その前提として，後見人の本来の職務の範囲内のものであることが必要とされています。この点，遺体の引取り自体は事実行為であるため後見人の職務とは言い難く，また，遺体の搬送契約についても，法律行為ではあるものの，被後見人の死亡により発生する事務であることから，応急処分義務に基づく事務といえるかどうかは，意見の分かれるところでした。さらに，相続人を含む親族がいない場合や，親族による遺体の引取りが困難な場合には，死亡地の市町村長に火葬・埋葬の義務や遺体の引取り義務があります。すなわち，後見人には，法律上明確には，遺体の引取りと火葬・埋葬の権限も義務もなかったことになります。

　したがって，相続人による対応が困難な場合には，市町村長に迅速な対応をしてもらうべきなのですが，それがなされず，やむをえず後見人が対応する場合，その根拠を応急処分義務とした場合と事務管理とした場合には，報酬の請求権に違いが出てきます。応急処分義務を根拠とした場合には報酬が発生すると考えますが，事務管理の場合は，報酬請求権がありません。しか

第2編　円滑化法と実務の対応

し，実務上，報酬付与の審判の申立てをする際には，応急処分義務と事務管理のどちらを根拠にしているかを明確に示さずに行っているのが実情です。

(2)　**民法873条の2の新設による取扱い変更**

　民法873条の2第3号により「死体の火葬又は埋葬に関する契約の締結」が一定の要件の下で後見人の権限に加えられました。

(i)　「死体の火葬又は埋葬に関する契約の締結」とは，被後見人の遺体の引取りや火葬等のために行う葬儀業者等との契約の締結をいうと解されます[8]。従来から，後見人の職務は，被後見人の身上監護についてであっても，法律行為に限られると考えるのが一般的[9]であり，遺体の引取り自体は事実行為であることから，後見人の職務としての位置づけは難しいとの議論がありました。しかし，遺体の引取りのための契約締結は法律行為であり，同条の要件を満たせば，後見人が行うことは可能であることが明確になりました。「死体の火葬又は埋葬に関する契約の締結」を後見人の権限に加えた理由として，立法を担当された方は，衛生上あるいは社会通念上の観点から遺体を放置しておくことができないこと及び遺体の保管費用等が発生することにより相続財産が目減りするのを防ぐことを挙げています[10]。

(ii)　次に民法873条の2第3号の要件についての検討をします。

　　(ア)　必要があるとき（民873条の2柱書）

　　(イ)　相続人の意思に反することが明らかなときを除き（同上）

　　(ウ)　相続人が相続財産を管理することができるに至るまで（同上）

　　(エ)　家庭裁判所の許可（同上）

　　　(ア)・(イ)の要件については，家庭裁判所への許可申立書に添付する「申立事情説明書」等において確認されます。まず，「申立ての理由・必要性等について」の記載が求められていますが，「相続人が病気による入院で対応できないこと」を記載例としてホームページに載せている家庭裁判所もあり，相続人による対応の可否が，(ア)の必要性の有無の判断材料の一つとなっているようです。(イ)の「相続人の意思に反することが明らかなとき」の意味については，複数の相続人のうちの一人でも反対の意思を表示して

いる場合は該当すると解されます。一方，「相続人が存在しないか，又は相続人の存否が不明である」場合や，「相続人は存在するものの，その所在が不明，若しくは連絡をとることができない」場合は，該当しないと解されます[11]。なお，裁判所が相続人の陳述を聞くことまでは必要とされていません（家事120条参照）[12]。

(ｳ)の「相続人が相続財産を管理することができるに至るまで」の意味については，基本的には，相続人に相続財産を実際に引き渡す時点までを指すと解されています[13]が，「死体の火葬又は埋葬に関する契約の締結」については，被後見人の死後，直ちに行う必要があることから，ほとんどの場合において，この要件は満たされると思われます。

(ｴ)の家庭裁判所の許可を得るための申立ては，本人の死亡後しかできないものと解されています[14]。家庭裁判所においてはできる限り迅速な処理がなされるものと思われますが，家庭裁判所の支部によっては，平日でも裁判官の登庁日が限定されますし，特に連休中や，年末年始に被後見人が死亡した場合には，相当の日数がかかりそうです。結局，家庭裁判所の許可が出る前に，遺体の引取りと火葬・埋葬の契約をせざるを得ない場合も十分想定されます。

裁判所に許可の申立てをすることなく要許可行為をした場合，「事前に申立てができなかった事情を申立ての理由に記載して事後的に申立てがされたとしても，事後的な申立てであることのみを理由として却下することはできない」との見解[15]もありますが，現実には各地の裁判所の裁判官の裁量により判断されます。

例えば，被後見人が金曜日の夕方に亡くなり，日曜日に火葬をした場合，遺体の火葬後である月曜日以降の許可申立てであっても，あまり日時を空けていなければ，やむを得ないものとして事後的許可を出すとする裁判所もあります。このように，運用上，事後の許可申立てを認める場合，家庭裁判所の許可は，事実上，後見人と相続人との間の後日のトラブルを防ぐためのお墨付きという意味合いを持つと考えられます。

一方，遺体の搬送については事後の許可申立てでもやむを得ないとして

第2編　円滑化法と実務の対応

も，少なくとも火葬は事前に申立てをしなければ許可を出せない，即ち論理的に見て，火葬後の許可はあり得ないとの見解を採る家庭裁判所もあります。今回の法改正は，従前の取扱いを否定するものではないことから，許可が出されない場合は応急処分義務又は事務管理の規定により行うことになります16)。

　家庭裁判所において，今後，取扱いが変わる可能性もあります。どうしても許可を取っておきたい場合は，あらかじめFAXで照会する等の方法により，家庭裁判所の方針を確認しておくことが必要です。

　なお，現時点では，家庭裁判所に対し，遺体の引取りや火葬・埋葬のための契約の許可申立てを行う際に，費用の見積書等は必要書類とされていません。ただし費用が過大な場合は，後日，相続人等とのトラブルが発生する可能性がありますので，できるだけ費用のかからない方法を検討することが望ましいといえます。

　また，条文上は明示されていませんが，遺体の引取りや火葬・埋葬により発生する費用の支払のために，被後見人の預貯金の払戻しをする場合は，「死体の火葬又は埋葬に関する契約の締結」の許可に加えて，「預貯金の払戻し」についても家庭裁判所の許可を得なければならないと解されていますので，注意が必要です17)。

(iii)　墓埋法9条との関係

　民法873条の2第3号は，後見人に「死体の火葬又は埋葬に関する契約の締結」の義務を負わせるものではありません。一方，墓埋法9条は，既に述べたように，相続人を含む親族のいない場合や，親族による対応が困難な場合に，死亡地の市町村長に義務を負わせており，これは，民法873条の2の新設後も変わりません18)。したがって，市町村は，民法873条の2第3号を理由に，遺体の引取りや火葬・埋葬に関する対応を断ることはできません。なお，現実問題としては，市町村長による遺体の引取りや火葬・埋葬は，生活保護受給者等の場合を除き，行わない市町村もあり，今後の改善が強く望まれます。

68

第2章　遺体の引取りと火葬・埋葬

(iv)　従来の方法（応急処分義務，事務管理）との関係

立法を担当された方の論文によれば，「本改正によっても，従前から存在する応急処分（民法874条で準用する654条）や事務管理（697条）の規定に基づいて死後事務を行うことは否定されるものではない。したがって，本条3号（筆者注：民法873条の2第3号）に該当する行為であっても，それが応急処分に該当すると認められる場合には，成年後見人が家庭裁判所の許可なしに行うことも許容されるものと考えられる」としています[19]。法改正後の実務でも，相続人等とのトラブルの発生が予想されないケースにおいては，家庭裁判所へ許可申立てをせずに，火葬・埋葬を行うことがあります。ただし，この場合にも，あらかじめ，現在判明している相続人の中で連絡の取れる人にはすべて連絡して，その同意を得ることが望ましいでしょう。なお，応急処分義務については，第4編第1章「死後事務と応急処分義務」を，また，民法873条の2による死後事務と応急処分義務による死後事務との関係については，第2編第8章「民事責任」の中の3(3)をご参照ください。

(3)　家庭裁判所の許可の意味及び後見人の地位について

家庭裁判所の許可の意味については，民法873条の2の条文上の説明はありません。許可を得て死後事務を行う後見人の地位についても，それが従前の後見の延長なのか，新たな権限の付与なのかは，改正後の民法や家事事件手続法では触れられていません。立法を担当された方は，家庭裁判所の許可を要することの理由として「火葬はいったん行うとやり直しがきかず，事後に相続人等との間で紛争が生じるおそれもある」ことをあげており[20]，許可は後見人と相続人等との間の後日のトラブルを防ぐためのものと考えているようですが，後見人の地位については言及していません。そこで，家庭裁判所の許可の意味及び死後事務を行う後見人の地位について考察してみたいと思います。

民法873条の2において，上記(2)(ii)の(ア)(イ)(ウ)の要件が設けられているのは，被後見人の死亡後の死体の火葬又は埋葬に関する契約の締結は，まず相続人がすべきであり，それが困難な場合に後見人が行うことを想定しているよう

69

第2編　円滑化法と実務の対応

に見えます。

　しかし，後見人の地位を相続人の法定代理人と位置づけられるかどうかは，疑問です。既に見たように，本来，遺体の引取りや火葬・埋葬について，相続人による対応が困難な場合は，墓埋法9条により市町村長に対応すべき義務があります。仮に，民法873条の2により後見人に相続人の代理人の地位が与えられると考えた場合，法律上の義務者である市町村長との関係の説明がつかず，法的整合性の面で疑問が生じます。つまり，遺体の引取りや火葬・埋葬について，市町村長という法律上の義務者がいるのに，別途，相続人の法定代理人を定めるのは，法的には矛盾するといえます。もし，市町村長が行わないためにやむを得ず後見人が行うというのであれば，それは，相続人の代わりというよりも市町村長の代わりに行うということになりますが，民法873条の2の要件の中には，市町村長の対応の有無については全く触れられていません。したがって，民法873条の2自体は，死後事務を行う後見人に対し，新たに相続人等特定の法的主体の代理人としての地位を与えるところまで踏み込んで立法されたものではないと考えます。

　それでは，民法873条の2に基づき死後事務を行う後見人の地位は，どのように考えるべきなのでしょうか。応急処分義務の範囲内と考えられていた死後事務については，それを行う後見人の地位は，被後見人の生前に有していた後見人の地位の延長に近いものと言えるかもしれません。しかし，死体の火葬・埋葬に関する契約については，被後見人の死亡を機に新たに発生した事務であり，生前の後見業務との連続性・関連性を説明しづらく，応急処分義務を根拠として行えるかどうかも定かではありませんでした。したがって，従前の後見人の地位の延長として説明するのも難しい面があります。このように，現行法上，後見人は，死後事務を行う権限は有するものの，その根拠は，単に「法による定め」としか説明がつきません。新しい理論の構築が必要です[21]。

　死体の火葬・埋葬に関する契約について言えば，民法873条の2第3号の中に加えられた背景には，死体を放置することができず，早急に対処すべきであるという公益上の要請がある一方，応急処分義務では論理的に説明しづ

70

らい部分もあるため，相続人等とのトラブル発生の可能性も否定できず，家庭裁判所の許可を要する事項にしたという法的なジレンマがあるように思えます。しかし，前述(2)(iii)のとおり，立法を担当された方も民法873条の２の新設後も後見人に義務はないとしており，後見人に向けられているのは，あくまでも道義的な期待であり，法的な義務ではないと思われます。

(4)　費用について

　死後事務の費用をどこから支払うかは，かねてから大変難しい問題でした。

　円滑化法施行以前より，民法885条の「相続財産に関する費用」（相続財産の管理や清算に必要な費用)[22] として支払えないかとの検討がされてきました。しかし，相続により，相続人に相続財産は包括承継されており，後見人には相続財産に対して管理する権限も義務もないのが原則であったため[23]，第三者後見人による相続財産からの支払については，法的根拠の説明が困難でした[24]。

　この点につき，円滑化法施行後に，「後見人が裁判所の許可を受けて火葬，納骨等に関する契約を締結した場合は，これに基づく費用の支払いは相続財産に属する債務となる」との考え方を示している判事もいます[25]。今回の法改正により，一定の場合に限定して，後見人にも死後事務の権限が与えられたため，その範囲で後見人に財産を管理する権限が付与され，相続財産からの支払も可能になったと考えます。

　そこで，管理財産を相続人へ引き渡す前に，費用を後見人の預かり財産から支払う方法を検討します。前述(2)(ii)のとおり，費用の支払のために，被後見人の預貯金の払戻しをする場合は，家庭裁判所の許可を得なければならないと解されています。それでは，後見人が預かっている現金からの支出については，家庭裁判所の許可を求めなくてよいのでしょうか。この点については，立法を担当された方の論文等でも触れられていません。相続人が承継した財産の中から，被相続人の死後に新たに発生した費用を支払うのですから，許可が要るようにも思えます。ただし，家庭裁判所の「死体の火葬又は埋葬に関する契約の締結」の許可の中に，費用が余りかからないことを前提とした上で，費用を預かり現金から支払うことの許可も黙示的に含まれていると

第2編　円滑化法と実務の対応

解釈すれば，別途，許可は要らないとも考えられます。預貯金の払戻しをする際の家庭裁判所の許可の意味を，銀行口座の凍結の解除のみと捉えれば，そのような解釈も可能と考えます。ただし，このように解釈した場合も，家庭裁判所の許可を求めずに火葬・埋葬をした場合の支払の根拠をどうするかの問題が残ります。現行法上は，死後事務の費用や報酬について，どこから受領できるのかが曖昧であり，後見人が費用や報酬を確実に受領できるようにするための条文上の整備が望まれます[26]。

4　身元引受人，身元保証人になった場合

　それでは，後見人が身元引受人，身元保証人になった場合には，被後見人の遺体を引き取る責任は生じるでしょうか。

⑴　身元引受人，身元保証人の責任

　事例2のように，被後見人が施設や病院に入所・入院する際に，身元引受人又は身元保証人をつけるように言われることがよくあります。

　身元引受人も，身元保証人も，本来の法律用語としては，雇用契約等において，被用者の行為により，使用者（雇用人等）が受けた損害の責任を負う人を指します（身元保証ニ関スル法律1条）。施設や病院に入所・入院する際にも，身元引受人，身元保証人という言葉を使うのは，一種の言葉の転用と思われます。各施設等において，用語の意味は共通化されていませんが，おおむね金銭の支払を行ったり，入居者に病気・入院・事故・死亡等の事由が生じたときに，その身柄を引き受ける人を指して使うようです。したがって，身元引受人，身元保証人になった場合，入所契約・入院契約上の責任として，被後見人死亡後の遺体の引取りをしなければならないことになります（身元引受人等の事務の詳細については，第4編第3章「死後事務委任」をご参照ください。）。

　なお，入所契約書の一条項として，身元引受人，身元保証人に債務の連帯保証責任まで負わせているものもあります。しかし，個人保証人が過重な責任を負うことについては，問題視され，民法改正の対象にもなっています（新民法465条の2以下）[27]。筆者は，連帯保証責任については，その重大性に

72

鑑み，入所者の身柄の引受け等とは別個独立の契約にするのが望ましいと考えます。

(2) 後見人が，身元引受人，身元保証人になることの問題点

そもそも，後見人が，身元引受人，身元保証人を引き受けることには，いろいろな問題点があります。まず，後見人が被後見人の債務の連帯保証をすることは，法定後見の本質に反します。公益社団法人成年後見センター・リーガルサポートにおいても，後見人から被後見人に対し求償権が発生し，利益相反関係に立つ可能性があることから，倫理上の問題があると解しています[28]。

さらに，後見人には，原則的には居所指定権はないと解されています。被後見人が生前に施設からの退所を求められた場合に，後見人が，被後見人の意思に反して無理やり連れ去ることは，人権問題につながる可能性があります。契約内容を十分に確認し，これらの行為は後見人としてはできない旨，あらかじめ，病院や施設に明確に説明する必要があります。

なお，契約事項の中に，医療行為についての同意が含まれている場合もあります。しかし，成年後見制度創設時の立法を担当された方は後見人には医療に関する同意権はなく医師が緊急避難・緊急事務管理などの法理で対応するほかないとしています[29]。後見人に医療同意権を付与するための法改正を目指す動きもありますが，まだ今後の検討課題として残されています（利用促進法11条3号，附則2条）。このため，人道上の問題として後見人が同意書にサインをせざるを得ない場合であっても，自分のサインには法的効力はないということを事前に施設や医療機関に説明しておくことが必要です。

近年，超高齢化社会を迎える中で，高齢者の介護施設等への入所時の身元保証の問題が，クローズアップされつつあります。平成29年度の調査でも，病院や施設等において，約9割以上が入院・入所時に身元保証人等を求めているとの結果が出ています[30]。しかし，医師法は，正当な事由なく診察治療の求めを拒んではならないことを定めています（同法19条1項）。また，各介護保険施設の基準省令（厚生労働省令である指定介護老人福祉施設の人員，設備及び運営に関する基準4条の2等）も，正当な理由なくサービスの提供を

第2編　円滑化法と実務の対応

拒んではならないことを定めており，入院・入所希望者に身元保証人等がいないことは，この「正当な事由・理由」に該当しないとの解釈がなされています[31]。公益社団法人成年後見センター・リーガルサポートも，後見人が身元保証等を引き受けることは望ましくないとの判断を示しています[32]。

　後見人としては，契約書の署名欄に「契約者兼身元引受人（又は身元保証人）」と記載のある場合は，「身元引受人（又は身元保証人）」の部分を消して署名するか，あるいは，「法律に定める成年後見人の職務の範囲内において引き受ける」旨，一筆書き加えることが望ましいといえます。安易に身元引受人，身元保証人になるべきではありません。

(3)　「入院誓約書」の問題点

　被後見人が病院へ入院する際に，後見人が「入院誓約書」を書くように求められることがあります。これも，後見人に対し，医療費の支払や被後見人が退院勧告を受けた際の身柄の引取り等を求めるものが多く，署名をすると個人としての責任が発生します。内容をよく確認して，引き受けられない部分については十分に説明することが必要です。

5　埋火葬に付随する事務

(1)　死亡届の提出

　従前は死亡届の届出権者の中に成年後見人は含まれていませんでしたが，2007年の戸籍法改正によって，「後見人，保佐人，補助人及び任意後見人」に提出権限が認められるようになりました（戸87条2項）。ただし，義務者ではありませんので，身近に義務者である親族がいる場合は親族から出してもらうことが望ましいと考えます。

　なお，死亡の届出は，届出義務者が，死亡の事実を知った日から7日以内にしなければなりません（戸86条1項）。

(2)　死亡診断書ないし死体検案書の請求

　死亡届の提出時の必要書類として，後見人にもこれらの書類の請求権はあると考えます。

　なお，次の場合には死亡診断書ではなく，死体検案書が交付されます。

74

第2章　遺体の引取りと火葬・埋葬

① 診療継続中の患者以外の者が死亡した場合（例えば，自宅などで急死した場合）。

② 診療継続中の患者が診療にかかる疾病と関連しない原因により死亡した場合。

上記①・②いずれにおいても，外因による死亡又はその疑いのある場合には，異状死体として24時間以内に所轄警察署への届出が必要となり，監察医等が死体検案書を発行します。

(3) 直葬・火葬式

いわゆる「直葬」ないし「火葬式」（通夜や告別式等の宗教儀式を行わない火葬のみの葬儀形態）にかかる契約締結の許可申立てをした場合，火葬に関する役務の提供等を含む契約である限り，「火葬に関する契約」と解した上で，その締結の許否を判断する裁判所があります[33]。また，火葬及び納骨とセットで小規模で宗教色の薄い葬儀を行う場合には，火葬に付随する事務として，その費用についても預貯金払戻しの許可をする裁判所もあります[34]。これらは，裁判所により取扱いが異なる可能性がありますので，確認が必要です。

6　保佐人・補助人について

保佐人・補助人の場合は，民法873条の2による死後事務の権限は認められていません。その理由として，立法を担当された方の論文には，保佐人等が被保佐人等の生前よりもかえって強い権限を持つことにもなりかねず，必ずしも相当ではないことが挙げられています[35]。

これは，生前，被保佐人等[36]が一人でできたであろう法律行為の領域を，死後に保佐人等が侵すことは望ましくないとの前提に立つものであると考えます。したがって，まず，生前に保佐人等に死後事務委任契約締結のための同意権又は代理権が付与されていた場合は，被保佐人等の死後に保佐人等に遺体の引取りや火葬・埋葬に関する契約締結の権限を与えても，問題はないと考えます。

次に，保佐人等に死後事務委任契約締結のための同意権や代理権が付与さ

75

れていない場合，すなわち，被保佐人等が，一人で死後事務委任契約を締結する場合について検討します。一般的に見て，葬儀という儀式については，自分の希望を反映させるため，生前に葬儀業者と契約をすることもあり得ます。しかし，葬儀を除いた遺体の引取りや火葬・埋葬のみの契約を生前に葬儀業者と締結することは稀であり，もし，生前にそのような契約をするとしたら，それは，自分の死後に誰も火葬等の手配をせず，遺体が放置されることへの不安によるものと思われます。被保佐人等がこのような不安を解消したいのであれば，既に信頼関係のある保佐人等に委任したいところです。しかし，保佐人等が被保佐人等と死後事務委任契約を交わすと，家庭裁判所の関与しないところで保佐人等から被保佐人等に対し報酬請求権が発生することになり，利益相反関係に立つことから，望ましくないとされています。

そうすると，被保佐人等は，自分一人で保佐人等以外の全くの他人を選んで死後事務委任契約をするか，葬儀業者と直接生前契約を交わすことになります。しかし，現在の社会では，生前に遺体の引取りや火葬・埋葬に関する契約を行うことは一般的には浸透しておらず，葬儀業者の倒産等のリスクも指摘されています。このような契約を行うことは，被保佐人等にとっては，相当ハードルが高く困難であり，事実上，被保佐人等一人ではできないことが大多数であると思われます。したがって，死後に保佐人等が遺体の引取りや火葬・埋葬に関する契約を締結せざるを得ない状況は，後見の場合とほとんど変わらず，保佐人等が契約を締結しても，被保佐人等の生前持っていた行為能力の領域を侵すことにはならないと筆者は考えます。

さらに，本条の立法趣旨が，衛生上・社会通念上の要請及び相続財産の目減りの防止であることからみても，後見人，保佐人，補助人の権限の相違により，差を設けるべきではないと考えます。

以上の理由により，保佐人・補助人に遺体の引取りや火葬・埋葬に関する契約締結の権限が認められていないことについては，疑問が残ります。

後見人には，遺体の引取りや火葬・埋葬の義務はありません。遺体を引き取る者がいない場合には，墓埋法9条により，市町村

長に遺体の引取りと火葬・埋葬を行う義務があると考えます。しかし，同法に基づく遺体の引取りと火葬・埋葬には消極的な市町村が多く，実際問題として，後見人が遺体の引取りと火葬・埋葬をせざるを得ない場合が少なくありません。このため，民法が改正され，家庭裁判所の許可等，一定の要件を満たす場合に，後見人に遺体の引取りと火葬・埋葬を行う権限が与えられました。ただし，これは，義務ではないとされています[37]。

なお，従前どおり，後見人が家庭裁判所の許可を得ずに，応急処分義務や事務管理に基づいて，遺体の引取りと火葬・埋葬を行うことも可能とされています。ただし，事務管理を根拠とした場合は，報酬を請求できない点に注意が必要です。

少数ではありますが，被後見人の遺体の引取りと火葬・埋葬に前向きな市町村もありますので，被後見人に身近な親族がいない場合は，被後見人の生前から市町村の担当課に相談しておくべきでしょう。

身元引受人の就任を要請される場合には，契約内容に後見人として引き受けるべきでないものが含まれている場合もあります。その部分については引き受けられない旨を施設に明確に説明し，契約書においてもその旨を明らかにする必要があります。

施設にとって，身寄りのない被後見人の遺体の引取りは最も切実な問題の1つです。入所契約時に，施設が後見人に対して，「身元引受人」として遺体の引取りだけでも引き受けるよう懇願する場合が少なくありません。やむを得ず身元引受人になった場合には，後見人としてではなく，一個人として，遺体の引取りの責任は残ります。

第2編　円滑化法と実務の対応

【注】

1）「埋葬」とは死体を土中に葬ること（いわゆる土葬）をいい，「火葬」とは死体を葬るため，これを焼くことをいいます（墓埋法2条）。つまり，「埋葬」と「火葬」は両立し得ないものです。

2）大判大正10年7月25日民録27輯1408頁。舟橋諄一『民法総則』87頁（弘文堂，1954）。

3）東京地判昭和62年4月22日判タ654号187頁。我妻栄『新訂民法総則』203頁（岩波書店，1965）。幾代通『民法総則』157〜158頁（青林書院，第2版，1984）は，相続人承継説にたつ判決（前掲注2）大判大正10年7月25日）について「これは家督相続があった時代のものであることを考慮すべきである（家督相続人は，だいたい，本文にいう慣行上の喪主と一致した）。少なくとも現行相続法のもとでは，当然に相続人の所有に帰すると解することは不当である（たとえば，相続人が，配偶者のほか，数人の甥・姪であるような場合を考えられたい）」としています。

4）東京家裁後見問題研究会編著『東京家裁後見センターにおける成年後見制度運用の状況と課題』判タ1165号118頁。

5）松原正明『全訂　判例先例相続法Ⅰ』359頁（日本加除出版，2006）。

6）墓埋法の各条文においては「埋葬，火葬」の順に表記されていますが，民法873条の2の条文においては順番が逆であり，「火葬，埋葬」の順になっています。本章では，基本法である民法に従い，火葬，埋葬の順に表記することとします。

7）生活衛生法規研究会監修『新版　逐条解説　墓地，埋葬等に関する法律』40頁（第一法規，第2版，2012）。

8）盛山正仁「成年後見の事務の円滑化を図るための民法及び家事事件手続法の一部を改正する法律の概要」金法2045号36頁。大塚竜郎「『成年後見の事務の円滑化を図るための民法及び家事事件手続法の一部を改正する法律』の逐条解説」家判7号82頁。

9）島津一郎＝松川正毅編『基本法コンメンタール　親族』257〜258頁〔神谷遊〕（日本評論社，第5版，2008）は「成年後見は『事理を弁識する能力を欠く常況にある者』のために成年後見人が意思決定を代行する制度であるから，身上に関する事項を処理するにあたっても，その方法は，施設入所契約・介

第2章　遺体の引取りと火葬・埋葬

護契約等の法律行為による。したがって，これらに当然に伴う事実行為（処遇の監視等）はともかくとして，それ以上に成年後見人が介護や看護などの事実行為についてまで義務を負担するものではない。」としています。能見善久＝加藤新太郎編『論点体系　判例民法9　親族』469頁（第一法規，2009）も同旨。

10）盛山・前掲注8）36頁。

11）盛山・前掲注8）35頁。大塚・前掲注8）81頁。

12）大塚・前掲注8）81頁，東京家庭裁判所後見センター・円滑化法運用検討プロジェクトチーム・日景聡ほか「『成年後見の事務の円滑化を図るための民法及び家事事件手続法の一部を改正する法律』の運用について」家判7号93頁。

13）盛山・前掲注8）35頁。大塚・前掲注8）81頁。

14）日景ほか・前掲注12）92頁。

15）日景ほか・前掲注12）92頁。

16）大塚・前掲注8）83～84頁。なお，「死体の火葬または埋葬に関する契約の締結」に関する許可の申立てについては，これを却下する審判についてのみ即時抗告の申立てが可能です（家事123条1項）。

17）日景聡「『成年後見の事務の円滑化を図るための民法及び家事事件手続法の一部を改正する法律』の施行から1年を経て」実践成年後見71号68頁。なお，単なる火葬にとどまらない場合は，許可申立ての際に見積書やパンフレット・上申書等を求められることもあります（本文解説5(3)，後述注34）参照）。盛山・前掲注8）37頁。大塚・前掲注8）83頁。

18）盛山・前掲注8）36頁。大塚・前掲注8）83頁。

19）大塚・前掲注8）83～84頁。

20）盛山・前掲注8）36頁。大塚・前掲注8）83頁。

21）第1編第1章　松川正毅「死後事務に関する改正法（民法873条の2）について」を参照。

22）泉久雄『新版注釈民法(26)　相続(1)』133頁（有斐閣，1992）。

23）松川正毅「成年後見における死後事務の問題点」松川正毅編『成年後見における死後の事務』12頁（日本加除出版，2011）。

24）なお，東京家裁後見問題研究会編著「後見の実務」別冊判タ36号101頁は，入院代の支払の事案に関してではありますが，「後見終了時の緊急処分義務

（民法874，654）を根拠として，後見人が応急の必要があると判断する場合において，整理・清算の目的の限度で相続財産の管理権限も残存するものとして扱っている」としていました。

25）日景・前掲注17）68頁。

26）松川・前掲注21）第1編第1章を参照。

27）2020年4月1日から施行される「民法の一部を改正する法律」（平成29年法律第44号）は，一個人が根保証契約（賃貸借契約の保証を含む）をする場合，履行責任の極度額を定めることを保証契約の効力発生要件にして，個人保証人の保護の拡充を図っています（民465条の2）。法務省ホームページ「民法（債権関係）の改正に関する説明資料—主な改正事項—」（法務省民事局）参照。

28）公益社団法人成年後見センター・リーガルサポート理事長大貫正男・平成12年8月9日付リーガルサポート発95号　支部長宛通知（なお，本通知を出した当時は社団法人でした。平成23年以降は，公益社団法人です。）。

29）なお，学説上は限定的に医療同意権を肯定する説もあります。二宮周平『家族法』241〜242頁（新世社，第3版，2009）。能見＝加藤編・前掲注9）470〜471頁など。

30）「平成29年度老人保健事業推進費等補助金　介護施設等における身元保証人等に関する調査研究事業　報告書」10頁（平成30年3月　みずほ情報総研株式会社）。

31）「身元保証等高齢者サポート事業に関する消費者問題についての建議」5頁（平成29年1月31日消費者委員会）。平成28年3月7日開催の全国介護保険・高齢者保健福祉担当課長会議の厚生労働省配布資料において，「入院・入所希望者に身元保証人等がいないことは，サービス提供を拒否する正当な理由には該当しない」とされています。

32）前掲注28）・リーガルサポート支部長宛通知。

33）日景・前掲注17）67頁。

34）大阪家庭裁判所家事第4部後見係「大阪家裁後見センターだより（第3回）」54〜55頁（OBA Monthly Journal 2017.10）。前掲注17）参照。

35）盛山・前掲注8）35頁。

36）ここでは，「被保佐人等」は被保佐人・被補助人を，「保佐人等」は保佐人・補助人を指すものとします。

37）盛山・前掲注8）36頁。大塚・前掲注8）83頁。

【参考文献】

・生活衛生法規研究会監修『新版　逐条解説　墓地，埋葬等に関する法律』
　12～24頁，37～39頁（第一法規，2007）
・松原正明『全訂　判例先例相続法Ⅰ』340～374頁（日本加除出版，2006）
・河上正二『民法総則講義』207～209頁（日本評論社，2007）
・林良平＝前田達明編『新版注釈民法(2)　総則(2)』605～608頁〔田中整爾〕（有
　斐閣，1991）
・上山泰『専門職後見人と身上監護』196～217頁（民事法研究会，第3版，
　2015）
・厚生労働省「平成30年度版死亡診断書（死体検案書）記入マニュアル」4～
　5頁（厚生労働省　http://www.mhlw.go.jp/toukei/manual/index.html）
・村重慶一編『法律知識ライブラリー4　家族法』252頁，259～262頁（青林書
　院，1994）
・「成年後見制度の利用促進に向けた議員立法の課題」金融財政事情2015年10月
　19日号6～7頁
・盛山正仁「成年後見の事務の円滑化を図るための民法及び家事事件手続法の
　一部を改正する法律の概要」金法2045号34～37頁
・大塚竜郎「『成年後見の事務の円滑化を図るための民法及び家事事件手続法の
　一部を改正する法律』の逐条解説」家判7号80～87頁
・日景聡ほか「『成年後見の事務の円滑化を図るための民法及び家事事件手続法
　の一部を改正する法律』の運用について」家判7号92～93頁
・日景聡「『成年後見の事務の円滑化を図るための民法及び家事事件手続法の一
　部を改正する法律』の施行から1年を経て」実践成年後見71号67～70頁
・「平成29年度老人保健事業推進費等補助金　介護施設等における身元保証人等
　に関する調査研究事業　報告書」9～16頁，58～62頁（平成30年3月　みずほ
　情報総研株式会社）

〔高雄　佳津子〕

第2編　円滑化法と実務の対応

コラム3
遺骨の引取り

　第三者後見人が被後見人の火葬を行った時，遺骨を引き取る者がなく，仕方なく自分の事務所に遺骨を置いているという話を聞いたことがあります。火葬後に残った遺骨はどうしたらよいのでしょうか。

　まず遺骨について，最高裁判決（平成元年7月18日家月41巻10号128頁）は，遺骨は慣習に従って祭祀を主宰すべき者に帰属するとしています。しかし第三者が後見人に就任している場合，被後見人に親族がいないか，関係が希薄な場合が多く，概して祭祀承継者もよく分かりません。

　火葬場では火葬の主宰者が遺骨を引き取ることを期待すると思われますが，後見人には遺骨の引取り義務はありません。

　一方，墓埋法9条では「死体の埋葬又は火葬を行う者がないとき又は判明しないときは，死亡地の市町村長が，これを行わなければならない。」と市町村長の埋葬・火葬の義務を定めています。また遺骨の取扱いについて定めた例として，大阪市の「大阪市立斎場保管遺骨取扱要綱」1）があります。この要綱では，火葬の後，遺骨を引き取る者がないとき，又は明らかでないとき，一定の保管期間経過後に慰霊祭を行い，遺骨を大阪市設南霊園に合同埋蔵すると定めています。

　ただし，残念ながらこのように引き取る者のいない遺骨の取扱いを要綱等で定めて公開している市町村は，あまり見当たりません。「死体の埋葬又は火葬を行う者がないとき又は判明しないときは，」後見人は墓埋法9条を根拠に安易に遺骨を引き取ることなく，市町村に義務を遂行させる事例を積み上げ，結果として市町村が要綱等を整備していくようになることが望ましいと考えます。

　では，円滑化法の施行により，遺骨の取扱いはどのように変わったのでしょうか。民法873条の2第3号で後見人は一定の要件のもと，家庭

コラム3　遺骨の引取り

裁判所の許可を得て，「死体の火葬又は埋葬に関する契約の締結」ができるようになりました[2]。火葬の後に残った遺骨について，円滑化法の立法者は「納骨に関する契約も『死体の火葬又は埋葬に関する契約』に準ずるものとして，家庭裁判所がその必要性等を考慮した上で，その許否を判断することができるものと解される。」と説明しています[3]。

　資金がなければ火葬・埋葬はできませんから，その場合は墓埋法9条によらざるをえません。しかし，被後見人がある程度の資金を残していれば，後見人は民法873条の2第3号により，火葬の契約とセットで納骨の契約についても家庭裁判所の許可を得ることで被後見人の遺骨を埋葬することも可能になったのです。

　仕方なく後見人の事務所に遺骨を置いておくような事態は，墓埋法9条か民法873条の2第3号のどちらかによれば，回避することができるようになったといえそうです。

【注】

1）「大阪市立斎場保管遺骨取扱要綱」http://www.city.osaka.lg.jp/
　　kankyo/page/0000252018.html）。

2）第2編第2章「遺体の引取りと火葬・埋葬」参照。

3）大塚竜郎「『成年後見の事務の円滑化を図るための民法及び家事事
　　件手続法の一部を改正する法律』の逐条解説」家判7号83頁。

〔阪本　朝子〕

第2編　円滑化法と実務の対応

コラム4

財産がない方の火葬・埋葬

　成年被後見人の死後事務の費用や報酬は，生前に引き出しておいた預かり金や家庭裁判所の許可を得て引き出した預貯金から支弁することが多いようですが，財産がない方の場合は，どのようにすればよいのでしょうか。

　身寄りが全くない場合は，死亡地の市町村長に埋葬又は火葬の義務が生じます（墓埋法9条）が，遺族がいるものの疎遠という場合には，応急措置として成年後見人にその役割を求められることが多いのが実情です。成年後見人にその義務はないとしても，衛生上，遺体を放置しておくわけにはいきません。通夜からの飲食接待費，寺院への費用（お経，戒名，お布施）を含む葬儀一式の費用は，一般財団法人日本消費者協会が実施した第11回「葬儀についてのアンケート調査」によれば，195.7万円（2017年）となっています。また，直葬のみを行う場合の費用は，20万円程度（各市町村の葬祭扶助が基準）と言われています。

　市町村によっては，火葬を行う者が生活困窮者である場合には，市町村から費用の援助を受けることのできる「福祉葬」という制度がありますが，事前審査を受け「葬祭扶助」を認められた場合にのみ行うことができるとされており，さらに遺族がいる場合，遺族が費用の支払ができるのかが判断基準となります。ところが，被後見人の遺族について，後見人がよく把握していない場合があります。後見人として，生前に，被後見人の親族関係を把握するための戸籍収集については，現状においては，戸籍法10条の2第1項3号に規定する「戸籍の記載事項を利用する正当な理由がある場合」には該当しないことから，請求に応じることはできない，とされています[1]。相続が開始する前に遺族を把握する道が，閉ざされている以上，遺族の調査を行うのに，相当の期間を要することになり，福祉葬の許可が火葬に間に合わない事態も考えられます。また，親族がいるものの，その協力が得られない場合には，別の親族を調査することになり，さらに時間を要することになります。福祉葬は，

84

財産の少ない方が亡くなった際の金銭的な支援を行う制度ですが，身寄りのない方の親族関係の調査に時間と労力を要することが問題点となっています。

　このように，財産が少ないということは死後事務においては，切実な問題です。そして，財産が少なく，死後事務の費用を用意することができない場合はどうするのかということに対しては，現状，はっきりとした指針はありません。

　今後は，身寄りのない，財産が少ない方の専門職後見人として，どのようにして死後事務に関わっていくのかということを明確にし，被後見人の生前であっても，事前に親族調査をすることができるようにするなど，調査時間を短縮し，財産の少ない方の後見人であっても，安心して死後事務を行うことができるようにする方策が必要であると思われます。

【注】
1）平成28年8月4日付け法務省民事局民事一課前野補佐官発の事務連絡。

〔上野　博子〕

第3章　葬儀と葬儀費用

第3章

葬儀と葬儀費用

改正のポイント

法改正により，成年後見人は，火葬・埋葬は一定の要件のもと家庭裁判所の許可を得た上ですることができると，権限として明文化されました。葬儀については許可の対象とならず，原則できないということになりました。そして，後見以外の保佐及び補助には準用されておらず，問題が生じる可能性があります。

事　例

　Ａは自宅で一人暮らしをしている高齢のＢの保佐人に就任しました（後に本人の事理弁識能力の低下により，成年後見人に就任）。Ｂは，年金が入ったらすべて引き出してしまうため光熱費等が預金から引き落とされず，督促状が来て，それを近所のコンビニで支払うというのが常態でした。引落し不能で電話が止められたこともあり，通帳には二重払いで返金を受けた記録もありました。Ｂは，口座振替用に残しておく金額が分からず，一度に全額を引き出してしまうようでした。２か月分の年金で２か月を計画的に暮らすのは難しく，社会福祉協議会の日常生活自立支援事業を利用すれば生活できると思われましたが，支援員不足のため，やむなくＡはＢと一緒に月に一度，１か月分の生活費を銀行に引出しに行くことにしました。Ｂは，回を重ねれば会話がちぐはぐであると分かりますが，１回やそこらの会話では分かりません。家庭裁判所の面談の

87

第２編　円滑化法と実務の対応

際も，その日は特別に調子がよく，「自分で預金は引き出せる」と自信満々で言ったためか，預金の管理の代理権が外されてしまったので，Ａは預金引出しの際，Ｂに同行することにしたのです。定期的な支払の代理権や入院契約の代理権は付与されたため，特に入院時の支払はどうしたらいいのかとＡは困惑しましたが，仕方ありません。Ｂは生活に十分な額の年金の給付を受けており，毎月１回の銀行への同行と，ケアマネジャーやヘルパーの助けを借りて，なんとか暮らせるようになりました。

　ＡはＢと預金の引出しの際等に，いろいろな会話をしました。ある時，Ｂは「〇〇寺に先祖の墓がある。私が死んだら，ご住職に連絡をして簡素でいいから葬儀をして，そこのお墓に入れてほしい」と言いました。〇〇寺からは定期的に法要のお知らせが届き，Ｂの依頼でお布施も納めることにしました。

　Ｂの相続人は甥ＣとＤだけでした。ＡはＢの保佐人就任直後に，ＣとＤに対して保佐人に就任したこと，Ｂに万一のことがあった場合は，Ｂの希望している簡素な葬儀と納骨をしてほしいこと，管理の計算が済めば，ＣとＤで合意した一方に財産を引き渡すこと，電話番号を教えてほしいことなどを手紙で連絡しました。ＣからもＤからも返答がないため，同じ内容を配達証明付書留郵便で送ったところ，２通とも留置期間経過を理由に戻ってきました。電話番号も番号案内で聞いてみましたが，分かりません。

　そうこうしているうちに，Ｂは部屋の中で倒れているところをヘルパーに発見され，病院に運び込まれました。大腿骨骨折で誤嚥性肺炎も併発していたため入院が長引き，その間に認知症がさらに進み，介護老人保健施設に入ることになりました。Ａには預金管理の代理権がなく，入院費や貸出しの病衣の支払もできないままだったため，成年後見開始の審判の申立てをして，成年後見人に就任し，ようやく支払ができるようになりました。就任後すぐに，銀行に対し後見の届をしたところ，他に定期預金があることも分かり，経済的には一段と安定しました。ところが，ほっとする間もなく，脳梗塞を起こし再び入院，今回は病状が急激に悪化して亡くなってしまいました。亡くなったらすぐに病院は「遺

第3章　葬儀と葬儀費用

体を早く運び出してください。葬儀社は何時に来てくれますか」と連絡してきます。

　Aは，こんな場合は墓地，埋葬等に関する法律に基づいて市役所に対応してもらいたいと考え，相談に行きました。市役所は，後見人がいるのだから，後見人がやるべきだと言って取り合ってくれません。CとD宛てに電報を打ってみましたが，応答がありません。そうしている間にも時間は過ぎていきます。病院からは何度も電話がかかってきます。遺体を放置しておくわけにもいかず，Aが対応をするしかなさそうです。Aは，できればBの望んでいた簡素な葬儀と納骨をしたいと思いました。

　成年後見人Aは，Bのように相続人はいるが関わってくれない場合，Bの望むような簡素な葬儀と納骨をして，その費用をBの財産から支払ってよいでしょうか。永代供養についてはどうですか。

　成年後見人Aは，相続人が関わってくれない場合，Bの望むような葬儀と納骨（必要な場合は永代供養も）ができるために，生前に何かできることがありますか。

　Cとだけ連絡が取れ，Bの望む葬儀と納骨をするが，費用はBの財産からすぐに支払ってくれと言われた場合，Aは費用を支払ってもよいでしょうか。

　Aが保佐人の場合はどうですか。保佐人に預貯金管理の代理権のある場合とない場合とで違いがありますか。

第2編　円滑化法と実務の対応

解　説

1 はじめに～この章で扱うこと～

　平成12年4月1日に後見に関する改正民法が施行されてから15年以上，司法書士等の専門職を含む第三者後見人，すなわち被後見人（以下，被保佐人・被補助人を含む。）の相続人ではない後見人（以下，保佐人・補助人を含む。）は，被後見人の死亡による後見の終了にあたり，根本的な問題である成年後見法制と相続法制のはざまで生じる矛盾に難渋してきました。本人の死亡により財産は相続人に帰属しているにもかかわらず，その死亡後も，火葬や入院費等の支払など一定のいわゆる死後の事務を，やむを得ず行わざるを得ない場合があり，その法的根拠を応急処分義務（民874条で準用する民654条）又は事務管理（民697条）に求めて，なんとかやってきました。しかしながら，まず，どちらを法的根拠とするのかがあいまいな上，それぞれの適用要件と法的効果が異なることから，後見人は不安定な立場に置かれたままでした。そうしてようやく，平成28年4月6日に円滑化法が成立し，同年10月13日から，民法873条の2が施行されることになりました。

　死後の事務は，この民法の改正でどう変わったのでしょうか。果たして，後見人は，やむを得ない場合に行わざるを得ない死後の事務を，民法873条の2の明文化により「対応に苦慮する」[1]ことなく執り行うことができるようになったのでしょうか。とりわけ，この章で扱う葬儀をめぐる状況はどう変わったのでしょうか。後見人は葬儀について，安心して死後の事務を行うことができるようになったのでしょうか。

　この章では，葬儀に注目しながら，改正法における葬儀の扱い，葬儀と火葬・埋葬の区別についての分析，被後見人が葬儀を望んでいる場合の対応，改正法では準用されないとされた保佐人・補助人の葬儀についての考察を，納骨や永代供養も視野に置きながら行っていきます。

第3章　葬儀と葬儀費用

2　民法873条の２第３号の要件〜安心の死後事務になったのか〜

⑴　新設された民法873条の２第３号

　民法873条の２第３号は，成年後見人が，成年被後見人の死亡後に家庭裁判所の許可を得て，「死体の火葬又は埋葬に関する契約の締結その他相続財産の保存に必要な行為」をすることができる旨を規定しました。

　法務省民事局付（当時）大塚竜郎氏の逐条解説（以下，「逐条解説」という。）では，上記１のような状況において，成年後見人が成年被後見人の死亡後に火葬等の手続をする必要に迫られ，対応に苦慮する場合があることに対応し，成年後見人の権限として，本条３号が明文化されたものとしています2）。

　そして，「『死体の火葬又は埋葬に関する契約の締結』とは，成年被後見人の遺体の引取りや火葬等のために行う葬儀業者等との契約の締結をい」い，「火葬はいったん行うとやり直しがきかず，事後に相続人等との間で紛争を生ずるおそれもある。そこで，本号においては，成年後見人が家庭裁判所の許可を得た上で，前記の行為をすることができるものとされている。」3）ともしています。

　なお，後見人が死後事務を行うのは，以下の３つの要件の下に限られます。なかでも，火葬等に関する契約については，後述③の「『成年被後見人の相続人の意思に反することが明らかなとき』を除く」という要件に該当するかどうかが重要です。

①　「必要があるとき」

　逐条解説では，例として成年被後見人の相続人の連絡先が不明である等の事情のある時を挙げています。相続人がいて，火葬等を行ってくれる場合は「必要があるとき」ではありません。

②　「相続人が相続財産を管理することができるに至るまで」

　本条各号の行為は，本来，成年被後見人の相続人において行うべきものであることから，時期的限定が設けられ，基本的には，相続人に相続財産を実際に引き渡す時点までを指すと解されていますが，火葬等に関する契約については，死後すぐに必要に迫られることから，この要件が問題とな

91

第2編　円滑化法と実務の対応

ることは，ほとんどないように思います。

③　「成年被後見人の相続人の意思に反することが明らかなとき」を除く

「成年被後見人の相続人の意思に反することが明らかなとき」とは，成年後見人が火葬等に関する契約を行うについて，成年被後見人の相続人が明確に反対の意思を表示している場合をいいます。相続人が複数いる場合には，そのうち1人でも反対の意思を表示しているときは，成年後見人はその意思に反して火葬等に関する契約を行うことはできないと解されます。

これに対し，以下の場合はいずれも，「成年被後見人の相続人の意思に反することが明らかなとき」には該当しないと考えられ，成年後見人は家庭裁判所の許可を得て，火葬等に関する契約を締結することができるとされています。

　㋐　相続人がいないか，又はいるかどうか不明である場合

　㋑　相続人はいるものの，所在不明又は連絡が取れない場合

親族が「関わらない。」と事前に言っている場合は，民法873条の2の新設に際して大阪家庭裁判所と司法書士会・弁護士会・社会福祉士会（三士会）との間で開催された円滑化法に関する協議会において示された見解では，「推定的に『意思に反することが明らかでない』といえるが最終的には総合的に判断することになる。」としています。

なお，家庭裁判所が死体の火葬等に関する契約の締結に関する許可の審判をするに当たって，相続人の陳述を聞くことは必要的とされていません（家事120条参照）。

⑵　応急処分義務・事務管理と無権代理

逐条解説では，成年後見人が裁判所の許可を得ないで火葬等に関する契約の締結をした場合は，「無権代理（民法117条）と同様，当該行為の効果は相続人に帰属しないこととなろう。」と説明されています。裁判所の許可を得なければ，成年後見人は相続人に火葬等の費用の請求ができないわけです。一方で「従前から存在する応急処分や事務管理の規定に基づいて」火葬等の契約をすることは「否定されるものではない。」から，たとえ「本条3号に該当する行為であっても，それが応急処分に該当すると認められる場合には，

成年後見人が家庭裁判所の許可なしに行うことも認容されるものと考えられる。」4）としています。

この許可の性質の分析も必要ですが，それはさておいて，そもそも，法改正前，成年後見人は，本来権限もなく義務でもない死後事務を，その法的根拠を応急処分や事務管理に求めて行わざるを得ない状況に置かれていました。逐条解説においても「応急処分等の規定が存在するものの，『急迫の事情があるとき』等の限定が付されている上，（中略）事務の範囲も必ずしも明確でないため，実務上，成年後見人が対応に難渋する場合があるとの指摘がされていた。」5）としています。

そのような背景があって法改正がなされたにもかかわらず，依然として応急処分義務については許容されるとしているだけでなく，事務管理を根拠に死後事務を行うことも否定されないというのです。しかし，裁判所の許可を得なければ無権代理と同様，当該死後事務の効果は相続人に帰属しないというのですから，許可を得ないで安易に応急処分義務の規定に基づいて火葬等に関する契約をすることは，避けなければなりません。

現実は，家庭裁判所に許可の要否を問い合わせた際に，応急処分義務でもできるとの回答を受けた成年後見人が少なからずおり，法改正によっても，後見人の安心できない難渋は続いているようですが，折角，法改正がなされたのですから，成年後見人は，要件に適合する場合は家庭裁判所の許可を得て，その権限として，不安なく火葬等の契約をした方がよさそうです。

⑶　準用されない保佐・補助

残念なことに，新設された民法873条の2は保佐及び補助には準用されておらず，成年後見に限られることに注意しなければなりません。理由として，逐条解説では「成年後見人は成年被後見人の財産について包括的な管理権を有している（民法859条1項）のに対し，保佐人及び補助人は，そのような包括的な管理権は有しておらず，特定の法律行為について同意権，取消権又は代理権を付与されているにすぎない。このため，仮に保佐人及び補助人に死後事務に関する権限を付与するものとすると，保佐人等が被保佐人等の生前よりもかえって強い権限を持つことにもなりかねず，必ずしも相当でないと

93

第2編　円滑化法と実務の対応

考えられる。」6）からとしています。したがって，保佐人及び補助人は，家庭裁判所の許可を得て火葬等に関する契約を行うことはできません。

　保佐人及び補助人は，法改正後も相変わらず，やむを得ない場合は応急処分や事務管理を根拠に火葬等に関する契約をするしかなく，不安定な立場に置かれたままです。

3　民法873条の2の新設〜納骨・葬儀・永代供養の扱い〜

　ここでは，民法873条の2の新設に際して，火葬・埋葬と関連する納骨・葬儀・永代供養については，どのように扱われることになったのかを見ていきます。

⑴　納骨に関する契約

　逐条解説によると，「納骨に関する契約も『死体の火葬又は埋葬に関する契約』に準ずるものとして，家庭裁判所がその必要性等を考慮した上で，その許否を判断することができるものと解される。」7）としています。

⑵　葬　儀

　同じく，逐条解説によると，成年被後見人の葬儀に関する契約は「『死体の火葬又は埋葬に関する契約』に含まれない」とされています。理由として，「葬儀は，遺体の引取り及び火葬とは異なり，その施行が公衆衛生上不可欠というわけではなく，法律上の義務として課されているわけでもない。また，葬儀は，宗派，規模等によって様々な形態が考えられるところ，その施行方法や費用負担等をめぐって，事後に相続人との間でトラブルが生ずるおそれがある。」ことを挙げ，民法873条の2は「成年後見人に葬儀を施行する権限までは与えていない。」8）としており，法務省のホームページにおいても，成年後見人に葬儀を施行する権限までは与えていないとして同じ理由を挙げ，「成年後見人が後見事務の一環として葬儀を執り行うことはできません。」としています9）。

　すなわち，民法873条の2により成年後見人は，火葬・埋葬は一定の要件のもと，家庭裁判所の許可を得た上ですることはできますが，葬儀については許可の対象とならず，できないということになりました。

ただし，円滑化法施行後1年を経て東京家庭裁判所後見センターの日景聡判事の論文[10]では，「葬儀に関する契約が火葬または埋葬に関する契約に含まれないことについては周知されているようであり，当庁でも葬儀のみに関する契約締結の許可申立てがされたことはないが，相続人が存在しないとか，相続人がかかわりを拒んでいるような事案では，いわゆる『直葬』ないし『火葬式』（通夜や告別式等の宗教儀式を行わない火葬のみの葬儀形態）にかかる契約締結の許可申立てがされることがあ」り，「厳密にいえば，かかる契約には葬儀としての意味合いを有する役務の提供等も含まれるものと解されるが」，当該センターでは「火葬に関する役務の提供等を含む契約である限り，一個の『火葬に関する契約』と解したうえで，その締結の許否を判断している。」ともされています。後述するような火葬・埋葬と葬儀の明確な区別は難しいという，現実に即した対応がとられるようになったものと思われます。

(3) 永代供養

逐条解説や法務省のホームページでは触れられていませんが，前述の日景聡判事の論文では，永代供養に関する契約の締結はその「行為の性質や永代供養料は相応の金額となるのが通常である」から，「火葬に関する契約に準じるとか，直ちに『相続財産の保存に必要な行為』に該当するなどと判断するのは困難」とされ，「相続人が一切のかかわりを拒む場合は相続財産管理人（民法918②）に，相続人が存在しない場合は相続財産管理人（民法952①）に引き継ぎ，その判断に委ねるのが原則」ですが，「本人が遺した少額の相続財産の限度で簡易な形による永代供養を行うのであれば，『相続財産の保存に必要な行為』と評価する余地もあるものと解される。」としており，これも，葬儀同様，現実に即した対応がとられるようになったものと思われます。

同じ論文で，日景聡判事が，永代供養は「相続人が存在する以上はその判断に委ねるのが原則」ですが，「すべての相続人が直接のかかわりを拒みつつも，後見人に永代供養を委ねる意思を示しているのであれば，委任に基づく行為としてこれを行う余地もあるものと解される。」[11]としています。

第2編　円滑化法と実務の対応

⑷　納骨・葬儀・永代供養の扱いのまとめ

　民法873条の2の新設に際して，火葬・埋葬と関連する納骨・葬儀・永代供養に関してどのような扱いになったのでしょうか。まず，納骨については，「死体の火葬又は埋葬に関する契約に準ずるもの」として，そして，葬儀については，葬儀としての意味合いを有する役務の提供等も含まれるものと解される「直葬」ないし「火葬式」にかかる契約も「一個の火葬に関する契約」と解した上で，それぞれ，その締結の許否を判断しているとしており，永代供養については，少額の相続財産の限度で簡易な形で行うのであれば，「相続財産の保存に必要な行為」と評価する余地もあると解されるとしています。納骨・葬儀・永代供養については，若干の強弱があるものの，その必要性から，少額で簡易なものであれば，家庭裁判所によっては民法873条の2第3号の許可を出すようです。

4　葬儀について

　逐条解説では「成年被後見人の葬儀に関する契約は3号にいう『死体の火葬又は埋葬に関する契約』に含まれないことに注意を要する。」[12]としています。すなわち，本改正では「葬儀」と「火葬・埋葬」を明確に区別しているということです。

　それでは，本改正以前も，葬儀は火葬・埋葬と区別されてきたのでしょうか。

　民法873条の2第3号は家庭裁判所の許可を得れば本人の相続人ではない成年後見人が関係するという点では，施行者が相続人とは別の市町村である行旅病人及び行旅死亡人取扱法・墓埋法・生活保護法及び老人福祉法と類似しています。以下，これらの4法と，本人の財産について債権者が有する先取特権，そして相続税基本通達においては，「葬儀」と「火葬・埋葬」を区別したものとして扱ってきたのか分析してみます。

　その上で，本改正により初めて，葬儀と火葬・埋葬の言葉の解釈が変更されたのか，それとも，本条においてのみ区別するということなのか，そもそもこれらは明確に区別できるものなのか，検討します。

96

第3章　葬儀と葬儀費用

⑴　民法873条の２新設までの，火葬・埋葬と葬儀の区別

　民法の一般の先取特権の規定では，民法306条３号の「葬式の費用」により生じた債権を有する者は，「債務者の総財産について先取特権を有」し，その先取特権は，民法309条１項で「債務者のためにされた葬式の費用のうち相当な額について存在する。」としているのみで，民法873条の２の逐条解説のように「葬儀に関する契約は（中略）『死体の火葬又は埋葬に関する契約』に含まれない」とまではしていません。むしろ，民法306条３号に葬式費用が挙げられたのは，「財産の乏しい者も相応の葬式を出せるようにすることが，人間性の尊重・国民道徳の維持にかない，さらには衛生の見地からも必要だから，葬儀社等が，債権回収の憂いなく葬式のための様々な供給ができるようにする，という趣旨である。」[13]とし，葬式という言葉は，火葬・埋葬を含んでいると読み取れます。なお，債務者は葬式をしてもらう本人であるとされ，本人の総財産から，火葬・埋葬を含む葬式に伴う費用を支出してもよいと解されているように読み取れます。

　次に，墓埋法９条１項は「死体の埋葬又は火葬を行う者がないとき又は判明しないときは，死亡地の市町村長が，これを行わなければならない。」と規定し，行旅病人及行旅死亡人取扱法７条も，「行旅死亡人アルトキハ其ノ所在地市町村ハ（中略）其ノ死体ノ埋葬又ハ火葬ヲ為スベシ」と規定しており，埋葬と火葬に限定されているようです。

　ただ，福祉に関する法律である生活保護法11条１項８号では保護の種類の一つとして「葬祭扶助」を挙げ，同法18条１項では葬祭扶助の範囲として同項３号の「火葬又は埋葬」のほかに，さらに，４号として「納骨その他葬祭のために必要なもの」も挙げているという特徴があります。

　また同じ福祉に関する法律である老人福祉法11条２項では，「市町村は，（中略）葬祭（葬祭のために必要な処理を含む。）を行う者がないときは，その葬祭を行い，（中略）葬祭を行うことを委託する措置を採ることができる」としており，この福祉に関する２法は「葬祭」という文言を用いています。

　少し色合いの変わったところで，相続税法基本通達では，相続税から控除される葬式費用は，葬式や葬送に際し，火葬や埋葬，納骨をするためにか

97

第2編　円滑化法と実務の対応

かった費用（仮葬式と本葬式を行った時にはその両方にかかった費用が認められる。）のほかに，お通夜等にかかった費用，お寺などに対して読経料などのお礼をした費用その他広い範囲のものが認められています（相続税法13条1項2号，相続税法基本通達13-4）。この場合の葬式という言葉は，火葬・埋葬とは別の言葉というよりは，火葬・埋葬を含むものとして使われているように思えます。

　それでは，法律ができた時代により，葬儀を，火葬・埋葬と明確に区別したものとして扱ってきたのでしょうか。

　葬祭という言葉が用いられている生活保護法は昭和25年5月4日公布，老人福祉法は昭和38年7月11日公布と，これは時代的には近いといえます。

　ところが，趣旨からしてこの2法と同様に火葬・埋葬の費用も含むと考えられる葬式費用についての民法の先取特権の規定は，明治29年4月27日の公布です。

　火葬・埋葬に限定する墓埋法は昭和23年5月31日公布，行旅病人及行旅死亡人取扱法は明治32年3月28日公布です。時代的には離れています。

　火葬・埋葬に限定する墓埋法は昭和の，そして行旅病人及行旅死亡人取扱法はそれよりずっと前の明治の公布ということから，時代による違いというよりも，むしろ，この2法の行政法としての性格から最低限の火葬・埋葬という表現になったものと思われます。さらに，筆者は，墓埋法・行旅病人及行旅死亡人取扱法においても，表現上は火葬・埋葬に限定しているように見えますが，運用の現場では，実は，その火葬・埋葬には，葬儀の要素も含まれていたのではないかと考えるに至りました[14]。

　以上のことから，これまで火葬・埋葬と葬儀との境界は明らかでなく，民法873条の2において初めて，葬儀に関する契約は火葬・埋葬に関する契約に含まれないとされることになったようです。

⑵　**法務省ホームページと逐条解説での葬儀の意味の検討**

　上記4の冒頭で述べた「葬儀」と「火葬・埋葬」を明確に区別している逐条解説同様，法務省のホームページのQ&Aでも「葬儀には宗派，規模等によって様々な形態があり，その施行方法や費用負担等をめぐって，事後に成

98

年後見人と相続人の間でトラブルが生ずるおそれがあるため」成年後見人に
葬儀を施行する権限までは与えていないとして，葬儀と火葬・埋葬を区別し
ています。

　一方，上記Q&Aでは，「成年後見人が，後見事務とは別に個人として参加
者を募り，参加者から徴収した会費を使って無宗教のお別れ会を開くことは
可能と考えられます。」とし，逐条解説の注13においても，同趣旨のことが
述べられています[15]。

　どうも，無宗教で，本人の財産からの支出で行われるものでないお別れ会
は，個人として行うのであれば，相続人との間でトラブルが生ずるおそれが
ないとしているようです。本当にトラブルは生じないのでしょうか。立法者
も弔いの気持ちを無視できないというのでしょうか。それはさておき，「無
宗教」と「本人の財産からの支出でない」ことが，成年後見人のすることの
できる火葬・埋葬と，できない葬儀との区別を明らかにすることにつながる
のかどうかを検討してみましょう。

① **無宗教であること**

　無宗教ということについては，本人が無宗教による葬儀を希望すること
もあることから，無宗教も宗教行為であるといえます。したがって，無宗
教による葬儀であれば問題はないと考えるのは早計です。また，お別れ会
といっても，お花を供えお線香をあげ，その花をお棺に納め，遺体に向
かってお参りをするほか，宗教者でなく参集者自らがお経をあげることも
あります。これらのことは，弔いの気持ちの表れでもあり，広い意味での
宗教行為であるともいえます。本人の生前における他人や親族の死に際し
ての向き合い方から，参集者も自然と弔いの気持ちを表すということもあ
るでしょう。新興宗教には，既成の宗教者の関わりはなく，信仰をともに
する人たちが参集して弔いが行われることがあります。既成の宗教者の関
わりがないという点では無宗教のようですが，信仰という点からは確実に
宗教行為です。火葬場の中には，宗教団体の協力により宗教者が関わって
低額で読経を行うところもあります。これは決して無宗教とはいえません
が，極めて低額であれば，お別れ会とさほど違いがないともいえます。

第2編　円滑化法と実務の対応

②　本人の財産から支出して行われるものではないこと

　もう一つの，本人の財産からの支出ではないという点についていえば，会費によるお別れ会というものは，現実にはなかなか想定できません。昨今，香典は受け取らなくても参列者には会葬御礼を渡すということが行われていることから考えても，現実には参集者が負担してお別れ会が開かれるということは考えにくいことです。ましてや，本人の財産がそれなりにある場合，会費で行うというのは，参集者にとってだけでなく，「後見事務とは別に個人として」参加者を募る成年後見人にとっても，納得しにくいことのように思います。新興宗教の中には，本人の財産からの格別の負担はないが，参列者が行う宗教行為としての葬儀もあるようです。

　いずれにしても，会費の負担なく関係者が参集して行うお別れ会がなされ得るのであれば，それについて，法律がその可否を言うことではないように思います。

　上記①②で述べたように，どうも，「無宗教」と「本人の財産からの支出でない」ことが，成年後見人のすることのできる火葬・埋葬と，できない葬儀との区別を明確にするものではないように思われます。

(3)　家庭裁判所の実務

　上記3(2)で触れたように，日景聡判事はその論文において，火葬にかかる契約に許可を求められた場合，「厳密にいえば，かかる契約には葬儀としての意味合いを有する役務の提供等も含まれると解されるが，(中略)一個の『火葬に関する契約』と解したうえで，その契約の諾否を判断している。」としています[16]。このことは，裁判所も，現場では火葬・埋葬と葬儀との区別が明確にできない場合があると理解していることを示しているように思います。

　また，大阪家庭裁判所後見センターも，「実務上，被後見人に見寄りがない場合などに，後見人が火葬・埋葬と一緒に最小限の葬儀を執り行うニーズもあると思われ(中略)火葬及び納骨とセットで小規模で宗教色の薄い葬儀を行うという場合には，火葬に付随する事務」であるとしており，さらに，その脚注では，「葬祭業者も，火葬・葬儀・納骨・永代供養までをセットに

100

して，費用を総額10万円-20万円に抑えたパッケージプランを提供しているよう」17）だとしており，火葬と葬儀の明確な区別が難しいだけでなく，納骨・永代供養までを一連の付随する事務とせざるを得ない実態があることを紹介しています。

　筆者としては，成年後見人は相続人との間でトラブルを生じるおそれがあることから，宗教色のある葬儀はするべきではないものの，火葬と葬儀との区別が不明瞭なところもあることから，簡易で小規模であれば，すなわち，宗教色も薄く，費用も低額であれば，この程度は許されることはあってもいいように思います。某市の火葬場で宗教団体の協力で行われる低額のお礼による読経も含む火葬に関する契約程度であるならば，厳密に言えば葬儀という意味合いの役務の提供も含まれると解されるとしても，死後事務として，許されてもいいのではないかと思います。また公共の霊園で低額でなされる納骨程度であるならば，これも，死後事務として，家庭裁判所の許否の対象とされてもいいのではないかと思います。その際，どんなに低額であっても，成年後見人は，相続人の意向に反して本人の財産から支払をすることができないのはいうまでもありません。

5　成年被後見人の弔いについての意向～生前にできることは？～

⑴　成年被後見人の意向

　成年後見の理念の一つである「本人の意思の尊重」に適う事務を行おうとすれば，悩みが深まります。民法858条においても「成年被後見人の生活，療養看護及び財産の管理に関する事務を行うに当たっては，成年被後見人の意思を尊重し，かつ，その心身の状態及び生活の状況に配慮しなければならない。」と規定しています。さらに，平成26年2月19日に我が国において効力を生じた国連の障害者の権利に関する条約により，後見人にも意思決定支援が求められるようになりました。

　成年被後見人の死後のことについても，成年後見人が本人と接している中で，本事例のように葬儀についての意向を直接聞くことや，菩提寺との付き合い方などから，その思いに触れることがあります。本人の思いに沿った葬

101

第2編　円滑化法と実務の対応

儀をしてくれる相続人や親族がいればいいのですが，いない場合は悩みが生じます。

　前述したように，ようやく成年後見人は，民法873条の2により家庭裁判所の許可を得て，「死体の火葬又は埋葬に関する契約」を締結することができるようになりました。しかし法務省のホームページのQ&Aにおいても逐条解説においても解説されているように，成年後見人は葬儀をする権限はありません。それでは，本人が葬儀を望んでいる場合や望んでいることが推し量れる場合，成年後見人としてできることはないでしょうか。

⑵　成年被後見人の意向を尊重すべきか

　成年被後見人は事理弁識能力を欠く常況にある者とされていますが，全く何もできない人ではありません。人の能力は様々で，自分の弔いの仕方について自分の思いを伝えることができる人もいます。その人に合った支援で，自分の思いを伝えることができるようになる場合もあります。しかし，成年後見人は，成年被後見人から葬儀をしてほしいという意向が伝えられている場合でも，法改正当初，一定の要件に適合する場合に限り家庭裁判所の許可を得て火葬をすることができるだけで，葬儀をする権限までは与えられていないと解説がなされましたから，本人の意向を実現するのに適う財産がある場合でも，その意向に沿った葬儀は，簡易な葬儀でさえすることはできないと考えられました。

　一方で，「本人の意思の尊重」という成年後見制度の大きな理念があります。成年後見人は，本人の死後についての意向が示されていた場合に，対応ができないうちに本人が急死したとき等，生前における理念に準じて，本人の死後においても意向を汲み取るべきでしょうか。意向を示している本人に対して，「私はあなたの生きている間は，あなたの意思を尊重しますが，亡くなった後はできないのです。」と伝えることは，なかなかできるものではありません。成年後見人は，改正法のもとで，本人の意思・意向を尊重するために，何かできることがあるでしょうか。

　まず，相続人がいない場合や，いるかどうか不明である場合，相続人はいるが所在不明又は連絡が取れない場合は，どうしたらいいのでしょう。

102

本来は，後見業務は本人の死亡により終了するのが大原則であり，本人の意思の尊重や意思決定支援とは言っても，本人の死亡後は民法873条の2によるほかありません。本人の意向を実現するのに叶う財産がある場合でも，その意向に沿った葬儀は，民法873条の2では原則できないとされたのです。

　それでも，既に述べた日景聡判事の論文で，許可を求められた火葬に関する契約には厳密には葬儀の意味合いを有する役務の提供等も含まれていても，一個の「火葬に関する契約」と解した上で，その締結の許否を判断し[18]，その費用を支払うための預貯金払戻し[19] についても，許可を出す場合もある[20] ということですから，本人の意向があり，そのための財産がある場合，本人の意向が簡易な葬儀であれば，家庭裁判所の許可を得て葬儀を行い，本人の財産から支払うことはできそうです。

(3) 本人の意向が簡易な葬儀ではすまない場合における成年後見人の方策

　本人の意向が簡易な葬儀ではすまない内容の場合は，たとえ，本人にそれを叶えられるだけの財産があったとしても，民法873条の2の守備範囲を超えており，成年後見人は死後事務としての対応はできません。

　そこで，本項では，死後事務ではなく，本人の生前に成年後見人が契約を締結することにより，備えることを検討していきます。これこそ，本人の意思の尊重の理念に適い，さらに，本人の意向が不明確な場合に，その意向を明確にすることを支援し又は推量することは，意思決定支援の理念に適うことになります。

　生前の契約として考えられる方法の一つ目は，成年後見人が本人の意向に従って菩提寺や場合によっては葬儀社との間で本人の死亡を始期とする葬儀契約等の準委任契約を締結し，葬儀が必要になったときに成年後見人は菩提寺や葬儀社に連絡をすればいいだけにしておくということです。この場合，本人の死後に本人の財産から支払うことは問題がありますので，事前に支払を済ませておくことが必要です。

　二つ目として，葬儀信託も，事前に支払を済ませておく方法の一つとして，利用することを考えてみてもいいでしょう[21]。この場合，信託の受託者や内容・仕組みを十分に吟見して，将来，本人の希望する葬儀が実現できるよ

第2編　円滑化法と実務の対応

うにしなければならないのは言うまでもありません。

　三つ目は本人を代理する成年後見人が第三者との間で葬儀についての死後事務委任契約を締結するという方法が考えられます[22)23)]。もちろんこの場合も預り金を預け，死後の支払が発生しないようにしておかなければなりません。死後事務委任契約は必ず公正証書で作成しなければならないというものではありませんが，本人の生前の契約だということを明確にさせるため，確定日付を取っておくなど慎重に行わなければなりません。死後事務委任契約においても，契約時に必要な費用の支払は済ませておき，本人の死後に支払の発生することがないようにしておくことが必要であり，そのような内容にすべきだと思います。

　いずれの方法も，成年後見人が契約をするには，本人が意向を示していることと，意向を叶えられるだけの財産があるということが前提となります。もちろん，本人の意向とはいうものの，そもそも事理弁識能力を欠く常況にあると判断されている人ですから，その確認は複数の関係者の立ち会いのもとに内容を文書や記録に残しておくなど，慎重な対応をすることが必要です。

　さらに，成年後見人は，本人の日常生活と直接には関わりないことのために支出をするのですから，家庭裁判所とも協議を行い，事後に問題が生じないように細心の注意を払わなければなりません。

　意思決定支援への転換が求められている現在において，このように生前に本人の意図を探求し実現することは，その実現は容易ではありませんが，大変意味があることと思われます。

(4)　相続人による本人の意向の実現

　相続人が葬儀を執り行う場合，後見人は本人の意向を相続人に伝えるということはできます。相続人が本人の意向を尊重してくれれば，その意向が実現されることになります。本人の財産から葬儀費用を出したいと言うのであれば，相続人全員の協議による合意が必要であることを伝えなければなりません。

6 保佐人，補助人による葬儀

(1) 代理権の有無

　保佐人及び補助人（以下，「保佐人等」という。）においては，上記2(3)で述べたように，民法873条の2は準用されていません。それでは，保佐人等はどのようなことに注意して事務を行えばいいのでしょうか。

　保佐人等が成年後見人と異なるのは，包括的な管理権は有しておらず，預貯金管理の代理権のない場合がある点です。代理権のある場合は，応急処分義務の規定に基づいて，事実上生前と変わらず火葬等の費用の支払ができますが，代理権のない場合は，そもそも預貯金を管理していないのですから，自ら立て替えて事務管理として行うことになります。預貯金管理の代理権のない場合は，代理権のある場合より，なお一層窮地に陥るわけです。

　このように，民法では，保佐・補助と後見は，事理弁識能力に明確な区別があることを想定して規定されていますから，代理権や同意権において大きな相違があり，上記のような状況になるわけです。しかし，現実には，後見，保佐，補助に該当する人の事理弁識能力は，民法が規定している区別ほど明確に区別できるわけではなく，その能力の差も大きくはありません。したがって，被保佐人等に成年被後見人のような支援が必要となる場合が結構あることは否定できず，それは被保佐人等の死後においても変わりないように思います。

(2) 応急処分義務や事務管理として行う場合の額や規模

　それでは，保佐人等が応急処分義務や事務管理として行う葬儀の額や規模は，どのようなものと考えたらいいでしょうか。

　成年被後見人についての，一定の要件のもと，家庭裁判所の許可を得て火葬等に関する契約を締結することができるとした改正法の解説が参考になります。すなわち，一連の死後の事務において，保佐人等がやむを得ず執り行う葬儀としては，成年後見同様，原則火葬のみですが，宗教性の高い葬儀は行わず，簡易で低額であり，一個の「火葬に関する契約」と解される程度であれば，納骨，永代供養までは許されると考えてもいいように思います。繰

第2編　円滑化法と実務の対応

り返しますが，事務管理の場合は，保佐人等が立替払いをすることになり，注意が必要です。

　初七日，四十九日，年忌法要などの費用は，遺体に対する切羽詰まった対応を要求されるものでもありませんから，保佐人等の関わることではなく，被保佐人等の財産から支払うこともできないと考えます。

(3)　被保佐人等について特に配慮すべきこと

ア　民法873条の2の準用のない保佐人等に必要な相続人調査

　必ず訪れる本人の死に備えて，民法873条の2が準用されない保佐人等は，成年後見人よりなお一層，申立て時の情報，本人からの聞き取りや戸籍調査等から，葬儀を行ってくれる相続人や身内を探し出して，生前から，遺体の引取りに始まる死後の事務に備えておくべきです。預貯金の管理権限のない保佐人等の場合，事務管理として費用を立て替えて執り行うしかないため，葬儀をしてくれる身内を探し出すことは特に切実な問題です。

　葬儀についての本人の意向が明確な場合は，身内の手で意向に沿った葬儀を実現することのできる可能性があります。

　身内を探し出すための戸籍調査については，本人の生存中は調査が難しく，死後は調査に時間がかかるため迅速な対応の要求される火葬には間に合わないという厄介な問題があります。生存中から身内を探し出しておくことは，本人に必ず訪れる死後の問題の困難さを避けることにもつながるのですから，改めて，戸籍法の運用の変更や改正が望まれるところです。

イ　被保佐人等の事理弁識能力が後見相当であると思われる場合

　本人の事理弁識能力が低下しても業務に支障がなければ，保佐人等のまま業務を続けることがあります。ところが，改正法により死後事務については，後見と，保佐・補助では大きな相違が生じることになりました。

　特に本人の死後に関わってくれる身内がいない場合で，民法873条の2第3号の許可の要件に該当する可能性がある場合には，家庭裁判所の許可を得て後見人の権限として埋葬・火葬の契約ができるよう，本人の事理弁識能力が後見相当となったときには後見開始の審判を受けておかなければなりません。

106

ウ　保佐人等の死後事務と法定単純承認との関係

　被保佐人等は，ある程度行為能力があり，保佐人等の同意を得ないまま，相続債務となるような借財や保証（民13条2号），物品の購入などの行為をすることがあります。保佐人等は，限定された権限のもとで業務を行っており，本人の行為や相続財産のすべてを把握するのは困難です。成年被後見人の場合も議論はありますが[24]，本人の死亡後に保佐人等が不用意に支払をすれば，債権者に単純承認と主張される危険性は，成年被後見人の場合より大きなものとなります。債務超過が明らかな場合は，葬儀費用を本人の死亡後に本人の財産から支払わなくてもいいように，生前の対策が必要です。

エ　被保佐人等の本人の死後の弔いについての意向と生前の準備

　「事理弁識能力を欠く常況にある」成年被後見人であっても，その葬儀についての意向が分かる場合の対応策については，前述しました。被保佐人，被補助人は，それぞれ事理弁識能力が「著しく不十分」「不十分」である者とされています。したがって，被保佐人等からその意向を聞くことのできる機会が，成年被後見人よりはあるように感じます。特に，日頃の言動から本人が宗教心の厚い人であると分かる場合は，本人の葬儀についての意向を聞く試みは必要でしょう。死後についての本人の意向が分かる場合は，本人の「意思を尊重して」，不明確な場合は，「意思を明らかにし意思決定を支援」することや推量することで，成年後見の場合の上記5(3)の記述を参考にして，菩提寺や葬儀社との契約，葬儀信託，第三者との死後事務委任契約などの生前にできる対応策を，被保佐人等自ら，又は保佐人（補助人の同意権は民法13条1項に規定する行為に限定されるため，補助人は除く。）の同意を得て，あるいは保佐人等の代理により，取るのがいいでしょう。被保佐人等の場合は，行為能力としては本来これらの契約を締結することができるとされていますので，自ら契約ができます。しかし，この生前に対応策を取るというような内容において複雑かつある程度高額な費用を要する行為をすることは，被保佐人等の単独では難しい場合が多く，既に同意権・代理権があればそれに基づき，ない場合は家庭裁判所の

第2編 円滑化法と実務の対応

権限の拡張の手続を経て，被保佐人が保佐人の同意を得て契約し，保佐人等が被保佐人等を代理して契約を締結することになります。

本人の意向の確認については成年被後見人の場合と同様，事後に問題が生じないよう，複数人による立ち会いと文書での記録，家庭裁判所との協議は必要です。

7 最後に

(1) 増え続ける第三者後見人のために

成年後見制度が始まって以来，社会の変化と成年後見制度の運用上の必要から，第三者後見人が増加の一途をたどり，その一員として市民後見人も活動しています。後見人が応急処分義務として，また，事務管理として立て替えて死後事務を執り行わなければならないということがあれば，第三者後見人のなり手が減るおそれもあります。今回の法改正により後見人等がやむを得ない場合に限って行う最低限度の死後事務について，成年後見人については，民法873条の2を法的根拠として，家庭裁判所の許可を得て行い，本人の財産から支払ができるようになったことは，一歩前進です。

(2) 保佐，補助について

保佐人等の場合は，どうでしょう。民法873条の2は保佐及び補助には準用されていないため，保佐人等は対応に苦慮する状況が続いています。

被保佐人等は，法的には，一般の人と同様に行為能力があるとされています。したがって，自分で自分の死後事務について備えることができるはずであるという考えのようです。しかし，そのような法的な能力の規定にもかかわらず，一方で，被保佐人，被補助人は，それぞれ事理弁識能力が「著しく不十分」「不十分」である者とされています。大半の成年被後見人と一緒で，生きている間についての備えができなかったか，間に合わなかったために，法定後見を利用することになった人がほとんどです。そして，葬儀についての備えがないまま，その死亡により保佐等が終了することになるというのは，成年後見の場合となんら変わりありません。保佐人等が死後事務をやむを得ず行わざるを得なくなる被保佐人等の親族関係その他の事情も，成年後見と

108

第3章　葬儀と葬儀費用

保佐等で違いはありません。

また，保佐・補助の死後事務に関しては，民法における後見とは異なる代理権の規定にもかかわらず，業務にかかわった以上，行わざるを得ない状況が生じ得ることは，後見と同じです。今回の法改正において，保佐・補助と後見は，事理弁識能力に明確な区分があることを前提とした代理権の違いを理由として，死後事務についても明確な区別がなされました。現実は，保佐・補助と後見の事理弁識能力は民法が規定しているほど明確な違いや大きな差があるわけではありません。この点からも，死後事務についての明確な区別の理由とされた保佐・補助の規定の代理権の権限に関しては，成年後見制度の一元論の可能性も視野に置きながら，さらなる「根本的な改正」も必要となるように思われます。

　成年後見人の場合に適用される民法873条の2第3号は，「死体の火葬又は埋葬に関する契約」について，家庭裁判所の許可を得た上で火葬等に関する契約をすることができるとしたのみです。そして，原則は葬儀・納骨・永代供養についての許可は出ないとされています。しかし，詳細は解説3に記していますが，火葬に関する役務の提供等の契約に含まれる葬儀と，納骨・永代供養については，許可の出る余地があるようです。

　そして，家庭裁判所の許可を得たとしても，その費用を預貯金から引き出して支払う場合は，預貯金の引出しについての第4章の解説にあるように，別途，家庭裁判所の許可を得なければなりません。

　その上で，成年後見人Aが，Bの意向に沿った葬儀・納骨と，必要であれば永代供養ができるかという本事例について考えてみます。成年後見人が家庭裁判所の許可を得て行うことのできる葬儀・納骨・永代供養は，本事例のように成年後見人以外に行う人がいない場合に限られるのは当然のことですが，その内容においても簡易で少額であること，言い換えれば，宗教性も薄く費用も

109

低額でなければならないと考えます。Bの意向の内容がそうであれば，家庭裁判所の許可を得て，その意向を実現することが可能であると思われます。そうでなければ，民法873条の2第3号の許可を得ることは難しく，Bの意向を叶えることは難しいでしょう。

Bの望むような葬儀と納骨，場合によっては永代供養ができるためには，生前に葬儀社や菩提寺と連絡を取り，本人の死亡を始期とする葬儀契約や納骨・永代供養契約を結び，必要な費用を納めて，備えていれば，Bだけでなく成年後見人Aも安心できます。場合によっては，葬儀信託という方法や，成年後見人と第三者との間で死後事務委任契約を締結し，必要な費用の支払も終えておくという方法が取れます。いずれの方法でも，信頼できる相手と，公正証書での契約を締結するか，生前の契約であることを明確にするために書面に確定日付を取っておくなど，問題が生じないような方法を取らなければなりません。

葬儀・納骨や永代供養は，本来相続人が執り行うものです。本事例の場合は，相続人が葬儀を執り行い，その費用を立替え払いしたケースについての日景聡判事の論文が参考になります。論文では，東京家庭裁判所の後見センターでは，喪主となり相当額の葬儀費用を支払った相続人の一人から求められたとして，後見人から当該相続人への支払のための預貯金の払戻しの許可の申立てがなされたが，「相続財産の保存に必要な行為」とみることは困難というべきとして，「後見人はかかる場合，預貯金を相続人に引き継いだうえで，葬儀費用の清算について相続人間の協議に委ねれば足りるものと思われる。」としています[25]。

Q1について

　保佐人・補助人の場合は民法873条の2第3号は適用されません。成年後見で許可が出る程度の簡素で低額な葬儀を行うとすれば，預貯金管理の代理権がある場合は応急処分義務，ない場合は事務管理として執り行わざるを得ません。支払については，預貯金管理の代理権がない場合は，被保佐人等の預貯金からでなく，保佐人等自身が事務管理として立て替えるほかありません。

Q2について

　保佐人・補助人の場合は，成年後見人の場合と同様の生前の契約が考えられますが，その同意権・代理権の範囲で（場合によっては，家庭裁判所の権限の拡張の手続を経て），本人が契約することに同意を与えるか，自らが代理して契約をし，支払を済ませておくとよいでしょう。

Q3について

　保佐人・補助人の場合で預貯金管理の代理権のない場合は，葬儀費用を支払うことは，まずもって不可能ですが，預貯金管理の代理権のある場合も，成年後見人と同様です。預貯金を相続人に引き継ぎ，相続人間の協議に委ねることになります。

【注】

1）大塚竜郎「『成年後見の事務の円滑化を図るための民法及び家事事件手続法の一部を改正する法律』の逐条解説」家判7号82頁・5(1)。
2）大塚・前掲注1）82頁・5(1)。
3）大塚・前掲注1）82頁，83頁・5(2)。
4）大塚・前掲注1）83頁，84頁・5(6)。
5）大塚・前掲注1）80頁・1。
6）大塚・前掲注1）81頁・2(4)。
7）大塚・前掲注1）83頁・5(3)。
8）大塚・前掲注1）83頁・5(4)。

9) 法務省ホームページQ&AのA12（http://www.moj.go.jp/MINJI/minji07_00196.html）。

10) 日景聡「『成年後見の事務の円滑化を図るための民法及び家事事件手続法の一部を改正する法律』の施行から1年を経て」実践成年後見71号67頁・4(1)(A)。

11) 日景・前掲注10) 68頁・4(1)(C)。

12) 大塚・前掲注1) 83頁・5(4)。

13) 道垣内弘人『担保物権法（現代民法Ⅲ）』50頁（有斐閣，第3版，2008)。

14) 近年，北朝鮮から漂着した漁船内の遺体は，行旅死亡人として扱われているようですが，宗教者により弔われ，お寺が遺骨を預かっているようです。

15) 大塚・前掲注1) 87頁。

16) 日景・前掲注10) 67頁・4(1)(A)。

17) 大阪家庭裁判所家事第4部後見係「大阪家裁後見センターだより（第3回）」54～55頁（OBA Monthly Journal 2017.10)。

18) 日景・前掲注10) 67頁・4(1)(A)。

19) 第2編第4章「預貯金の払戻し」参照。

20) 日景・前掲注10) 68～69頁・4(2)(B)。

21) コラム6「葬儀費用等の保全と信託」参照。

22) 第4編第3章「死後事務委任」参照。

23) コラム12「被保佐人・被補助人との葬儀・永代供養を中心とした死後事務委任契約」参照。

24) 大塚竜郎「成年後見の事務の円滑化を図るための民法及び家事事件手続法の一部を改正する法律の逐条解説」民月71巻7号80頁・5(7)。

25) 日景・前掲注10) 69頁・4(2)(B)。

〔田尻　世津子〕

コラム5

被保佐人・被補助人の希望に添う葬儀，納骨のために

　約5年の間，私が保佐人をしていたRさんの葬儀が終わりました。Rさんは生前に私だけでなく介護や医療関係者に「私の葬式は絶対に○○宗（※ある新興宗教）でするように」と何度も言っておられました。唯一の（本人とはあまり付き合いのなかった）相続人から「私は参列できないが，本人の希望通り○○宗での葬儀を本人の財産から費用を出して行ってもらえないか」と依頼されたので，○○宗による葬儀を行うことができたのです。

　しかし，このような理解のある相続人がいなければ（相続人不存在の場合も含めて），保佐人という立場ではRさんの意に添う○○宗による葬儀はできませんでした。保佐人や補助人（以下「保佐人等」という。）がやむを得ず葬儀を執り行う場合には，本来処分権限のない相続財産から支出する点を考えると，できるだけ費用のかからない方法を選ぶべきだからです（第2編第3章6参照）。

　自分の葬儀（や納骨の方法）について，具体的な希望を表明できる被保佐人や被補助人（以下「被保佐人等」という。）で，その希望を可能にする財産を所持しているのに，本人の望む葬儀等ができない可能性が高い場合，本人の希望実現のため，保佐人等が生前に支援できることを考えてみました。

(1) 葬儀費用の信託

　被保佐人等が葬儀会社と葬儀予約契約をして，葬儀の内容や費用，喪主候補者を決めます。葬儀会社と提携している信託会社や信託銀行に葬儀費用を預け入れ，本人死亡による葬儀執行後，葬儀費用が支払われます。信託のシステムによって葬儀費用の支払先（受益者）は喪主（候補者）であったり葬儀会社に直接だったりします。保佐人等は契約時の支援をします。大手の葬儀会社で既に行われています。

(2) 死後事務委任契約の締結

　死後事務委任契約については第4編第3章の解説3〜4，6〜7で詳

第2編　円滑化法と実務の対応

しく解説されています。被保佐人等が委任者としてこの契約を締結する場合は，とりわけ解説4で述べられている「死後事務委任契約の締結についての真実性の担保」が問われることになります。

契約締結の真実性を担保するためには，委任者（被保佐人等）と受任者のみで契約をすることとはせず，契約は公正証書とし，公証人という法律専門職の第三者にも委任者の意思能力を確認してもらう形を取る必要があるでしょう。そして同様の観点から，保佐人等以外の第三者が受任者になることが望ましいと考えます。

被保佐人等が委任者になる場合だけでなく，死後事務委任契約は，死後事務にかかる費用と委任事務の報酬をどのように支払うかという課題を含んでいます。多くは契約の中で受任者に預託しておくことにされているようですが（預託の具体的な方法は様々です。），その点からも被保佐人等の死後事務委任を保佐人等が受任するのは好ましくないと思われます。

⑶　永代供養費用の先払い

本人が納骨を希望する寺や霊園等に，本人の生前に永代供養費を支払っておきます。契約の当事者は本人で，保佐人等はそのサポートをします1）。ただし，納骨に行くことができる親族がいない場合は保佐人等がその役割を担うことが前提です。

以上，保佐人等が生前に支援できることを検討しましたが，ただ，上記⑴⑵⑶のいずれも，多額の支払いとなるため，家庭裁判所との事前の協議が必要とされるでしょう。

判断能力の衰えから保佐人等が就くことになっても，自分の葬式や納骨についての具体的な希望を話される方は少なくありません。

私はこれまで大正から昭和一桁生まれの独身の女性たちの保佐人等に選任されることが多かったのですが，彼女らは，若い頃に戦争を経験し，いまより男女の賃金格差がひどかった昭和の時代を一人で働いて生きてきて，老後も少ない年金で過ごされていました。それでも「死んだ後も人様にご迷惑をおかけしないように」と，ある程度の貯金はしておられました。

114

法的には被保佐人等が希望する死後事務を実現させるために，保佐人
等が生前の被保佐人等を支援することまで求められているわけではあり
ません。ただ，そんな彼女たちの最後の希望をかなえるお手伝いが保佐
人等にできないものかと考えてしまうのです。

【注】

1）近時，墓の販売や納骨堂を運営する企業の破たんが全国でも数件
　　起こっており，被保佐人等の将来の葬儀や納骨先については十分に
　　検討し，慎重を期することが必要でしょう。

〔寺田　康子〕

コラム6

葬儀費用等の保全と信託

　被保佐人である本人から，自身が亡くなった後の葬儀や供養について
相談を受けることがあります。きっと，「保佐人は，死後の事務をして
くれる。」と期待しているのでしょう。しかし，保佐人は，応急処分義
務に基づいて，死後の事務を行う場合はあるものの，保佐人には民法
873条の2の規定は適用されないため，死後の事務を行う権限はありま
せん。

　本人から死後の事務について相談を受けた場合，あらかじめ葬儀会社
との間で葬儀の内容や費用を決めておくことのできる生前予約契約を紹
介することがあります。この生前予約契約では，事前に葬儀費用等を預
託することになりますが，ここで問題となるのが，葬儀会社に直接，預
託した場合における倒産リスクです。

115

第2編 円滑化法と実務の対応

つまり，万一，その葬儀会社が倒産してしまった場合，葬儀をしてもらうことができないだけではなく，預託した葬儀費用等が返金されないことになってしまうのです。この不安を解消するため，近年，信託制度によって預託金を管理するタイプの商品が登場しています。これは，葬儀費用等を信託銀行や信託会社が受託者となって管理し，契約者が死亡し葬儀が執行された後に，受託者から葬儀会社に対して葬儀費用等が支払われるものです。葬儀が執行される前に，万一，葬儀会社が倒産した場合は，受託者から契約者に対して返金される仕組みとなっています。また，受託者が倒産した場合であっても，預託した葬儀費用等は保全されます（信託の「倒産隔離機能」（信託23条，25条）が働きます。）。

さらに，商品の中には，第三者機関に，葬儀会社が契約者の希望どおりの葬儀を執行したかどうかをチェックさせる機能を持たせるものもあります。保佐人が，本人の葬儀会社との生前予約契約について同意権を行使する場合は，葬儀会社の倒産リスクを考慮し，預託金が保全される仕組みが整っているかどうかも確認しておくのがよいでしょう。

ところで，信託は，あらゆる場面における財産管理制度として活用されつつあります。例えば，任意後見制度を利用する本人の財産の一部を信託財産とし，信託銀行や信託会社が管理することによって，本人の財産保護と任意後見人の負担軽減を図る仕組みの商品などがあります。昨今では，親族が受託者となって財産を管理する仕組みの民事信託も注目されているところです。このように，信託制度は，成年後見制度を補完する役割も果たすものと言え，今後，更なる活用が期待されるでしょう。

〔岡根　昇〕

第4章 預貯金の払戻し

第4章

預貯金の払戻し

改正のポイント

📌 後見人は，被後見人が死亡した場合に，「相続財産に属する特定の財産の保存に必要な行為」（民873条の2第1号）や「相続財産に属する債務の弁済」（同条2号），「死体の火葬又は埋葬に関する契約の締結その他相続財産の保存に必要な行為」（同条3号）をする現金がない場合に，家庭裁判所の許可を得て，被後見人の預貯金の払戻しをすることができるようになりました。

ただし，保佐人や補助人には認められていません。

事　例

Bは在宅の一人暮らしです。Bは配偶者を亡くしており，子はいません。遠方に兄弟姉妹がいますが，高齢のため疎遠になっています。

Bの口座のある銀行は，Aが後見人の届出をすると，キャッシュカードの発行を認めませんでした。Bは預金口座のことをとても気にかけており，Aは預金残高や入出金状況をBに毎月報告していましたので，他行へ口座を変更することも難しい状況でした。事務を確実に処理するため，Aは，Bの水道光熱費，市県民税，ヘルパー利用料をBの預金口座から自動引落しにし，現金の必要なときは必要な額だけBの預金口座から払い戻して支払をしています。

ある日，B宅を訪問したヘルパーが，発熱して倒れているBを発見し

117

第2編　円滑化法と実務の対応

ました。Bは搬送先の病院で肺炎の診断を受け，入院することになりました。

　Bの入院生活はしばらく続きましたが，順調に回復し，そろそろ退院できるかと思った矢先，病院からAに「Bの容体が急変した」という電話が入りました。Aはまさかと思いながら病院に駆けつけましたが，Bは既に亡くなっていました。

　病院はAに対して入院費用と死亡診断書料を請求しています。しかし，Aの手元にはBの現金（預り金）が全くありません。

　後見人は被後見人の死亡後に，被後見人の入院費用や死亡診断書料等の支払をするためや，成年後見人報酬を受領するために，被後見人の口座から預貯金の払戻しを受けることができるでしょうか。

　被後見人の口座から水道光熱費等が自動引落しになっている場合，被後見人の死亡後，後見人には自動引落しを止める義務があるでしょうか。

解　説

1　円滑化法の制定

(1)　円滑化法の制定による変化

　平成28年10月13日に円滑化法が施行され，被後見人の死亡後の成年後見人の権限が明らかにされました（民873の2）。これによると，後見人は，被後見人が死亡した場合に，①必要があるとき，②被後見人の相続人の意思に反することが明らかなときを除き，③相続人が相続財産を管理することができるに至るまで，「相続財産に属する特定の財産の保存に必要な行為」（1号），

「相続財産に属する債務（弁済期が到来しているものに限る。）の弁済」（2号），「その死体の火葬又は埋葬に関する契約の締結その他相続財産の保存に必要な行為（前二号に掲げる行為を除く。）」（3号）をすることができるとされました。ただし，3号の「その死体の火葬又は埋葬に関する契約の締結その他相続財産の保存に必要な行為（前二号に掲げる行為を除く。）」については家庭裁判所の許可を得なければなりません。

　3つの要件はありますが，後見人は，被後見人の現金を保管していれば（以下，「手元現金」という。），被後見人の死亡後に被後見人の入院費用の支払ができるとされました[1]。手元現金がない場合[2]は，被後見人名義の口座からの預貯金の払戻しは，この3号の「その他相続財産の保存に必要な行為」に含まれるとされていますので，家庭裁判所の許可を得て払い戻すことができます。ただし，本条に基づいて死後事務を行うことができるのは後見人のみであることに注意が必要です。保佐人，補助人は，本条に基づく死後事務を行うことはできません。

　それでは，もう少し詳しく見ていきたいと思います。

(2)　預貯金の払戻し

　後見人は，被後見人の死亡後に家庭裁判所の許可を得て，被後見人名義の預貯金口座から払い戻すことができます（3号）。

ア　預貯金の払戻しの許可の要件

　　預貯金の払戻しの許可を家庭裁判所に申し立てるには，「必要があるとき」「成年被後見人の相続人の意思に反することが明らかなときを除き」「相続人が相続財産を管理することができるに至るまで」の3つの要件（民873条の2柱書）をクリアしなければなりません。

(ア)　必要があるとき

　　「必要があるとき」の例として，「入院費等の支払を請求されているが，成年被後見人の相続人の連絡先が不明である等の事情により，成年後見人が支払をしないと，相当期間債務の支払がされないこととなる場合」が挙げられています[3]。

第2編　円滑化法と実務の対応

(イ)　成年被後見人の相続人の意思に反することが明らかなとき

　　「成年被後見人の相続人の意思に反することが明らかなとき」とは，後見人が本条各号の事務を行うことにつき，被後見人の相続人の一人でも明確に反対の意思表示をしている場合を言います。これに対して，相続人がいない場合や相続人がいるかどうか分からない場合，あるいは，相続人はいるが所在不明や連絡が取れない場合は，「成年被後見人の相続人の意思に反することが明らかなとき」には当たりません4)。

　　なお，家庭裁判所の許可が必要とされる3号の行為について，家庭裁判所は審判をするにあたり，被後見人の相続人の陳述を聴くこととはされていません（家事120条）5)。

(ウ)　相続人が相続財産を管理することができるに至るまで

　　「相続人が相続財産を管理することができるに至るまで」とは，「相続人に相続財産を実際に引き渡す時点まで」とされています。ただし，後見人が相続財産を引き渡すことができる状況にあって，かつ，相続人がいつでも相続財産の引継ぎを受けることができる状態になった場合には，「相続人が相続財産を管理することができる」状態に至ったものとされますので，後見人が相続人に相続財産を実際に引き渡すまでいつまでも死後事務を行えるわけではありません6)。

イ　預貯金の払戻しの許可の対象

　　後見人は，被後見人の死亡後に，「相続財産に属する特定の財産の保存に必要な行為」（1号）や「相続財産に属する債務の弁済」（2号），家庭裁判所の許可を得て「死体の火葬又は埋葬に関する契約の締結その他相続財産の保存に必要な行為」（3号）を行うにつき，必要な費用の支払や債務の弁済に充てる手元現金がない場合に，家庭裁判所に預貯金の払戻しの許可を求めることになります。

　　後見人の報酬を精算するための預貯金の払戻しについては，大阪家庭裁判所では，一般的には，「相続財産の保存に必要な行為」とは認められにくく，現段階で報酬を確保しないと相続財産が総額として減少するおそれがあるという事情が認められる場合には，許可の対象となる可能

性があるとしています7)8)。

2 円滑化法により，後見人の悩みは解決したのか

⑴ 解決した問題

　被後見人の死亡によって後見人の権限はなくなり，被後見人の財産は相続財産として相続人に承継されます。しかし，第三者である専門職後見人が選任されるケースでは，被後見人に身寄りがない場合や，身寄りがいたとしても疎遠で関わりを拒否している場合，相続人間で争いがあり協力を得られないといった場合が多々あります。そこで，相続人が対応しない，対応できない等の理由で，被後見人が亡くなってすぐ，入院費用等の請求が後見人に対してなされ，後見人としては，被後見人の生前は支払を行ってきたのに「本人の死亡により後見が終了しましたので，お支払はできません。」とは，なかなか言えず，対応に苦慮してきました。その上，専門職後見人は何人もの方の後見人を兼任していることが多くあり，被後見人の1人について入院費用や施設利用料の支払を断ると，今後，別の被後見人の入院や入所をお願いする際に支障があるのではという心配もありました。

　また，後見人は，後見事務の省力化及び支払忘れの防止のために，水道光熱費や電話代，税金，施設利用料等を被後見人の口座から自動引落としにしている場合が多いと思います。日常的には手元に現金のない状態で後見事務を遂行している後見人も多く，被後見人が急死して手元現金がない場合，前述したような支出に充てるために預貯金から払戻しを受けることはできるのかが問題でした。

　円滑化法により，後見人の場合は，①必要があるとき，②被後見人の相続人の意思に反することが明らかなときを除き，③相続人が相続財産を管理することができるに至るまで，という要件はありますが，「相続財産に属する債務の弁済」（2号）にあたる入院費用や施設利用料等については，手元現金があれば支払が可能です。手元現金がない場合は，家庭裁判所の許可を得て預貯金の払戻しが可能となりました。

　しかしながら，円滑化法に基づく死後事務を行う権限は，後見人のみに限

第 2 編　円滑化法と実務の対応

られ，保佐人及び補助人の場合には与えられていません。被保佐人及び被補助人の死亡の際も同様の問題は生じますので，代理権の範囲で死後事務が認められてもよいのではないでしょうか。

⑵　**残された課題**

　ア　**手元現金の管理**

　　民法873条の2が新設されたことにより，相続財産に属する特定の財産についての保存行為，弁済期が到来した債務の弁済，火葬又は埋葬に関する契約の締結など一定の範囲の死後事務について，後見人が行うことができることが明らかになりました。

　　ただ，例えば，相続財産に属する特定の財産についての保存行為とされる「雨漏りを修繕する行為」を工事業者に依頼すれば費用が発生し，支払うためには資金が必要です。手元現金があれば，その支払にあてることができますが，手元現金がなければ被後見人の口座から預貯金の払戻しを受けるために家庭裁判所の許可を求めることになります。通常，契約を締結すると費用の支払が発生しますから，契約の締結と支払（預貯金の払戻し）を分けることに筆者は疑問を覚えます。

　　実務上，後見人は，被後見人の健康状態が悪くなり亡くなるかもしれないと思うと，被後見人の預貯金口座から死後事務に必要と思われる金額を払い戻して手元現金として死後事務に備えることになります。

　　そこで，後見人が手元現金を管理する場合，現金を金庫に保管するか，預り金口座に入金して管理することになります。現金の場合は，どうしても盗難や紛失の心配があります。それゆえ，被後見人の健康状態が悪くなると，預貯金口座から払戻しを受け，回復されると預貯金口座へ入金するといったことを繰り返すことになるかもしれません。そもそも被後見人が急死した場合は，預貯金を払い戻すこともできません。

　　預り金口座を設けて，そこで管理する場合はどうでしょうか。

　イ　**預り金口座**

　　被後見人の預貯金口座から払戻しを受けた金銭を，後見人が預り金口座を開設して預け入れた場合，この預貯金は誰に帰属するのでしょうか。

第4章　預貯金の払戻し

　預貯金の資金を出した者が，自分の名義を用い自分で預入手続を行う場合には，誰が預金者であるかという問題は通常発生しません。しかし，他人の名義を用いたり，他人に預入手続を行わせたりした場合には，預金者が誰であるかについて争いの生じることがあります。この判定基準が，預金者の認定の問題です。

　預金者を認定する基準については，従来，客観説・主観説・折衷説の学説が対立するとされてきました。預貯金口座の名義人と預貯金のための金銭を拠出した者（出捐者）が異なるとき，客観説は実質的に金銭を拠出した者を預金者であるとし，主観説は預入行為者が預金者であると考えます。折衷説は，原則としては客観説によりますが，例外的に預入行為者が明示又は黙示の意思表示をもって自分が預金者であることを表示したときは，預入行為者を預金者と考えます[9]。

　判例は一貫して客観説の立場をとってきましたが，いずれも定期預金の帰属についての判断でした。ところが最近になって最高裁は，普通預金について，必ずしも客観説の立場によることなく，預金口座の開設者，名義，通帳・印鑑の保管等の視点から，預金の帰属を判断した判決を出しています[10]。

　最高裁は，法人の債務整理事務を受任した弁護士が自己名義の普通預金口座を開設し，委任者から預かった金銭をその口座に入金し，預金通帳及び届出印を管理し入出金を行っていたところ，国が，当該法人に対する消費税の滞納処分のため，当該預金を差し押さえたという事案について，当該金銭が民法649条の前払費用に該当することを前提としつつ，金銭の帰属，口座名義，口座管理の状況を考慮して，預金契約を締結した弁護士に帰属するとしました[11][12]。

　この判決の補足意見で述べられているように，預金債権が弁護士に帰属するとしても弁護士の固有財産ではないという考え方も採り得ます[13]。しかし，弁護士に対して債権を有する債権者から，弁護士の預り金口座に差押えがなされると，金融機関が差押えを有効なものとして取り扱う可能性もあります。同様に，後見人が後見事務を行うために自

123

第2編　円滑化法と実務の対応

己名義の普通預金口座を開設し，被後見人の財産から預かった金銭をその口座に入金した場合，預金債権が後見人に帰属するとされ，後見人に対して債権を有する債権者からの差押えがなされる心配があります。「後見人A預り金口」といった名義の預金で保管すれば，預金債権が後見人に帰属するとされても後見人の固有財産ではないとして後見人に対する債権を有する債権者からの差押えを免れることができるのかどうか，注意が必要です。

日本司法書士会連合会でも，「司法書士は，依頼者から又は依頼者のために預り金を受領したときは，自己の金員と区別して管理しなければならない。」と定めています（司法書士倫理32条）。

また，日本弁護士連合会では，職務に関する預り金を保管するため，金融機関で預り金専用口座を開設し，その際，預り金専用口座であることを明示する語を含む口座名義を用いることを義務付けているそうです[14]。

後見人が後見事務を行う場合にも，少なくとも「後見人A預り金口」，「B後見人A預り金口」といった口座の開設が可能であることが重要です。筆者の経験では，預り金口座の開設に苦労することが多く，金融機関の対応が望まれます。

ウ　被後見人の死亡を知った後の金融機関の取扱い

預貯金は預金者の金融機関に対する金銭債権です。従来は，可分債権については，被相続人の死亡と同時に相続分に応じて法律上当然に分割され，各相続人の分割債権となるというのが，判例の考え方でしたが，最高裁は，この従来の判例の考え方を変更し，「相続開始と同時に当然に相続分に応じて分割されることはなく，遺産分割の対象となるものと解するのが相当である。」としました[15]。

預金者が死亡したことを知った場合の金融機関の取扱いは，従来と変わりなく，金融機関の不注意による預貯金の払戻しを防ぐためにコンピュータに預金者死亡の登録を行い，取引店だけでなく全店での支払停止の措置をとるようです[16]。被後見人の死亡後，被後見人の預貯金口座は相続人に承継されますから，払戻しを受けることができるのは相

続人ですし，各種手続も相続人が行うことになります。しかし，相続人がいない場合や相続人が関わりを拒否している場合には，後見人が支払の対応を迫られます。

被後見人の死亡により被後見人の預貯金口座が凍結され，後見人が必要な手元現金を保管していない場合，債務を弁済するには家庭裁判所の許可を得て預貯金の払戻しを受ける必要があります。

エ　キャッシュカード

前述したように，金融機関は，預金者である被後見人が死亡したことを知った場合，コンピュータに預金者死亡の登録を行い，取引店だけでなく全店での支払停止の措置をとるようです。ただ，人口の少ない地域や有名人であれば，金融機関が預金者の死亡を知ることができるかもしれませんが，そうでなければ，相続人が金融機関に預金者死亡を伝えなければ，金融機関は知ることができません。そうするとキャッシュカードが発行されている[17][18]と，事実上，払戻しが継続でき，手元現金があるのと同じ状況になります。手元現金からの支出でも預貯金口座からの払戻しを経た支出であっても相続財産が減少する行為であるのは同じであり，預貯金の払戻しを家庭裁判所の許可を必要とする意味はあるのでしょうか。

3 口座振替（自動引落し）

専門職が後見人になっている場合，本事例のようにできる限り自動引落しを利用して後見事務を行い，現金を保管することは控えていると思われます。

口座振替は，預金者がある債務の支払をする際に，払戻しを受けた金銭を自分で支払先の口座に振り込むという手続を省略できる仕組みで，実質的には預貯金の払戻しにあたります。

口座振替契約では，必ずしも預金者が債務者ではない場合があります。例えば，親の預金口座から，子の携帯電話代，インターネット接続料金，保険料などを口座振替にしている場合です。預金者の死亡後も口座振替を継続すると，相続債務だけではなく，被相続人（預金者）以外の者の債務まで支払

125

第2編　円滑化法と実務の対応

われる危険性を伴います[19]。そこで，金融機関は，預金者の死亡を知ると，原則として口座振替も停止し，口座振替の継続が必要な場合には，相続人と新たに口座振替契約を結び直しています[20]。

　それでは，被後見人の口座からの口座振替が被後見人の水道光熱費や施設利用料・ヘルパー利用料だけの場合，金融機関に対して被後見人の死亡を知らせる必要があるのでしょうか。被後見人の生前の施設利用料やヘルパー利用料が口座振替になっている場合，金融機関に被後見人の死亡を通知して口座が凍結されると，口座振替がされなかった債務の請求が後見人にされることになり，死後事務として民法873条の2第2号に基づき，後見人が支払うことになります。前述したとおり金融機関は被後見人の死亡を知ると預貯金口座を凍結し，預貯金口座への振込も口座振替もできなくなりますので，実務上，被後見人の死亡を金融機関に知らせるかどうか悩むところです[21]。

　円滑化法により，後見人の場合は，被後見人の入院費用や死亡診断書料，ヘルパー利用料等の支払をするために家庭裁判所の許可を得て預貯金の払戻しを受けることが可能です（民873条の2）。成年後見人の報酬を受領するための預貯金の払戻しの許可については，一般的には，「相続財産の保存に必要な行為」と認められにくく，相続人からの円滑な支払が期待できないような事情が必要です。また，相続人の意思に反することが明らかな場合（民873条の2）もあり得ます。実務上は，被後見人の死亡前に預貯金の払戻しを受け，現金を金庫に保管しておくか，預り金口座を別に開設して保管しておくことになると思われます。

　相続人がいる場合には，口座振替がある旨を相続人に知らせ，相続人の判断に委ねるべきだと考えます。相続人がいない場合や連絡が取れない場合には，前述したように，口座振替が公共料金の引落しや税金，施設利用料等，被後見人の生活に密着した債務だけであり，被後見人の死亡後，短期間である場合は，実務上，

死後事務として口座振替が継続されるのを黙認せざるを得ない場合があります。

　なお，被後見人の口座から，第三者の債務を弁済している場合，例えば，配偶者の介護サービス利用料が引き落とされている場合などには，金融機関への通知が必要になると筆者は考えます。また，被後見人が債務超過になっている場合も，同様に通知が必要になると考えています。これは，引落しを止める必要性があるとの判断に基づくものであり，応急処分義務として位置づけられるものと筆者は考えます。

【注】

1）大塚竜郎「『成年後見の事務の円滑化を図るための民法及び家事事件手続法の一部を改正する法律』の逐条解説」家判7号82頁では，民法873条の2第2号の具体例として，「成年被後見人が入院していた際の医療費や，成年被後見人が住んでいた居室の賃料等の支払が考えられる。」としています。

2）大塚・前掲注1）82頁では，「なお，本号に基づき債務の弁済をする場合であっても，弁済資金を捻出するために預貯金口座から払戻しを受ける行為は，本条3号に該当し，家庭裁判所の許可が必要であることに注意を要する。」としています。

3）大塚・前掲注1）81頁。

4）大塚・前掲注1）81頁。

5）大塚・前掲注1）81頁。

6）大塚・前掲注1）81頁。

7）大阪家庭裁判所家事第4部後見係「大阪家裁後見センターだより（第3回）」55頁（OBA Monthly Journal 2017.10）。

8）日景聡「『成年後見の事務の円滑化を図るための民法及び家事事件手続法の一部を改正する法律』の施行から1年を経て」実践成年後見71号67〜70頁，東京家裁では，後見人の報酬の精算の場合にも「相続財産の保存に必要な行為」とみることができる場合があると解していますが，「一方で後見人と相続人の関係に問題はなく，しかも相続人はいずれも近隣にいるとか比較的若年であるというような事案では，報酬払戻しの方法によらずとも，預貯金を引

き継いだ相続人から報酬が見込まれる以上，報酬払戻しを『相続財産の保存に必要な行為』とみることは困難であると思われる。」としています。

9）加毛明「預金債権の帰属」中田裕康＝潮見佳男＝道垣内弘人編『民法判例百選Ⅱ　債権』別冊ジュリ196号144頁（有斐閣，第6版，2009）。

10）最判平成15年2月21日民集57巻2号95頁，最判平成15年6月12日民集57巻6号563頁参照。

11）最判平成15年6月12日民集57巻6号563頁参照。

12）遠藤俊英ほか監修『金融機関の法務対策5000講　Ⅰ巻』1247頁，1248頁（きんざい，2018）。

13）前掲注11）深澤武久裁判官，島田仁郎裁判官の補足意見として「（省略）信託法の規定する信託契約の締結と解する余地もあるものと思われるし，場合によっては，委任と信託の混合契約の締結と解することもできる。」とあります。

14）日本弁護士連合会平成28年11月29日付「弁護士が預り金専用口座を開設する際の口座名義について（要請）」。

15）最決平成28年12月19日民集70巻8号2121頁。

16）遠藤ほか・前掲注12）1480頁。

17）遠藤ほか・前掲注12）1332頁。金融実務ではキャッシュカードの発行を認めていない金融機関も少なくありません。

18）公益社団法人成年後見センター・リーガルサポートが平成23年6月に行った「成年後見制度に関する届出」及び「成年後見人等が行う金融機関取引」等に関する改善についてのアンケート調査の結果では，キャッシュカードの発行を認めていない金融機関158，認めている金融機関105です。　https://www.legal-support.or.jp/akamon_regal_support/static/page/main/newstopics/03-kinyukikan-anke-shukei.pdf

19）これ以外の債務がある場合は第2編第6章「住宅ローンの支払」を参照。

20）遠藤ほか・前掲注12）1512〜1514頁。

21）被後見人の死亡後，相続人が相続手続を行う際に，証券会社から元後見人（筆者）に対し「成年後見制度に関する届出書（廃止）」の提出を求められたことがあります。

〔安井　祐子〕

第5章　居住空間の明渡し

第5章

居住空間の明渡し

改正のポイント

🔩　円滑化法により，被後見人の死亡後（被保佐人，被補助人は含まない。）に，必要があるときは，成年被後見人の相続人の意思に反することが明らかなときを除き，相続人が相続財産を管理することができるに至るまで（民873条の2柱書），後見人は居住空間の明渡しに関して，下記のとおりの死後事務を行うことができます。

　(1)　借家居室の賃料・施設料等の支払（民873条の2第2号）

　(2)　借家居室の被後見人死後の賃料等（同条1号）

　(3)　後見人が管理していた被後見人所有に係る動産についての寄託契約の締結・無価値動産の廃棄（同条3号）

　(4)　居室に関する電気・ガス・水道等の供給契約等の解除（同条3号）

事　　例

　被後見人Bは借家（賃貸アパート）に一人で暮らしています。Bは認知症が進行し，たびたび家賃の支払を忘れていたため，Aが後見人に就任しています。このアパートの家主Cは，今後，家賃支払をきちんと管理してもらえると喜んでいました。またAも，Bが長年住んできた家に住み続けることは生活の安定のために適していると考え，家主Cを安心させるよう，Bのために，家賃支払を継続すると，約束していました。

　Aは，後見人に就任した当初の資料によって，Bに妻子はなく，親族

129

として甥Dと姪Eがいることを把握していました。AからD及びEに連絡したところ、DはBが亡くなった場合でも、自分は葬儀に出席しないし、その後の手続にも関与したくないと、拒否されました。また、Eは所在不明となっているため、連絡が取れませんでした。

しばらくすると、Bは体調を崩しました。Aはケアマネジャーと相談し、治療面から、Bは近くの老人介護保健施設（いわゆる老健）へ入所することになりました。入所契約の締結や手続は、Aが行いました。

入所後、Bは、食事の際の飲み込みが難しくなり、体力も落ち、断続的に高熱も続いて、容態が安定しません。施設の医師は、一時的に病院で対応することが望ましいと判断し、Bは近くの病院に入院することになりました。Bの入院手続はAが行いました。

この頃からAは、Bの容態が落ち着き次第、在宅ではなく施設での暮らしについて検討を始めていました。そうした矢先、Bの容態が急変し亡くなりました。

Bの借家には、一人暮らし相応の家財道具や私物等、入院先の病院や老健には、Bの衣類、生活用品等が残っています。病院や老健はAに対して、これら残置物の引取りを要請しています。また、アパートの家主Cも、Aに対して、「Bが亡くなったのであれば、他の人に貸したいので明け渡してもらいたい。明渡しが完了するまでは、Aを信用していたのだから、家賃を継続して支払ってほしい」と、要求しています。

被後見人死亡後、後見人は被後見人の借家の家賃の支払を継続すべきでしょうか。賃貸人が賃貸借契約の解除を求めている場合に、後見人は対応することになるのでしょうか。

被後見人死亡後、後見人は、被後見人の借家に残っている家財道具や私物などを撤去又は処分しなくてはいけませんか。また、被後見人の居室に関する電気・ガス・水道等の契約について、

第5章　居住空間の明渡し

後見人から解除することはできるでしょうか。

 被後見人死亡後，施設や病院が後見人に対して，残置物の引取り及び部屋の明渡しを要求した場合，後見人は，それに応じて，残置物の引取りと，退所手続や入院契約の解除をしなければいけないのでしょうか。

解　説

1　居住空間の明渡しと死後事務の可能性を認めた「円滑化法」

　被後見人が死亡すると，今まで居住していた空間（場所，部屋）は，その人のためには必要なくなります。居住空間の明渡しのうち，住居に残っているものは家財道具等，施設や病院に残っているものは衣類等がほとんどであり，このような数点の動産は，高価な動産でないため保管場所や保管方法を検討できれば，それほど難しく考えることもないのかもしれません。

　しかし，借地権や借家権は財産的価値があり，慎重な対応が必要となると考えられます。被後見人の財産はその死亡によって相続人に承継されますので，相続人が，その財産を承継するか放棄するかを判断します。借地権や借家権は相続人に帰属し，相続人が賃貸借契約を継続するか解除するかの判断をすることになります。被後見人がその相続人と良好な関係にあれば，相続人が対応してくれるのですが，相続人は存在するものの関与を拒絶する場合，あるいは所在が不明である場合等，本来対応し判断すべき者が存在しないか，その判断をしない場合には，後見人がその対応を迫られます。

　円滑化法以前の後見人は，被後見人が亡くなった途端，権限がないから関与しないという立場をとることも考えられました。しかし，そうすると，賃貸人や，病院・施設などの関係者としては，相続人がいても協力が得られないこと，相続人の所在確認に時間を要すること，相続人がいないことなどが想定される場合に，入所契約の段階で後見人がついていたとしても，被後見

第2編　円滑化法と実務の対応

人を受け入れることを躊躇する可能性がありました。

　一方，周囲の期待に沿う形で後見人が事務をし続ける立場をとると，後見人は，果たして自分自身が適正な行為をしているかどうか，応急処分義務や事務管理の範囲としてみてもいいのか，という悩みを抱えていましたし，相続人等への財産引継ぎにおいて相続人間に争いがあるときや非協力的など問題があるときには，特に悩ましい問題として残っていました。

　つまり，後見人が相続人を兼ねている場合や，相続人への引継ぎ連絡が容易である場合では考えることのない問題が，第三者が後見人についている本事例のように，被後見人死亡後すぐに相続人に判断を委ねることが難しい場合などに生じていました。

　本章では，被後見人の居住空間の明渡しの際に「せざるを得ない」「悩みながらする」という懸念に対して，死後事務を行う可能性を認めた円滑化法の施行により，上記のような懸念の中には解決したものもあると思われますので，解決されたことを各項目の冒頭に明示します。

　被後見人の死亡時の居住形態のうち，まず相続人に承継する財産的価値がある居住形態の場合について検討し（後述2），次に入院契約や入所契約など契約に基づく居住形態の場合を検討します（後述3）。

2 持ち家，借家権，借地権の場合

　円滑化法の立法担当者の解説によると，相続財産に属する債務（弁済期が到来しているものに限る。）の支払（民873条の2第2号）は，成年後見人が，被後見人（被保佐人，被補助人は含まない。）の死亡後であっても，必要があるときは，被後見人の相続人の意思に反することが明らかなときを除き，相続人が相続財産を管理することができるに至るまで行うことができる旨規定しています。具体例として，「成年被後見人が住んでいた居室の賃貸料の支払等」が掲げられています[1]。

　これらの費用の支払は債務を消滅させ，遅延損害金の発生の防止につながるものであり，相続人の管理処分権を害するおそれは少ないと考えられたことから，弁済期が到来したものである限りは，家庭裁判所の許可を得ずとも

132

成年後見人によって弁済できるものとされました。

　もっとも，相続債務の存否について疑義がある場合には，基本的には本号に基づく弁済はすべきではない[2]との点について留意しなければいけませんが，「成年被後見人が住んでいた居室の（生前中の）賃料等の支払」については，死後事務として行うことができるものとして，解決されました。

　また，居住空間の明渡しに関連して，後見人（被保佐人，被補助人は含まない。）の死後事務の一例に，その他相続財産の保存に必要な行為（同条3号）につき，裁判所の許可を得ることによりに認められる事項として，「成年後見人が管理していた成年被後見人の所有に係る動産その他の物の寄託契約の締結」と「成年被後見人の居室に係る電気・ガス・水道等の供給契約の解約」[3]が掲げられていますので，本項(2)で後述します。

　さらに相続人に相続財産を引き継ぐまでの管理業務として「成年被後見人が住んでいた居室の被後見人死後に発生した賃料等」を支払い続けることができるのか，あるいは「成年被後見人が住んでいた居室に関する契約の解除」ができるのか，については，以下の項目にて検討します。

(1)　持ち家と借家の引渡し

　持ち家（不動産）の所有権は相続人に承継されています。大阪家庭裁判所より示された実務指針によると，後見人等は本人死亡から2か月以内（伸長可）にその管理の計算を行い（民870条），知れたる相続人に対し，「管理計算報告書並びに，相続財産（現金・動産）及びその徴表書類（各種証書・建物の鍵）を引渡す準備ができた」旨の通知をして受領を催告し，催告を受けた相続人が指定された日時に相続財産及び徴表書類を受領しようと思えばできる程度に引渡しの準備（民493条）を行うことにより，当該家屋の存在を知らせることになります[4]。

　借家や借地についても，借り続ける権利そのものに財産的価値があり，相続人に承継され，相続人が賃借人となります。相続人が，後見人から通知及び受領催告を受けたのち，この借家（借地）をどうするかを決めることになります。賃貸人から解約を迫られたり，家賃（地代）の支払を求められたりする可能性がありますが，相続人が既に居住空間の明渡しについて対応する

第2編　円滑化法と実務の対応

ことが可能な状況であれば，既に死後事務を行う必要はなく，相続人への引継ぎの問題と捉えることになります。

ここで，相続人への引継ぎの問題とすると，後見人が相続人に相続財産を引き継ぐまでの期間において問題となる事柄として，通常は家賃（地代）を滞納すると，賃貸借契約が解除され得る点，滞納期間の家賃（地代）相当額の損害が発生し続ける点が考えられます。

① **相続人が存在する場合（共同相続人のうちの1名に通知する場合）**

前掲の大阪家庭裁判所の実務指針によると，後見人の管理報告義務は「なす債務」として性質上不可分の債務とし，相続人が複数ある場合，後見人は相続人の1人に対して管理計算の報告をすれば足りる（民428条）[5]としています。

通知した相続人が協力的でないときには，他の共同相続人に連絡を取り，対応してもらわなければなりません。協力する相続人を探すため，戸籍謄本等の取り集め等が必要になり，時間がかかることもあります。ここで，後見人が相続人調査をしている期間の家賃（地代）について，契約の解除を免れる限度での支払はできるのかどうか，できるとすると，どのような権限で支払うことが可能であるのかを確認します。

円滑化法により，被後見人の死亡後（被保佐人，被補助人は含まない。）に，必要があるときは，成年被後見人の相続人の意思に反することが明らかなときを除き，相続人が相続財産を管理することができるに至るまで（民873条の2柱書），後見人は死後事務を行うことができるとされていますので，被後見人死亡後，遺産分割までに発生した家賃（地代），つまり「成年被後見人が住んでいた居室の被後見人死後に発生した賃料等」は，相続財産に関する費用（民885条）との位置づけで，家庭裁判所の許可を要しない「相続財産に属する特定の財産の保存に必要な行為」（民873条の2第1号）として家賃の支払を行うことができます[6]。

ただし，後見人が相続人調査をしている期間といっても，被後見人の死亡から2か月が経過した以降に死後事務を行うことは基本的には想定されていないものと解されるとの指摘もあることから，無制限にではなく，比

較的短期間でかつ限定された期間の支払いとなるでしょう[7]）。

② 相続人間の対立が激しく引継者が定まらない場合や，相続人が引継ぎを拒否する場合

前掲の大阪家庭裁判所の実務指針によると，相続人間の対立が激しく，だれが引継ぎを受けるかのかも定まらない場合や，相続人が後見人等の財産管理に不信感を抱いており，引継ぎを受けると後見人等の財産管理を追認することになるなど引継ぎを拒否する場合のように，「紛争性が極めて高い類型」であり，かつ相続財産中に借地権又は住宅ローン付き住宅があり，これらの財産を維持するためには，今後も継続的な弁済が必要になるが，相続人間の対立が激しいため，今後も相当長期にわたり相続人全員による預金の解約や払い戻しが期待できないなど「選任の必要性が認められる場合」に民法918条2項の相続財産管理人選任の検討が考えられるとしています[8]）。

ここでは死後事務の問題ではなく，引継ぎ困難な場合の対応方法に関することになります。

この点，前掲の大阪家庭裁判所の実務指針によると，知れたる相続人が管理計算報告・引継ぎについて受領拒否し，「紛争性が極めて高い類型」でかつ「選任の必要性が認められる場合」には，後見人等は，対立する相続人双方に対し，一定の期限を定めた上で，引継ぎに応じるか，あるいは，遺産分割調停及び審判前の保全処分としての財産管理者の選任（家事200条1項）をするか求めます。期限が経過したにもかかわらず，相続人が引継ぎにも調停申立てにも応じない場合，後見人等は，後見センターに民法918条2項の相続財産管理人選任の申立てをし，相続財産管理人が選任された後，同管理人に管理計算報告書類と相続財産を引き渡し，後見センターに対し，死後事務終了時までの報酬請求と終了報告をすることになるとしています[9]）。

問題となるのは，このような相続財産管理人選任の必要性を検討する期間においては，死後事務の要件の1つである「被後見人の相続人の意思に反することが明らかなときを除き」に抵触する可能性があります。弁済期

第2編　円滑化法と実務の対応

未到来の家賃（地代）や住宅ローン等の債務の支払を継続したいという相続人に対して，引継ぎ若しくは遺産分割調停及び審判前の保全処分としての財産管理者の選任を求めることになるため，「相続財産に属する特定の財産の保存に必要な行為」（民873条の2第1号）として，家賃（地代）の支払を継続することができるかは，疑義があると筆者は考えます。この場合，支払を継続するには，死後事務としてではなく，応急処分義務の要件を満たして行うことになるでしょう。

③　**承継する者が容易に見当たらない場合，相続人がいても実際に対応することが困難又は長期間を要すると考えられる場合**

　前掲の大阪家庭裁判所の実務指針によると，賃借権を相続等により承継する者が見当たらない場合や，相続人がいても実際に対応することが困難又は長期間を要すると考えられる場合においては，「遺産分割の長期化が予測されるような場合に，分割成立まで元後見人の立場で被相続人名義の口座から弁済期未到来の債務を支払い続けることは民法873条の2の趣旨を超えており，この場合は民法918条2項の相続財産管理人選任の必要があるといえる。とはいえ，地代やローンの月額が僅少で，相続財産管理人の報酬のほうが高額になる場合にまで選任の必要性を認めることは難しい。」としています10)。

　したがって，「成年被後見人が住んでいた居室の被後見人死後に発生した賃料等」を死後事務として支払い続けることができるのか，という点については，相続人が相続財産を管理することができるに至るまで，死後事務又は応急処分義務として支払うことは可能ですが，相続人に引き継ぐまでに長期間かかる場合には，民法918条2項の相続財産管理人を選任した上で行うことが適当であることになります。

　ただし，この相続財産管理人選任の必要性を認めることが難しいとされる場合にまで，後見人であった者が，家賃（地代）の支払を何ら期間の制限なく継続することは，死後事務としての民法873条の2の趣旨を超えており，支払を継続することは難しいと考えます。その結果，契約を放置することにより支払が発生し続けることは，相続財産の総額が減少すること

136

第5章　居住空間の明渡し

になり，これを防ぐ行為は，全体としての「相続財産の保存に必要な行為」にあたり得る（民873条の2第3号）ことから，後見人であった者は成年被後見人の相続人の意思に反することが明らかなときを除き，死後事務として，家庭裁判所の許可を得た上で，「成年被後見人が住んでいた居室に関する契約の解除」[11]ができるのではないか，と考えます。

④　相続人がいない場合

相続人がいない場合は，相続財産管理人（民952条）の選任手続の必要性を検討します[12]。相続人が不存在の場合には賃貸借契約を存続させるか，解除するかの判断は，本人死亡後の後見人ではなすことができず，相続財産管理人の権限の範囲内の行為とされていることからみても妥当と考えます[13]。

ただし，前掲の大阪家庭裁判所の実務指針によると，管理財産が少額の事案について，「民法952条の相続財産管理人選任の要件を満たしている可能性はあるものの，本人の管理財産（相続財産）中，預貯金・現金等の流動資産があまりに少額であるため，相続財産管理費用が見込めない場合が多くあったと思われます。しかし，そのような場合にまで，全ての相続人を調査した上で民法952条の相続財産管理人を選任しなければ後見事務を終了できないと考えるには疑問があります。」として，後見人等の手持ちの戸籍資料によれば相続人が不存在である見込みが高い場合，知れたる相続人が相続放棄（予定）を理由に管理計算報告・引継ぎについて受領拒絶をした場合，最終報酬を支払った後本人名義の財産が少なくとも30万円残っている場合には，後見人等は，民法952条に基づく相続財産管理人選任の申立ての必要性があるかどうかを後見センター（家庭裁判所）に相談することを想定しています[14]。

後見人としては，相続財産管理人が選任されれば，その相続財産管理人に引き継ぐまで対応することで足ります。

相続財産が僅かで，相続財産管理人の選任の必要性を認めることが難しい場合もあり得ます。この場合には，後見人が引き継ぐべき相続財産管理人が容易に選任されないこととなるわけですから，賃貸人に対して通知し，

137

第2編　円滑化法と実務の対応

賃貸人から契約解除をするように促すなど，後見人が事実上対応することになると考えます。

あるいは，「相続人が存在しないか，又は相続人の存否が不明である場合」は，「『成年被後見人の相続人の意思に反することが明らかなとき』には該当しないと考えられている」[15] として，後見人が死後事務を行う要件を満たしていることから，上記③「承継する者が容易に見当たらない場合，相続人がいても実際に対応することが困難又は長期間を要すると考えられる場合」の考えと同様に，後見人であった者は死後事務として，家庭裁判所の許可を得た上で，「成年被後見人が住んでいた居室に関する契約の解除」ができるのではないかと考えます。

⑤　**内縁の配偶者や事実上の養子（相続人以外の者）と同居していた場合**

被後見人が，内縁の配偶者や事実上の養子など，相続人以外の者と同居していた場合には注意が必要です。

　　ア　相続人がいる場合には，同居人が賃借権を承継することはありませんが，被後見人が相続人以外の者と持ち家に同居していた場合は，その者に居住権はないものの，後に相続人との間で明渡しの争いになる可能性があります[16]。被後見人が相続人以外の者と借家に同居していた場合には，賃貸人からの明渡し請求に対して，相続人の賃借権の援用が認められています[17]。後見人はこのようなことに留意しつつ，実務対応としては，相続人に通知することで足ります。

　　イ　相続人がいない場合であっても，居住用建物賃借権については，被後見人と事実上夫婦又は養親子と同様の関係にあった同居者がいる場合には，借地借家法36条により，原則として同居者がその権利義務を承継します。後見人は，この同居人と念のために連絡を取ることになります。賃貸人から家賃の支払を請求された場合には，同居人が賃借権を承継している旨を伝えれば足ります。

⑥　**本人が，被保佐人や被補助人であった場合**

被保佐人や被補助人は円滑化法の適用はありませんが，これまでの後見終了後の応急処分義務（民874条，654条）や，相続人全員のための事務管

第5章　居住空間の明渡し

理（民697条）を根拠とした運用がされていたところ，今回の法改正によっても，これらの規定に基づいて死後事務を行うことは否定されないものと解されます[18]。代理権の範囲，その支払期間・金額の多寡や事案によって，応急処分義務にあたる可能性があるかとの基準で，従前どおりの対応をすることになるでしょう。

　ただし，保佐人や補助人が，応急処分義務として家賃（地代）の支払を継続したとしても，相続人調査の結果，実際に対応する者が見当たらない場合には，上記③「承継する者が容易に見当たらない場合，相続人がいても実際に対応することが困難又は長期間を要すると考えられる場合」の考えと同様に，ここでは，民法918条2項の相続財産管理人選任の検討をします。

(2)　**成年被後見人の居室に係る電気・ガス・水道等の供給契約の解除**

　円滑化法の立法担当者の解説によると，「その他相続財産の保存に必要な行為」（民873条の2第3号）とは，相続財産全体の保存に必要な行為のことで，同条1号に規定する「相続財産に属する特定の財産の保存に必要な行為」ととらえることは難しいものの，相続財産全体として見たときに，その保存に必要な行為について，後見人が家庭裁判所の許可を得てこれを行うことができる，として規定されたものです。具体例として，「成年後見人が管理していた成年被後見人の所有に係る動産その他の物の寄託契約の締結」，「成年被後見人の居室に係る電気・ガス・水道等の供給契約等の解除」，「債務を弁済するための預貯金（成年被後見人名義）の払戻し」等が想定されています[19]。ここでは，このうち，「成年被後見人の居室に係る電気・ガス・水道等の供給契約等の解除」について取り上げます。

　従前，相続人が既に居住空間の明渡しについて対応することが可能な状況であれば，当然相続人に任せる対応をするものの，相続人がいない，若しくは関与してもらえない場合，後見人は，成年被後見人の死亡の事実を家主若しくは各事業者に伝え，事実上供給停止を行う手続の対応をすることがありました。これらの行為は，個々の相続財産の保存に直接つながるものではありませんが，契約をそのまま継続することにより支払が発生し続けることは，

139

第2編　円滑化法と実務の対応

相続財産の総額が減少することになり，これを防ぐ行為は，全体としての「相続財産の保存に必要な行為」にあたり得る（同条3号）ことから，後見人が家庭裁判所の許可を得てこれを行うことができるものとして規定されました20)。

また同条3号に求められている家庭裁判所の許可は，「相続財産全体の保存に必要な行為であるか否かが必ずしも明確ではなく，相続人に与える影響が大きいことから，家庭裁判所の許可を必要とするものとした。」21)と説明されています。同条3号の中で「成年被後見人の居室に係る電気・ガス・水道等の供給契約の解除」には基本的に紛争性がなく，その行為の正当性の判断は不要であり，死後事務の典型との位置づけならば裁判所の許可は不要でないかと解釈することも可能と考えますが，「本人死亡後に，新たに発生した管理行為（契約等の解除）」との位置づけでみると，家庭裁判所の許可にかからしめることには，意味があります。

よって，必要があるときは，成年被後見人の相続人の意思に反することが明らかなときを除き，相続人が相続財産を管理することができるに至るまで，「成年被後見人の居室に係る電気・ガス・水道等の供給契約等の解除」については，死後事務として行うことができるものとして，解決されました。

3　施設，病院等の場合

「入所契約・入院契約等」について，契約の当事者である被後見人が死亡したことにより，契約締結した目的からみて，当然に契約は終了するものと考えます。なぜなら契約当事者の双方にとって，契約を継続しておく実益がないためです。

つまり，検討すべき点としては，「入所契約・入院契約等」によって付帯的に求められた（あるいは契約書の中に明記されていた）行為についての履行の問題であると，筆者は捉えています。具体的には，施設利用料等の最後の支払や，被後見人の退所時の身柄を引き受けること，あるいは入所施設に残された被後見人の私物（残置物）をどうするのか，という点が問題となっていましたが，これらについて円滑化法により，一定の解決が実現しました。

140

円滑化法の立法担当者の解説によると，「その他相続財産の保存に必要な行為」（民873条の2第3号）とは，相続財産全体の保存に必要な行為をいい，保存に必要な行為について，後見人が家庭裁判所の許可を得てこれを行うことができる，として規定されたものとしています。ここでは，このうち「成年後見人が管理していた成年被後見人の所有に係る動産その他の物の寄託契約の締結」等について取り上げます。

　後見人は，被後見人（被保佐人，被補助人は含まない。）の死亡後，「後見人が管理していた被後見人所有に係る動産その他の物の寄託契約の締結（トランクルームの利用契約）」について，必要があるときは，被後見人の相続人の意思に反することが明らかなときを除き，「その他相続財産の保存に必要な行為」（民873条の2第3号）として，家庭裁判所の許可を得た上で行うことができるため[22]，後見人は，相続人等に引き継ぐまでの間，残置物の保管場所（若しくは廃棄）の手当てをすることができます。

(1)　入所契約，入院契約の終了

　介護老人保健施設（いわゆる老健），介護老人福祉施設（いわゆる特養），介護予防認知症対応型共同生活介護（いわゆるグループホーム）の標準的な入所契約書には，本人の死亡と同時に契約は終了するという規定が含まれています。これらの入所契約は，専ら入所者の利益のために締結されるもので，死亡後も契約を存続させておく実益がないからです。

　介護付有料老人ホームの場合も，入所時の契約書に従うこととなりますが，利用権方式が採用されています。施設利用権とは，一般に入居一時金を支払うことにより，様々なサービスを受けながら，入居者が死亡するまで施設の居室と共用施設を利用することを約束された権利です。建物賃貸借とは異なり，この権利は相続されません。被後見人がこの利用権を有していても，死亡すれば消滅します。

　入院契約も同様です。専ら入院する者のための契約ですので，死亡すれば終了します。

　このように，入所契約・入院契約自体は，契約上，死亡によって終了しますので，後見人の死後事務としては問題になりません。

第2編　円滑化法と実務の対応

(2)　残置物の扱い

　入所先，入院先に，被後見人の使っていた日用品等が残った場合，その引取りは問題になります。財産的価値が低いものばかりですが，被後見人の財産ではありますので，これらの所有権も相続人に承継されています。相続人が引き取るものですので，後見人は相続人に通知すればすみます。

　ただし，前掲の大阪家庭裁判所の実務指針によると，具体的には，動産（残置物）について，相続人に対して受領を催告しても，拒絶された場合には次のような方法をとることを想定しています[23]。

　　ア　後見人等が，利害関係人として，家庭裁判所に「相続財産の保存又は管理に関する処分」（家事・別表第1の90）の申立てをして，「寄託（有償）及び寄託料の支払」又は「換価」若しくは「廃棄」を求めることが可能と考える場合もあると考えられ，その財産の保管を続けることが相続財産全体の価値を毀損する場合に，換価が可能であれば換価処分を，換価が不可能（又は無価値）であれば廃棄処分をします。

　　イ　後見人が，①「相続財産に属する特定の財産の保存に必要な行為」（民873条の2第1号）として動産を倉庫業者に寄託して，②同条3号の許可に基づき毎月保管費用を支払い，③一定期間経過後（6か月〜1年未満）に，保存について過分の費用を要するので，「相続財産の保存に必要な行為」として，3号許可の申立てをして動産を廃棄します。

　この指針が適用される局面として，標準的な入所契約条項には，被後見人の死亡後，居住空間の速やかな明渡し及び残置物の引取りを求める旨の記載があるものが多く，入所契約時に引取りをする者の指定を求めていることがあります。後見人が入所契約の締結を代理するケースでは，後見人が条項上，引取人にならざるを得ず，実際，被後見人の死亡後には，その契約内容として後見人が残留物を引き取らなければならないことがあります。

　この際，前述のとおり，後見人は，被後見人（被保佐人，被補助人は含まない。）の死亡後に，「後見人が管理していた被後見人所有に係る動産その他の物の寄託契約の締結」は，「その他相続財産の保存に必要な行為」（民873条

第5章　居住空間の明渡し

の2第3号）にあたると考えられますので，相続人等に引き継ぐまでの残置物の保管場所の手当て，若しくは前掲の大阪家庭裁判所の実務指針により，家庭裁判所に許可の申立てをして動産を破棄することができるようになりました[24]。

　つまり，円滑化法以前の場合には手当てされていなかった，相続開始後，遺産分割までの間に管理行為の一環として締結された契約について，支払う行為に正当性を求めるために，家庭裁判所の許可を必要とし，許可が得ることにより支払う根拠となったといえます[25]。

　　円滑化法により，後見人は，被後見人（被保佐人，被補助人は含まない。）の死亡後，「成年被後見人が住んでいた居室の（生前中の）賃料等の支払」について，必要があるときは，被後見人の相続人の意思に反することが明らかなときを除き，後見人は弁済期にある債務の支払（民873条の2第2号）として死亡前に発生していた賃料等を家庭裁判所の許可なく支払することができます。
　　本事例の問となっている「成年被後見人が住んでいた居室の被後見人死後に発生した賃料等」を死後事務として支払い続けることができるのか，という点については，本事例では，賃借権を相続等により承継する者が見当たらない場合や，相続人がいても実際に対応することが困難又は長期間を要すると考えられる場合にあたるため，相続人が相続財産を管理することができるに至るまで，すなわち後見人が相続人調査をしている期間の被後見人死亡後に発生する契約の解除を免れる限度の支払は，相続開始後，遺産分割までに発生した管理費用として，死後事務，又は応急処分義務として支払うことは可能と考えますが，相続人に引き継ぐまでに長期間かかる場合には，民法918条2項の相続財産管理人を選任した上で行うことが適当であることになります。
　　ただし，この相続財産管理人選任の必要性を認めることが難しいとされる場合にまで，後見人であった者が，家賃の支払を何ら

143

期間の制限なく継続することは，死後事務としての民法873条の2の趣旨を超えており，支払を継続することが難しいと考えます。その結果，契約を放置することにより支払が発生し続けることは，相続財産の総額が減少することになり，これを防ぐ行為は，全体としての「相続財産の保存に必要な行為」にあたり得る（民873条の2第3号）ことから，後見人であった者は成年被後見人の相続人の意思に反することが明らかなときを除き，死後事務として，家庭裁判所の許可を得た上で，「成年被後見人が住んでいた居室に関する契約の解除」ができるのではないか，と考えます。

　その他，実務的な方策としては，賃貸人が賃貸借契約の解除を求めている場合，後見人が，例えば家賃の支払を中断することにより，賃貸人から相続人らに対して，借家契約解除をするよう促すことが考えられます。

　円滑化法により，後見人は，被後見人（被保佐人，被補助人は含まない。）の死亡後に，後見人が管理していた被後見人所有に係る動産（家財道具や私物）についての「トランクルームの利用契約」等の寄託契約の締結は，必要があるときは，被後見人の相続人の意思に反することが明らかなときを除き，「その他相続財産の保存に必要な行為」（民873条の2第3号）にあたるため，家庭裁判所の許可を得た上で行うことにより，相続人等に引き継ぐまでの残置物の保管場所の手当て，若しくは動産の廃棄をすることができます。

　また，後見人は，被後見人（被保佐人，被補助人は含まない。）の死亡後，「居室に関する電気・ガス・水道等の供給契約等の解除」については，契約を放置することにより，相続財産の総額が減少することになり，全体としての「相続財産の保存に必要な行為」にあたり得る（同条3号）と考えられ，家庭裁判所の許可を得た上で，相続人等に引き継ぐまでに契約を解除することができ

ます。

　なお付記として，本事例において，仮に本人が被保佐人・被補助人であった場合，保佐人・補助人は，被保佐人・被補助人の死亡により本人を代理する権限がなくなります。借家内の被保佐人・被補助人所有の残置物の撤去・処分など，住居の契約解除に伴う原状回復義務を履行することは，本来被保佐人・被補助人の相続人が判断し対応すべきことです。したがって，引取人が見つからないとしても，その責任は保佐人・補助人が負うものではなく，賃貸人の責任において相続人らに連絡をすることが筋であると思われます。

　この際，相続人は存在するものの関与を拒絶する，若しくは相続人間の対立が激しく誰が引き継げるのかも定まらない場合，あるいは手持ち資料で相続人が不存在の見込みが高いものの管理財産が少額で全相続人調査を行って民法952条に基づく相続財産管理人の申立てをしても，管理費用を賄うことができない場合には，後見人（保佐人，補助人を含む。）は「引継ぎ事務」を遂行するため，まず民法918条2項による相続財産管理人選任の可能性を検討します。この申立手続を後見人が利害関係人として行い，最終的に，相続人に対して他の引継事務についての処理内容を通知することと，引継ぎを選任された相続財産管理人へ行うことにより解決を図ることができます。

　一方，賃貸人は，予防策として，入居者に不測の事態が発生したときを想定し，借家契約締結の際に残置物引取人を定めさせておくか，緊急連絡先として適切な者を指定させ，その者に対応させるようにするなど，あらかじめ対処方法を契約条項上，講じておくことが可能です。

　「入所契約・入院契約等」について，契約の当事者である被後見人が死亡したことにより，契約締結した目的からみて，当然に

契約は終了するものと考えます。入所契約は，専ら入所者の利益のために締結されるもので，死亡後も契約を存続させておく実益がないものの標準的な入所契約条項には，被後見人の死亡後に居住空間の速やかな明渡し及び残置物の引取りを求める旨の記載があるものが多く，後見人が入所契約の締結を代理するケースでは，後見人が条項上，引取人にならざるを得ず，実際，被後見人の死亡後には，その契約内容として後見人が残留物を引き取らなければならないことがあります。この際，円滑化法により動産についての寄託契約や，裁判所の実務指針において動産の廃棄手続について認められたことは，大きな意義があります。

　円滑化法により，後見人は，被後見人（被保佐人，被補助人は含まない。）の死亡後に，「後見人が管理していた被後見人所有に係る動産その他の物の寄託契約の締結」を行うことは，必要があるときは，被後見人の相続人の意思に反することが明らかなときを除き，「その他相続財産の保存に必要な行為」（民873条の2第3号）にあたると考えられます。

　よって，後見人は，入所施設等から残置物を引き取り，それらの物を相続人等に引き継ぐまでの動産（残置物）について，寄託契約を締結することにより保管場所の手当てすることができ，若しくは，家庭裁判所に許可の申立てをして動産を廃棄することができます。

　なお，付記として，本事例において，仮に本人が被保佐人・被補助人であった場合，保佐人・補助人は，被保佐人・被補助人の死亡により本人を代理する権限がなくなります。この際，後見人の場合と同様の対応を迫られる可能性がありますが，必要性がある場合，死後事務としての対応ではなく，「引継ぎ事務」を遂行するため，民法918条2項による相続財産管理人選任の可能性を検討することによって，解決を図ることになるものと考えます。

第 5 章　居住空間の明渡し

【注】

1）盛山正仁「成年後見の事務の円滑化を図るための民法及び家事事件手続法
の一部を改正する法律の概要」金法2045号36頁。第1編第1章　松川正毅「死
後事務に関する改正法（民法873条の2）について」5頁・18頁。

2）大塚竜郎「『成年後見の事務の円滑化を図るための民法及び家事事件手続法
の一部を改正する法律』の逐条解説」家判7号82頁。

3）盛山・前掲注1）37頁。

4）大阪家庭裁判所家事第4部後見係「大阪家裁後見センターだより（第6回）」
84頁（OBA Monthly Journal 2018. 4）。

5）「大阪家裁後見センターだより（第6回）」・前掲注4）82頁。

6）大阪家庭裁判所家事第4部後見係「大阪家裁後見センターだより（第7回）」
78頁（OBA Monthly Journal 2018. 6）。ただし，松川・前掲注1）18頁では，
被後見人死亡後，遺産分割までの間にした管理行為から生じた債務は，民法
873条の2第3号の区分けとするとの解釈を行っていることに留意。

7）日景聡ほか「『成年後見の事務の円滑化を図るための民法及び家事事件手続
法の一部を改正する法律』の運用について」家判7号92頁。

8）前掲注6）「大阪家裁後見センターだより（第7回）」77～78頁。

9）前掲注6）「大阪家裁後見センターだより（第7回）」78頁。

10）前掲注6）「大阪家裁後見センターだより（第7回）」78頁。

11）日景聡「『成年後見の事務の円滑化を図るための民法及び家事事件手続法の
一部改正する法律』の施行から1年を経て」実践成年後見71号64頁によると，
死後事務許可審判の傾向を紹介しているが，本人の居室の賃貸借契約解除の
許可申立て等わずかにみられる程度のものとして例示されています。

12）前掲注6）「大阪家裁後見センターだより（第7回）」78～79頁。

13）東京控判昭和12年12月16日新聞4247号9頁。

14）前掲注6）「大阪家裁後見センターだより（第7回）」78～79頁。

15）盛山・前掲注1）35頁。

16）最判昭和39年10月13日民集18巻8号1578頁参照。

17）事実上の養子につき，最判昭和37年12月25日民集16巻12号2455頁，内縁配
偶者につき，最判昭和42年2月21日民集21巻1号155頁。

第2編　円滑化法と実務の対応

18）大塚・前掲注2）92頁。

19）盛山・前掲注1）37頁。法務省ホームページQ10参照（http://www.moj.
go.jp/MINJI/minji07_00196.html#10）。

20）盛山・前掲注1）37頁。

21）盛山・前掲注1）37頁。

22）盛山・前掲注1）37頁。

23）前掲注4）「大阪家裁後見センターだより（第6回)」84～85頁。

24）日景・前掲注7）92頁によると，本人が施設等に残置していた動産等の寄
託契約の締結の場合は原則として，死後事務許可審判に際して寄託契約書
（案）の提出を要するとします。

25）松川・前掲注1）15頁，18頁。

【参考文献】

・実践成年後見10号14頁，50頁，33号108～109頁，63号23～56頁，71号64頁

・家庭の法と裁判7号80～82頁，92頁

・大阪家庭裁判所家事第4部後見係「大阪家裁後見センターだより」OBA
Monthly Journal 2018. 4 /2018. 6

・上山泰『専門職後見人と身上監護』214～215頁（民事法研究会，第3版，
2015)

・新井誠ほか編『成年後見制度　法の理論と実務』144～145頁（有斐閣，2006)

・東京家裁後見問題研究会編著『東京家裁後見センターにおける成年後見制度
運用の状況と課題』判タ1165号118～120頁

・小嶋正『身寄りのいない高齢者への支援の手引き』193～199頁（社会福祉法
人東京都社会福祉協議会，2008)

・大阪弁護士会高齢者・障害者総合支援センター編『成年後見人の実務』79頁
（大阪弁護士協同組合，新版，2008)

・財産管理実務研究会編集『不在者・相続人不存在財産管理の実務』239～240
頁（新日本法規，新訂版，2005)

・盛山正仁「成年後見の事務の円滑化を図るための民法及び家事事件手続法の
一部を改正する法律の概要」金法2045号30頁

・法務省のホームページ資料（http://www.moj.go.jp/MINJI/minji07_00196.

148

html）

・「成年後見制度の利用の促進及び成年後見の事務の円滑化」時の法令2012号4
頁．15〜16頁

〔山岸　憲一〕

第2編　円滑化法と実務の対応

コラム7

所持に許可が必要な物の処分

　死後の事務で居所の明渡しをしなければならないとき，本人の職業や趣味などで，所持を禁止されている銃砲刀剣類や毒物・劇物等を発見する可能性もあります。行政庁などから所持の許可を得て所持していた場合と，違法に所持していた場合が考えられます。

　所持を禁止されている物を発見した場合は，通報を義務づけられているものもあり，発見した状態を保存し，速やかに最寄りの警察署や保健所などの関係機関へ連絡し処分をすることになります。発見した居所から移動をさせること自体が違法行為となるおそれのある物や，処分や廃棄についての定めがある物もあり注意を要します。

　日本国内において，法律によって所持が禁止をされている物には例えば下記のものがあります。

1．銃砲刀剣類所持等取締法

　　「銃砲」……けん銃，小銃，機関銃，砲，猟銃等（2条1項）

　　「刀剣類」……刃渡り15cm以上の刀，やり，なぎなた，刃渡り5.5

　　　cm以上の剣，あいくち等（2条2項）

　　発見した場合，最寄りの警察署に届け出の義務があります（23条）。

　　運搬する場合は許可証等が必要です（24条）。

2．毒物及び劇物取締法

　　「毒物」「劇物」「特定毒物」（2条）

　　廃棄は政令で定める技術上の基準に従って行います（15条の2）。

　　運搬，貯蔵等は政令で定める技術上の基準で実施します（16条）。

3．麻薬及び向精神薬取締法

　　「麻薬」「向精神薬」（2条）

　　麻薬を処方されていた患者が死亡した場合，相続人又は相続人に代わって相続財産を管理する者は所持を許されます（28条1項2号）。

　　廃棄をする場合は，都道府県知事に届け出て，職員立会いの下で行わなければなりません（29条）。

コラム7 所持に許可が必要な物の処分

4．覚せい剤取締法

「覚せい剤」……フエニルアミノプロパン，フエニルメチルアミノプロパン及び各その塩類とこれらの物と同種の覚せい作用を有するものであって政令で指定するもの等（2条）

廃棄する場合は都道府県知事に届け出て，職員立会いの下で行わなければなりません（22条の2，30条の13）。

5．あへん法

「あへん」「けしがら」の所持の禁止（8条）

「あへん」を廃棄する場合は，都道府県知事を経由して，厚生労働大臣の許可を得て行います（10条）。

6．大麻取締法

「大麻」……大麻草及びその製品（1条）。所持の禁止（3条）

7．特殊開錠用具の所持の禁止等に関する法律

「特殊開錠用具」……ピッキング用具（錠に用いられるシリンダーをかぎを用いることなく，かつ，破壊することなく回転させるための器具をいう。）その他の専ら特殊開錠（施錠された状態にある錠を本来の方法によらないで開くことをいう。以下同じ。）を行うための器具であって，建物錠を開くことに用いられるものとして政令で定めるもの（2条）。所持の禁止（3条）。

8．児童買春，児童ポルノに係る行為等の規制及び処罰並びに児童の保護等に関する法律

「児童ポルノ」……写真，電磁的記録に係る記録媒体その他の物であって，性欲を興奮させ又は刺激するもの等の児童の姿態を視覚により認識できる方法で描写したもの（2条）。

児童ポルノの所持の禁止（3条の2）。

〔迫田　博幸〕

第6章　住宅ローンの支払

第6章

住宅ローンの支払

改正のポイント

🔖　民法873条の2第2号の債務の弁済に，原則的には住宅ローン債務の弁済は含まれず，円滑化法の成立によっても，死後事務として後見人が支払を継続的になすことは認められません。ただし，大阪家庭裁判所後見センターは「弁済期未到来の地代や住宅ローン等の債務も，契約の解除を免れる限度での支払は『相続財産に属する特定の財産の保存に必要な行為』（民法873条の2第1号）として，元後見人の立場で行うことができる（そのための預金の払戻しには3号許可を要する）。」との見解を示し，例外的に後見人による相続人への引継ぎまでの間の住宅ローンの弁済を一定程度認める運用を開始しています。

しかし，本稿で対象とするのは，住宅ローンの自動引落しに関する後見人の対応についての事例であるため，円滑化法の成立によっても影響はなく，従前と同様の対応が求められます。

事　　例

Aが後見人をしているBは，B名義の居宅を所有し，そこで一人暮らしをしていました。ところが，ある日突然，自宅で倒れ，病院へ救急搬送されましたが，手当ての甲斐なく，その日のうちに亡くなりました。

Bは，後見開始前に，銀行と，自宅購入のための住宅ローン契約を締結していました。毎月の住宅ローンの支払は，Bの銀行預金口座からの

153

第2編　円滑化法と実務の対応

自動引落としの方法により行っており，後見開始後はＡがそれを管理していたのですが，Ｂは完済する前に亡くなってしまいました。Ｂは住宅ローン契約を締結する際に団体信用生命保険には加入しておらず，死亡しても，住宅ローンは消滅しません。

　このような場合に，Ａが銀行に対して，Ｂの死亡の届出をすれば，銀行は，自動引落としの手続を停止してしまいます。支払停止の状態が長期間続けば，住宅が競売にかけられ売却されてしまうかもしれません。しかし一方で，Ａが銀行へＢの死亡を届けなければ，銀行口座からの引落としは継続され，債務の支払を継続することとなり，後々，何らかの問題が生じないか心配です。

被後見人死亡後の住宅ローンの口座からの自動引落しによる支払について，後見人はどのように対応すればよいでしょうか。

解　説

1　円滑化法の成立と死後事務としての後見人による住宅ローンの支払

　平成28年4月6日，円滑化法が成立し，同年10月13日から施行されました。この成立により，後見人は死後事務として住宅ローンの支払をすることができるようになったのでしょうか。被後見人死亡後の後見人による住宅ローンの支払の可否に関する円滑化法の条文は，民法873条の2です。民法873条の2は，被後見人の死亡後の後見人の権限として，「成年後見人は，成年被後見人が死亡した場合において，必要があるときは，成年被後見人の相続人の意思に反することが明らかなときを除き，相続人が相続財産を管理することができるに至るまで，次に掲げる行為をすることができる。ただし，第3号に掲げる行為をするには，家庭裁判所の許可を得なければならない。」とし，2号で「相続財産に属する債務（弁済期が到来しているものに限る。）の弁済」

第 6 章 住宅ローンの支払

と規定しています。ここで問題となるのは，住宅ローンの支払がこれに該当するかどうかということです。

2号でいうところの債務には，法務省のQ&Aでは，具体例として成年被後見人の医療費，入院費及び公共料金等の支払が挙げられています。ここに挙げられている具体例は，本人が死亡した時点で弁済期が到来する比較的少額で継続性のない債務や，これまで後見人が実務上，応急処分義務や事務管理としてやむを得ず行っていた死後事務の範囲に限定され，後見人が弁済できる債務の範囲を広く捉えるべきではなく，「後見人が死後事務として支払い得るものは，後見との関連性がある被後見人の最後の債務でなければならず，その範囲は自ずと限定されている」1)と考えます。一方で，住宅ローン債務は，継続的に支払を要し，金額も通常，少額ではありません。したがって，円滑化法の成立により後見人が住宅ローンの支払をすることができるようになったものではないものと筆者は考えます。

一方で，大阪家庭裁判所後見センターは「弁済期未到来の地代や住宅ローン等の債務も，契約の解除を免れる限度での支払は『相続財産に属する特定の財産の保存に必要な行為』（民法873条の2第1号）として，元後見人の立場で行うことができる（そのための預金の払戻しには3号許可を要する）。」2)として，後見人による相続人への引継ぎまでの間の住宅ローンの弁済を一定程度認容するものと思われる見解を示し，運用を開始しています。しかし，この運用の場合でも，「遺産分割の長期化が予測される場合に，分割成立まで元後見人の立場で被相続人名義の口座から弁済期未到来の債務を支払い続けることは民法873条の2の趣旨を超えており，この場合は918条2項の相続財産管理人選任の必要があるといえる。」3)としています。しかし，「とはいえ，地代やローンの月額が僅少で，相続財産管理人の報酬のほうが高額になる場合にまで選任の必要性を認めることは難しい。」4)ともしています。そして，この運用では，弁済資金の払戻しに3号の許可を要するとしていることから，後見人が住宅ローン銀行へ被後見人死亡の事実を通知して口座を凍結させることを前提とし，弁済期ごとに3号の許可をとり，口座から出金して住宅ローン債権者に対して支払をすることを想定しているものと思われ

155

第2編　円滑化法と実務の対応

ます。そのため，本事例で問題となっている，被後見人死亡後の住宅ローンの口座からの自動引落としによる支払が継続的になされること，そして後見人がそのような状態のままにしておくことまでを認めたものではないということには注意を要します。被後見人死亡後も住宅ローンの支払を後見人がすることについて，一定限度認められる余地を残した大阪家庭裁判所の運用は歓迎されるべきものではありますが，現在のところでは全国的に運用されているものではないため，その対応については，都度，家庭裁判所と相談をしながら進めていくべきでしょう。

　大阪家庭裁判所の運用も，3号許可を得た上で，一定の期間（契約の解除を免れる限度）のみ被後見人の口座から出金しての支払を認めたものであり，本事例で問題となっている住宅ローンの自動引落としに対する後見人の対応についての直接的な解決を得るものではないため，以下では，住宅ローンの自動引落としに対する後見人の対応について考察を加え，問題点等を考えていきたいと思います。

2　相続人の対応

　相続が開始した場合に相続人がとり得る対応について簡単に触れておきたいと思います。

　民法915条1項本文は，「相続人は，自己のために相続の開始があったことを知った時から3箇月以内に，相続について，単純若しくは限定の承認又は放棄をしなければならない。」と規定しています。そして，民法920条で単純承認の効力，民法921条では法定単純承認，民法922条以下で限定承認，民法938条以下で相続の放棄についてそれぞれ規定しています。相続が開始した場合，相続人としては，自己のために相続の開始があったことを知った時から3か月以内に，単純承認，限定承認，放棄のいずれかを選択することになります。

　これを，本事例に当てはめて考えてみます。

　被後見人であるBが死亡した場合，直ちに相続が開始し，Bの権利義務は，その相続人が承継することとなります。Bが生前に負担していた住宅ローン

156

第6章　住宅ローンの支払

債務については「法律上当然に分割され」，各相続人が「相続分」に応じて負担します。

そして，相続人は，自己のために相続の開始のあったことを知ってから3か月の熟慮期間内5)に，相続財産の調査等をして，Bに関する相続を単純承認6)するか，限定承認するか，あるいは放棄するかを選択します。

3　本事例についての考察

ここでは，①相続人が存在し，かつ連絡を取ることもできる場合，②相続人は存在するが，音信不通である場合，③相続人の所在が不明な場合，④相続人が不存在である場合に分けて，後見人の対応とその効果等について考えていきたいと思います。

(1)　後見人の住宅ローン自動引落しに対する対応

①　相続人が存在し，かつ連絡も取ることができる場合

被後見人が死亡すると，後見は当然に終了し（絶対的終了事由），直ちに相続が開始します。そして被後見人死亡後においては，相続人がその権利義務を承継します。

したがって，後見人は，速やかに相続人に対して被後見人が死亡した旨や，住宅ローンの残債務があって，被後見人の銀行口座から引き落とされていること等を通知して，今後のローンの支払をどうするか等（相続について単純承認するのか限定承認するのか，あるいは放棄するのか）について判断する機会と時間を与え，相続人にその判断を委ねるべきでしょう。

相続人の判断の材料として，後見人が相続人に通知をする際に，後見人において判明している範囲での被後見人に関する積極財産と消極財産を伝えておくことが必要ではないかと思われます。

また，同時に，ローンを返済することにした場合の法定単純承認の可能性や，ローンを返済しなかった場合の遅延損害金の発生や競売の可能性があること等もあわせて通知し，早急に財産の引継ぎを受けるか相続放棄等の手続をとるのかの判断をするように促すべきではないでしょうか。

なお，大阪家庭裁判所の運用では，「管理計算報告及び相続財産の引継

157

第2編　円滑化法と実務の対応

ぎは，いずれも相続人の1人に対してすれば足り，相続人全員に対して行う必要はないと考えられます。したがって，後見人等は，本人の生前から，最低1人は相続人があることを確認しておき，知れたる相続人があるときは，その相続人に対して管理計算報告・相続財産引継ぎをすればよいと考えられます。知れたる相続人がないときは，相続人1人を発見する限度で調査を行った上で，その相続人に管理計算報告・引継ぎをすればよく，全相続人調査をするまでの必要はないと考えます。」7）としています。

② **相続人は存在するが，音信不通である場合**

例えば，被後見人が，相続人とは長期間離れて生活しており，音信不通であって，これまでに後見人が連絡を取った際にも何ら返答を得られなかったような場合も考えられます。このような場合に，上記①のような通知を出したとしても，これまでと同様に何ら返答が得られないことも十分に考えられることです。

相続人の所在は明らかではあるが，音信が不通であるような場合には，後見人がとり得る1つの方法として，民法918条2項に基づく相続財産管理人の選任の申立てを検討できないでしょうか。

民法918条2項では，「家庭裁判所は，利害関係人又は検察官の請求によって，いつでも，相続財産の保存に必要な処分を命ずることができる。」と規定しています。「保存に必要な処分」としては，実務上は，民法918条2項に基づく「相続財産管理人の選任」が最も一般的です8）。

また，「相続人の誰かを説得して（後見人は相続人ではないため申立権がない），遺産分割の審判の申立てをして（民907条2項，家事事件手続法39条別表第2の12），その審判前の保全処分として相続財産の管理者を選任してもらい（家事事件手続法105条，200条1項），その管理者に引き渡すという方法」9）も考えられます。

なお，大阪家庭裁判所では，民法918条2項に基づく相続財産管理人の選任要件として，次のとおりの運用を行っています。その要件は，(i)「紛争性が極めて高いこと」として，「①相続人間の対立が激しく，誰が引継ぎを受けるかも定まらない場合，②相続人が後見人等の財産管理に不信感

158

を抱いており，引継ぎを受けると後見人等の財産管理を追認することになるとして，引継ぎを拒否する場合」[10]，と言った理由で受領を拒絶した場合を典型例として挙げています。そして，もう一つの要件として，(ii)「相続財産管理人選任の必要性があること」として，「民法918条２項による相続財産管理人に求められる事務が，『相続人全員と交渉し，相続人代表者を決めてその者への引継ぎの同意を取る』だけであれば，管理すべき財産の価値に比べて管理費用が不相当に高額となり，相続財産管理人選任までの必要性はないと考えられます。したがって，選任の必要性が認められる場合とは，相続財産管理人に，上記の事務に加えて次のような事務が期待される場合といえます。」[11] としています。そして，その事務の一つに「相続財産中に，借地権又は住宅ローン付き住宅や，事業用不動産（抵当権付）があり，これらの財産を維持するためには，今後も継続的な弁済が必要となるが，相続人間の対立が激しいため，今後も相当長期にわたり相続人全員による預金の解約や払戻しが期待できない。」[12] ことを挙げています。ただし，先にも述べましたが「地代やローンの月額が僅少で，相続財産管理人の報酬のほうが高額になる場合にまで選任の必要性を認めることは難しい。」[13] としています。

③ 相続人の所在が不明な場合

これに対して，相続人の所在が不明な場合には，後見人は利害関係人として，不在者財産管理人の選任の申立てをすることができます（民25条）。管理人が選任されれば，後見人はこの管理人に財産を引き継ぎ，その後は管理人が相続人のために管理を継続することとなります。

したがって，相続人の所在が不明な場合には，後見人は早急に不在者財産管理人の選任を家庭裁判所に申し立て，管理人が選任され次第，財産を管理人に引き継ぐべきものと考えます。

ここで注意を要するのは，不在者の財産管理人の選任における，「不在者」とは，「従来の住所又は居所を去り，容易に帰来する見込みのない者」[14] をいい，必ずしも生死が不分明であることを必要としません。また，「単に遠方に住んでいるとか在監中であるということだけの場合には，自ら財

第2編　円滑化法と実務の対応

産管理人を置いたり，委任したりすることが可能であるので，管理不能ということにはなりません。実務的には行方不明の事例がほとんど」[15]です。

④　相続人が不存在である場合

相続人のあることが明らかでないときには，後見人は早急に，利害関係人（事務管理者）として，相続財産管理人の選任を家庭裁判所に対して申し立て（民952条1項），その管理人に対して財産を引き継ぐべきものと考えます。

(2)　後見人の住宅ローン銀行に対する対応

住宅ローンの支払は，銀行口座からの自動引落としの方法により，なされていることがほとんどであろうと思われます。その場合に，後見人が住宅ローンの引落とし口座の銀行（住宅ローン債権者の銀行と引落とし口座のある銀行は同一であることがほとんどでしょう。）に対して，被後見人が死亡したことを通知しなければならないのか，その義務があるのかが問題となります。つまり，銀行への通知の有無によって，住宅ローンの引落とし（支払）が継続されるか停止されるかの違いが発生することとなり，この点が大きな問題となってきます。前述の大阪家庭裁判所の運用は，銀行に対して被後見人死亡の通知をしていることを前提としているものと思われますが，義務の有無についての言及はありません。

前述(1)の①の場合には，後見人は相続人に対して，早急に被後見人の死亡の通知と財産の引継ぎ等をすることによって，住宅ローンの支払など，対銀行との対応については相続人の判断に委ねることができます。後見人から銀行への通知は，問題になりません。

しかし，前述(1)の②・③・④の場合には，民法918条2項に基づく相続財産管理人や民法25条1項に基づく不在者財産管理人，民法952条にいう相続財産管理人が選任されるまでには，一定の時間を要します。その間に，住宅ローン債権者である銀行に対して，後見人としては，どのような対応をとることが考えられるでしょうか。

①　銀行に対して被後見人の死亡を通知する義務がないと考える場合

委任が終了した場合あるいは代理権が消滅した場合に，それが終了ある

160

いは消滅したことを関係者に対して報告しなければならないという法的な義務は存在しないというところからは，被後見人が死亡したことを後見人が銀行に対して通知しなければならない法的根拠はなく，住宅ローンが被後見人死亡後も継続して引き落とされる結果となることもやむを得ないと考えられます。被後見人が死亡した場合には，後見は当然に終了して，直ちに相続が開始し，相続人が権利義務を承継することとなるため，後見人としては，積極的に住宅ローンの返済を停止すること（つまり，銀行に対して被後見人の死亡を通知すること）も，また，積極的に支払を行うこともできず（住宅ローンの自動引落としの場合に，被後見人の死亡後も口座から自動引落としされたとしても，それは，後見人が積極的に住宅ローンを弁済したことにはならないものと考えられ），今後は相続人や不在者財産管理人・相続財産管理人の判断に委ねることしかできないということになります。

　通常，被後見人の死亡を銀行に通知すると，銀行はその者の口座の入出金を停止します。その結果，住宅ローンの引落としも停止されることになるものと思われます。しかし，銀行に対して，被後見人の死亡を通知しなければ，住宅ローンの引落としは停止されず，事実上（後見人が積極的に弁済を継続していることにはならないとしても），住宅ローンが継続的に支払われているのと同じ結果をもたらすこととなります。

　この場合に考える必要があることの1つに，単純承認の問題があります。法定単純承認については，後述します。

② 銀行に対して被後見人の死亡を通知する義務があると考える場合

　一方で，後見人は，家庭裁判所から選任された法定代理人であるから，その権限が消滅した時には，後見人として，職務上，被後見人の死亡を銀行に対して通知しなければならないという見解も考えられます。

　この考えに基づき，後見人が被後見人の死亡を銀行に通知した場合には，銀行はその口座の入出金を停止し，住宅ローンの引落としも停止されることとなります。その結果として，少なくとも，民法918条2項に基づく相続財産管理人や不在者財産管理人，あるいは民法952条にいう相続財産管理人が選任され，その者による対応がなされるようになるまでの間は，住

第2編　円滑化法と実務の対応

宅ローンの返済が滞ることになります。この点が，ローンの支払が延滞することによる遅延損害金の発生や，延滞が長期間に及ぶような場合には，競売の可能性という大きな問題となります。

4 解釈上の問題点

(1)　法定単純承認

民法921条1号では，相続人が相続財産の全部又は一部を処分したときには，単純承認したものとみなす旨が規定されています。そして，単純承認した場合には，それを撤回することはできない（民919条）とされています。

そうすると，被後見人の住宅ローン債務も相続財産であり，その弁済を相続人がすることについては法定単純承認の事由となり，撤回をすることができないとなれば，その弁済には慎重に対応しなければなりません。

それでは，被後見人が死亡した後に後見人が債務を弁済した場合には，法定単純承認となり，相続人は相続の限定承認や放棄をすることができなくなるのでしょうか。

この点について，「親権者が未成年者に代わり相続財産の一部を処分する行為をなした場合には，未成年者が単純承認をなしたとみなす」としている古い判決もあります16）が，ここでは相続が開始した時点で親権者は親権者として代理権を有しています。これに対して，後見人は，相続が開始した時点で，後見人としての地位を喪失しているという点で，親権者と後見人では立場が大きく異なります。また，「単純承認が擬制されると，相続人は被相続人の債務や責任を包括的に承継するという重大な効果をもたらすから，『処分』の意味は，相続人に不意打ち的な効果をもたらさないよう，厳格に解釈すべきであろう17）と考えられますので，口座から自動引落としにより支払われていたような場合には，法定単純承認の効果が相続人に及ぶものではないと筆者は考えます。

(2)　応急処分義務

①　応急処分義務の内容

円滑化法の成立により，後見人には被後見人死亡後の一定の死後事務を

162

第6章　住宅ローンの支払

行う権限が与えられることになりましたが，筆者は，住宅ローンの自動引落としに対する対応については，円滑化法の成立によってもこれまでと変わらない対応が必要であるものと考えます。そこで，ここでは，その支払根拠を応急処分義務に求めることができるかどうかについて検討してみたいと思います。

　民法654条では，「委任が終了した場合において，急迫の事情があるときは，受任者又はその相続人若しくは法定代理人は，委任者又はその相続人若しくは法定代理人が委任事務を処理することができるに至るまで，必要な処分をしなければならない。」と規定しています（応急処分義務）。

　この民法654条が874条により準用され，後見人にも，この応急処分義務が課されています。つまり，後見が終了した後においても，後見人の義務は一定の範囲で存続し，後見人は，急迫の事情がある場合には，その相続人が事務を処理することができるようになるまでは，被後見人のために必要な範囲で事務を処理しなければならないこととなります。

　それでは，後見が終了した後に，後見人は，応急処分義務として「何を」，「どこまで」することになるのでしょうか。この点，「どこまで」を考える場合には，現在の通説は，民法654条の趣旨を従前の委任契約が継続しているのと同一の地位と権限を受任者に認めることにあるとしています[18]。したがって，応急処分義務が認められる場合には，「この応急処分義務が認められる範囲内では，利用者の死亡後も事実上，後見人として職務を遂行できる」[19] こととなります。

　次に，後見人が応急処分義務として「何を」できるかを考える場合には，民法654条の規定における「急迫の事情」及び「必要な処分」について，検討しなければなりません。

　応急処分義務は緊急対応に関する例外的な規定と考えることができます。「もともとこの義務の趣旨は，委任関係が終了してから事務が委任者に引き継がれるまでの間に，委任事務の中断によって委任者に不利益が生じるような急迫の事情がある場合，委任者の損害を防ぐために受任者による事務処理の継続を例外的に認めることにある」[20] といえます。したがって，

163

第2編　円滑化法と実務の対応

「応急処分義務の要件である急迫の事情は，適任者（委任者，相続人，成年後見人等）への事務の引継ぎを待てないほど緊急性のある事務（こうした引継ぎを待っていては何らかの損害が発生するおそれがある場合）に限定して理解する必要がある」21）ことになります。また，「必要な処分」について考えた場合に，後見人の応急処分義務に含まれる「必要な処分」を広く捉えれば捉えるほど，相続人の権利を侵害する可能性や相続法秩序との抵触の可能性も高まることとなりますので，より限定的な解釈が必要であると思われます。

　応急処分義務は，「急迫な事情があるときといえども，受任者が委任契約終了後にただちに委任事務を中止するとなると，委任者にとって不測の損害を受けるおそれがある。（中略）委任の事務処理が委任の終了により中絶しそれが委任者の不利益となるときは，委任の信頼関係からいっても，受任者は債務を完全に履行したとはいえない」22）ため，急迫の事情がある場合に受任者側に定められたものです。

　したがって，応急処分義務を検討するときには，「委任者の不利益」についても検討する必要がありますが，後見人の死後事務としての応急処分義務を検討する際には，通常の委任契約の終了の場合と異なり，「委任者の不利益」を「相続人の不利益」に置き換えて考える必要があります。

　「相続人の不利益」について考えると，積極的に銀行に対して被後見人の死亡を通知して，ローンの引落としを停止することが相続人にとって不利益であるのか，通知せずに，ローンの引落としをそのままにしておくことが相続人にとって不利益であるのかは，後見人にとっては，全く不明です。いずれが相続人にとっての不利益であるのか不明である以上，応急処分義務を根拠として，引落としを停止する（銀行に通知する）と理論づけることも，引落としを継続する（銀行に通知しない）と理論づけることも難しいのではないかと思われます。

② 　債務の支払を応急処分義務に求める意見

　一方で，応急処分義務を根拠として支払代行を行えるかどうかを判断するに当たって，「管理の計算や相続人への財産引継に時間を要して，支払

164

第6章　住宅ローンの支払

いが長期間遅延すれば遅延損害金等が生じるおそれがあること」,「した
がって早期の支払代行は直接の利害関係人たる相続人にとってむしろ有利
に働くこと」,「債務の内容がすでに確定したものであり,この場面では単
にその履行が問題であるにすぎないこと」,「一般に債権額が少額であるこ
と」等の事情を考え合わせれば,後見人による支払代行を応急処分義務に
よって正当化することもできると思われます。」23),また,「不在者の管理
人を選任する場合でも時間がかかります。その間,資産が滅失するとか減
少する危険性がある場合,後見人は資格が喪失したからといって,何もし
ないでよいのでしょうか。銀行への返済を怠れば,期限の利益を喪失する
ことも考えられます。(中略) このような場合,後見人のなし得る行為に
応急処分義務というものがあります。これを根拠に後見人は不在者財産管
理人が選任されるまで,……銀行ローンの返済……をすることができま
す。」24) との意見もあります。

⑶　**相続人不存在の際の相続財産管理人による相続財産の清算**

　相続財産が債務超過である場合には,通常,相続人は限定承認あるいは相
続放棄の手続をとることが多いのではないかと思われます。すべての相続人
が相続放棄の手続をとり,最終的に相続人が不存在になった場合,あるいは
当初から相続人が不存在の場合,相続財産はどうなるのでしょうか。

　そのような場合には,民法951条で「相続人のあることが明らかでないと
きは,相続財産は,法人とする。」と規定されており,相続財産は,法人(相
続財産法人)となります。そして,これを管理する者として,家庭裁判所に
より相続財産管理人が選任され,この管理人が以後,相続財産を管理し,清
算の手続を行うこととなります。なお,相続財産法人の成立については,相
続人の存否が不明であれば,被相続人の死亡と同時に,その相続財産は法律
上当然に法人となります。その成立について何らの手続を要することもなく,
対外的に公示の方法を採ることも要しません。対外的に積極的に取引するこ
とを目的とする法人ではなく,消極的に,ただ相続財産の管理のみを目的と
するためのものだからです。この法人が対外的に成立したことが明らかとな
るのは,相続財産管理人が選任されたときです25)。

165

第2編　円滑化法と実務の対応

　相続財産管理人は，法律の規定に基づき，相続人の捜査，相続財産の管理（例えば，被相続人名義の不動産については，相続財産法人へと名義変更の登記が，相続財産管理人によってなされます。），債権者のために相続財産の清算等にあたります。

　この清算手続において，相続財産をもって相続債権者及び受遺者に対する債務を完済できないときには，破産原因となります（破産法223条）。平成16年の法改正前には，破産原因がある場合には，相続財産管理人には，破産の申立義務が課されていましたが，改正によって，この申立義務は廃止されました。「相続財産管理人に申立義務が課せられていた旧法下でも，実務では，破産申立てをする費用が掛かることや家庭裁判所の手続でも裁判所で選任された相続財産管理人が，裁判所の監督の下に清算手続を行うので実質上異ならないなどを理由に，破産原因があっても破産申立てをすることなく，そのまま相続財産管理の手続で清算を行っている例が多い」[26]といわれていました。

　とはいえ，相続財産法人が債務超過となった場合には，法律により破産が認められているところであり，仮に破産が申し立てられなかったとしても，相続財産管理人は，家庭裁判所の監督の下，厳格な手続に基づいて，相続財産に関する清算手続を進めていくこととなります。

　なお，相続財産管理人については，民法で，相続財産管理人が不当な弁済をして，その結果，債権者・受遺者に損害を与えた場合には，その者に対して損害賠償の責任を負うと規定されています（民957条2項による934条1項準用）。

　相続人が存在し，かつ連絡も取ることができるような場合には，後見人は相続人に対して，早急に被後見人の死亡の通知及び財産の引継ぎを行い，銀行の住宅ローンの支払について，その判断に委ねるべきでしょう。

　また，相続人と音信不通である場合，所在が定かでないような場合，あるいは相続人のあることが明らかでないような場合には，

早急に民法918条2項の相続財産管理人，民法25条の不在者財産管理人あるいは民法952条にいう相続財産管理人の選任の申立てを後見人が利害関係人として家庭裁判所に対して行い，その管理人に対して財産を引き継ぎ，その判断に委ねるべきであると考えます。

相続財産の清算については，法律の規定が存在し，その法理に基づいて，債権者に対して公平な配当により清算されるべきものであるので，原則的に，後見人が，相続財産の清算について関与することはできないということになります。

ここで問題となるのが，相続財産管理人等へ引き継ぐまでの間の住宅ローンの引落としをどうするべきかということです。

住宅ローン銀行に対して，後見人が，被後見人の死亡を通知すべきかどうか，通知する義務があるのかどうか，そしてその結果，住宅ローンの引落としを継続すべきか停止すべきかについては，後見実務の現場では，非常に悩ましい問題であり，円滑化法の成立後においても，いまだ正解を導き出すことは困難な作業です。個々の事案によっても対応は異なってくる可能性もあります。

先にも述べましたが，大阪家庭裁判所のように，後見人の相続人への引継ぎまでの間の住宅ローンの弁済を認める運用もあります。この運用の場合でも，弁済資金の払戻しに民法873条の2第3号の許可を要するとしているところから，後見人は，住宅ローン銀行へ被後見人死亡の事実を通知して口座を凍結させることを前提としており，弁済期ごとに3号の許可をとり，口座から出金して住宅ローン債権者に対して支払をすることを想定しているものと思われますので，口座引落としに対する対応についての直接的な解決を導き出せるものではありません。

いずれにせよ，被後見人が債務超過であった場合には，弁済については特に慎重に対処する必要があります。債務超過の場合の返済は，各債権者に平等に弁済する必要があり，特定の債権者に

有利に弁済することは認められません。したがって，後見人としては，住宅ローンの債権者である銀行に対しては，被後見人が死亡した旨や相続人の事情等を説明の上，今後は，相続財産管理人や不在者財産管理人等から，法律に基づいた形で手続がなされるであろう旨を伝えて，後は債権者の判断に委ねるという検討が必要となってくるかもしれません。

このような問題の対応について，一部の家庭裁判所では指針が示されたものの，今後も家庭裁判所と協議をして慎重に進めていくべきものと思います。少なくとも，家庭裁判所との協議なく，自らの独断で進めていくことは避けるべきものと思われます。

【注】

1）第1編第1章　松川正毅「死後事務に関する改正法（民法873条の2）について」11頁。

2）大阪家庭裁判所家事第4部後見係「大阪家裁後見センターだより（第7回）」78頁（OBA Monthly Journal 2018.6）。

3）前掲注2）「大阪家裁後見センターだより（第7回）」78頁。

4）前掲注2）「大阪家裁後見センターだより（第7回）」78頁。

5）この3か月の熟慮期間の起算点についての検討はここでは割愛します。

6）この単純承認についても「意思表示説（通説・判例）」や「法定効果説（有力説）」が存在しますが，その検討もここでは割愛します。

7）大阪家庭裁判所家事第4部後見係「大阪家裁後見センターだより（第6回）」82頁（OBA Monthly Journal 2018.4）。

8）家事事件実務研究会編『Q&A家事事件の実務と手続』1006頁（新日本法規，2007）参照。

9）第一東京弁護士会成年後見センター編『Q&A成年後見の実務』861頁（新日本法規，2008）。

10）前掲注2）「大阪家裁後見センターだより（第7回）」77頁。

11）前掲注2）「大阪家裁後見センターだより（第7回）」77頁。

12）前掲注2）「大阪家裁後見センターだより（第7回）」78頁。

第 6 章　住宅ローンの支払

13）前掲注２）「大阪家裁後見センターだより（第７回)」78頁。

14）家事事件実務研究会編・前掲注８）1524頁。

15）家事事件実務研究会編・前掲注８）1524頁。

16）大判昭和６年８月４日大民集10巻652頁。

17）島津一郎＝松川正毅編『基本法コンメンタール　相続』117頁〔和田幹彦〕（日本評論社，第５版，2007）。

18）我妻栄『債権各論　中巻二』698頁（岩波書店，1962)，幾代通＝広中俊雄編『新版注釈民法⒃　債権⑺』299頁（有斐閣，1989）。

19）上山泰『専門職後見人と身上監護』188頁（民事法研究会，第２版，2010）。

20）上山・前掲注19）177頁。

21）上山・前掲注19）177頁。

22）遠藤浩編『基本法コンメンタール　債権各論 I 』208頁〔遠藤厚之助〕（日本評論社，第４版新条文対照補訂版，2005）。

23）上山・前掲注19）189頁。

24）第一東京弁護士会成年後見センター編・前掲注９）864頁。

25）大判昭和８年７月11日大民集12巻2213頁。

26）財産管理実務研究会編『不在者・相続人不在者　財産管理の実務』284頁〔大澤千明〕（新日本法規，新訂版，2005）。

〔石田　頼義〕

169

第**7**章

後見人等に対する報酬

改正のポイント

　円滑化法の施行により，後見に限定されるものの，被後見人死亡後の相続財産中に後見人に対する報酬の支払に充てる現金がなく，被後見人の預貯金口座から払戻しを受けるためには家庭裁判所の許可を得なければなりません。被後見人の預貯金口座からの払戻しが，民法873条の2第3号における「その他相続財産の保存に必要な行為」に該当するからであり，後見人の死後事務として認められたことは大きな意義があると考えます。

　なお，円滑化法の施行以降においても，後見人が報酬の付与を受けるには申立てが必要で，家庭裁判所の裁量によることは変わりありません。

事　　例

　司法書士が第三者として後見人等に選任されている後見事件は平成12年には100件程度でしたが，年々増加し，平成29年には9,982件となり，平成12年以降の累計で7万5千件を超えています[1]。専門家として後見事件を業務として引き受けているわけですから，その業務の評価である報酬算定に対する関心は非常に高いと思われます。筆者は同職間の話として，「業務内容より管理財産の多寡が報酬額を決める最も大きな要因である。」，「不動産の処分や遺産分割に代表される財産管理における特別な行為に対する評価は高いが，自宅において1人で生活しているような被後見人の身上監護に関する業務に対する評価は十分ではない。」などの報酬にまつわる話はいろいろと聞きます。しかし，多くの

第 2 編　円滑化法と実務の対応

> 家庭裁判所において「成年後見人等の報酬のめやす」が提示されるようになった以降は，「保佐人や補助人の報酬は後見人に比べて低額である。」，「被後見人が死亡した後の『遺体の引取り，火葬等のいわゆる死後事務』に対する評価がない。又は非常に低い。」などの不満を聞くことは少なくなったように感じています。

　後見人等に対する報酬は，どのような基準に基づき付与されるのでしょうか。

1　民法862条は，「家庭裁判所は，後見人及び被後見人の資力その他の事情によって，被後見人の財産の中から，相当な報酬を後見人に与えることができる。」と規定しています。また，保佐人及び補助人の報酬にも同法862条が準用されています（民876条の5第2項，876条の10第1項）。
⑴　家庭裁判所は相当な報酬を後見人等に与えることができるとあるように，報酬は家庭裁判所の裁量によるものであり，後見人等に当然に報酬が与えられるものではありません。すなわち，後見人等には報酬請求権がないということです。これは，後見は無報酬が原則であるという従来の考えのままで，専門職等の第三者後見人の選任割合が平成21年においては全体の36.5％であったが，平成27年以降は全体の7割を超えている状況2)を考えると，筆者はこれまで以上に後見人等の報酬請求権を認める法改正が必要であると考えています。
⑵　後見事務の難易度や事務に要する時間が異なる事件に対する報酬につき，差が出るのは当然ですが，条文は被後見人の資力その他の事情によって与えることができるとしていますので，同様の難易度で事務に要する時間も，ほぼ同程度の後見業務を行った場合でも，被後見人等の財産の多寡により，後見人等に付与される報酬に差があったり，被後見人等が無資力や資力が極めて少額の場合には後見人等に対して報酬が付与されなかったりすることがあるということです。専門職後見人が全体の

第7章　後見人等に対する報酬

7割を超えている現状を考えると，後見人報酬が見込めない場合におけ
る後見人等に対する報酬に関する公的助成制度の充実が必要と考えます。

(3)　このほか，被後見人等の年間収支が赤字か黒字，又は被後見人等の年
齢も大きな要素であると思われます。被後見人等の財産や年齢が同じで
も，年間収支が100万円程度赤字の場合と黒字の場合では，報酬が異な
るでしょう。被後見人等の財産と年間収支が同等でも被後見人等の年齢
に大きな差がある場合，例えば被後見人等が50歳であるか80歳であるか
では，後見期間に30年程度の差が生じると予想され，後見人等の報酬に
差が出てくるでしょう。

2　家庭裁判所の裁判官は，報酬付与の審判をするに際して，一定の基準に
基づいて判断していると思われ，以前は第三者後見人に多数選任されてい
る各専門職団体からは，何度も，この報酬基準の開示を求める要望が出さ
れていました。その後，平成25年に東京家庭裁判所から『成年後見人等の
報酬のめやす』が提示され，その後，他の家庭裁判所からも同様の提示が
行われています。

ところで，専門家が第三者後見人として選任されている事件の多くには，
相続人や親族がいない，又は相続人等が高齢であったり，遠方に居住して
いるなどの理由で迅速な対応が困難である，さらには協力的でないなどの
事情があります。そのため，被後見人が死亡した場合，死亡する直前や死
亡した直後に後見人の事務範囲を超えると考えられる事務を後見人が仕方
なく行う場合が多いだけでなく，相続人や親族との連絡調整に神経を使い
予想以上に多くの時間を要することもあり，とりわけ後見業務の経験が少
ない場合には対応することに不安を感じている専門職も多いでしょう。家
庭裁判所から提示された『成年後見人等の報酬のめやす』や一部の家庭裁
判所と家事関係機関との連絡協議会等においては付加報酬の対象となる特
別な業務に該当すると考えられるようになっているものの，付与額につい
ては不満をもらす後見人がいると思われます。

173

第 2 編　円滑化法と実務の対応

　　後見人が後見事務を行うのに支出した交通費や通信費等の実費についても報酬付与の審判の申立てが必要なのでしょうか。

1　交通費や通信費等の実費は報酬ではなく，後見事務を行うのに必要な費用であるため，民法861条2項により，後見人は報酬付与の審判を受けることなく被後見人の財産の中から，これらの費用を支出することができます。
2　民法861条2項の規定は，後見人がこれらの費用を自分の財産から立て替えて支払った場合には，当然にこれらを被後見人に対して求償することができる趣旨を含んでいます。

　　被後見人の死亡後に，応急処分義務（民874条による654条の準用）として後見人が行った後見事務（死後事務）については，報酬付与の対象となるのでしょうか。

1　被後見人の死亡が後見の終了事由であると民法において明確な規定はありませんが，解釈上，絶対的な終了事由であるとされています。後見登記等に関する法8条1項では「後見等に係る登記記録に記録されている前条第1項第1号に掲げる者は，成年被後見人等が死亡したことを知ったときは，終了の登記を申請しなければならない」と定めており，成年被後見人の死亡が後見の終了であることが分かります。
2　後見が終了した後，後見人の事務は，原則的には以下の清算業務のみになると考えられます。
　①　管理の計算（民870条）
　②　相続人に対する残余財産の引継ぎ
　③　後見の終了登記
　しかし，実務上は，相続人や親族などから第三者後見人である司法書士等に対し，上記の清算業務以外の事務の執行を要請・期待されることが多く，新成年後見制度が施行され，17年を経過しても対応に苦慮していることに変わりはありません。清算業務以外の事務としては，おおむね次のよ

うな事務が考えられますが，死後事務の詳細については，別途，検討している章を参考にしてください。

① 死亡直後の遺体の引取り，死亡届の提出，火葬・埋葬許可の取得，葬儀・火葬（第2編第2章「遺体の引取りと火葬・埋葬」参照）

② 被後見人の生前の医療費，施設利用料，賃料，公共料金等の未払債務の支払（第2編第4章「預貯金の払戻し」参照）

3 上記のような清算業務以外の事務は，被後見人に相続人がいる場合は原則的には相続人が行うべき事務で，後見人は相続人に対し，被後見人が死亡した事実並びに相続人として直ちに行う必要がある事務がある旨を通知すればよいと考えられます。

しかし，実務上においては，後見人が被後見人が死亡した事実と相続人が直ちに行う必要がある事務がある旨を相続人に対し通知等の連絡を行うものの，相続人が遠方に居住している，高齢であるため迅速な対応が困難である，時には相続人間に争いがあり協力が得られない場合等も多く見られます。また，親族はいるが相続人ではない，さらには，全く親族等身寄りがいない場合もあります。このような場合には後見人が，被後見人の死亡後直ちに行う必要があると考えられる「遺体の引取り，死亡届の提出，火葬・埋葬許可の取得，葬儀・火葬」，さらには，相続人等の不利益にはならず，むしろ早急に対応した方が相続人等に対する損害が発生しないと考えられる「被後見人の生前の医療費，施設利用料の支払」等については，第三者後見人が対応を迫られ，実際に行っている場合が比較的多いようです。

被後見人の死亡により成年後見は終了し，後見人はその地位を失い法定代理権など各種の権限も失うため，①死亡直後の遺体の引取り，死亡届の提出，火葬・埋葬許可の取得，葬儀・火葬，②被後見人の生前の医療費，施設利用料，賃料，公共料金等の未払債務の支払のうちで死亡届の提出を除いては，これまではこれらを行う権限は当然にはありませんでした。

しかし，法制度が不備な状況であったこれまではもちろん，円滑化法が施行された平成28年10月13日以降においても，実務の現場では第三者後見人が対応せざるを得ない状況があることは，ほとんど変わっていないと筆

者は考えています。

　また，このような事実があることもふまえて，相続人等の迅速な対応が困難であるとか，相続人が協力的でない場合や，後見人からの通知や依頼に全く回答が得られない場合など，どうしても後見人が対応せざるを得ない状況にあることが，いわゆる「死後事務」を行うにあたっての前提であると筆者は考えています。そのためには，相続人や親族に対して，被後見人の死亡した事実と，それに加えて，相続人が直ちにしなければならない事務があることを，あらかじめ知らせておくことが必要です。

4　円滑化法が施行された以降においても，これまでと同様に応急処分義務（民874条による654条の準用）や事務管理（民697条以下）の法理を根拠として死後事務を行うことが可能であると，多くの家庭裁判所は説明していますし，この考えは専門職後見人においてもおおむね定着しているように思います。特に，円滑化法の適用がない保佐人や補助人がやむを得ず死後事務を行わざるを得ない場合には，応急処分義務や事務管理を根拠とすることで引き続き可能と考えています。

　このような状況で，後見人が死後事務を行った場合，これらの事務に対する報酬に関し家庭裁判所はQ1の解説2で述べた『成年後見人等の報酬のめやす』に基づいて評価することになり，付加報酬の対象になっていると考えています。

　後見人は，被後見人が死亡した後に家庭裁判所から付与審判を受けた後見事務報酬を，どのように受領すればよいのでしょうか。

1　民法862条（後見人の報酬）には，「被後見人の財産の中から，相当な報酬を後見人に与えることができる。」と規定されています。
2　後見人は，被後見人の生存中は被後見人に対し報酬を請求することになりますが，被相続人が死亡した後は相続人に対して，また相続人がいない場合には相続財産法人の相続財産管理人に対し報酬を請求することになります。なお，これは相続人に報酬の支払義務があるのではなく，相続財産

第7章　後見人等に対する報酬

から負担（支出）することになるということでしょう[3]）。

3　実際に報酬の支払を受ける方法は，円滑化法の施行により変更する必要があるのでしょうか。

(1)　被後見人の財産に現金がある場合は，家庭裁判所は後見人が管理している当該現金から報酬を受領してもよいと判断しており，円滑化法の施行前後で取扱いに変更はないものと考えています。被後見人の財産は被後見人の死亡により相続財産となりますが，後見人報酬は相続財産に対しては共益費用に該当し，被後見人の総財産の上に第1順位の一般の先取特権を有すると考えられており（民306条1号，329条），また，「本人の死亡後に審判付与された後見人報酬は，相続債務になると解される。」との判決（大阪地判平成27年7月22日判時2286号118頁）もあります。

(2)　被後見人の財産に現金がない場合は，被後見人名義の預貯金口座から出金することができるのでしょうか。また，円滑化法の施行前後で変更する必要はないのでしょうか。

通常，金融機関は被後見人の死亡を把握すると，被後見人名義の預貯金口座からの払戻しを停止させ，後見人が家庭裁判所からの報酬付与審判書を提示しても，一般的には報酬の払戻しに応じませんが，金融機関に対し被後見人の死亡届を行っていない間は，後見人は被後見人の死亡後も少なくとも管理の計算を終了する時点までは管理を継続しているため，被後見人名義の預貯金口座から出金することが事実上は可能です。

東京家庭裁判所の後見センターにおいては，円滑化法施行以前には次のような取扱いが行われていました[4]）。

「被後見人の死亡後に後見人報酬を相続財産から差し引いても相続人に実質的な不利益はないとの考えから，相続財産を整理・清算し，相続人へ相続財産を引き渡すまでの相当と認められる期間内であれば，後見人が応急の必要があると判断できる場合には，暫定的に従前の財産管理権が引き続き継続しており，報酬の受領も整理・清算の目的のものといえるので，残存する相続財産の管理権に基づき報酬を受領することができる。」

177

第2編　円滑化法と実務の対応

　　　このような考えから，家庭裁判所の中にはこのような対応を容認して
　　いたところが多くあったように思われます。
(3)　しかし，被後見人の死亡により後見人は預貯金口座に関する管理権限
　　を失っています。報酬が相続財産に対する共益費用に該当する，あるい
　　は，本人の死亡後に審判付与された後見人報酬は相続債務になると解さ
　　れるといえども，被後見人が死亡した後に，後見人が家庭裁判所の許可
　　を得ることなく被後見人名義の預貯金口座から払戻しを受け，報酬を受
　　領することは適切な事務ではないといえます。
　　　とりわけ，円滑化法施行以降においては，円滑化法（民873条の2第3
　　号）により，「被後見人死亡後における被後見人名義口座からの払戻し」
　　は「その他相続財産の保存に必要な行為」の一つとして例示されており，
　　払戻しをするには家庭裁判所の許可を得る必要があります[5]。

4　円滑化法施行以降において被後見人の相続財産に現金がない場合には，
　相続人や相続財産管理人に対し報酬の支払を請求することはもちろん可能
　であり，通常，報酬の支払を拒否されることは少ないでしょう。しかし，
　被後見人が相続人と対立関係にあった場合，相続人間に争いがある場合，
　これまでの後見事務の遂行で後見人と親族である相続人との関係が芳しく
　なかった場合等には，実際に報酬の支払を受けることができない場合があ
　るでしょう。
　　報酬付与の審判に基づく預貯金債権その他相続財産に対する強制執行に
　ついて考えると，「報酬付与の審判は後見人に報酬を受け取る地位を付
　与・形成する審判と解され，特定の義務者（被後見人）に金銭の支払を命
　じるものでない」と解されています[6]。このため，報酬付与の審判につ
　いては同様の規定がないため強制執行もできません。
　　その結果，後見人が報酬を受領できない事態に至ることは，後見人とな
　る専門職に無用な苦労を強いることになり，専門職後見人の増加の一つの
　障害になるとも考えられますので，次のような取扱いが一般的になること
　を筆者は期待しています。
(1)　後見人の最後の報酬は，円滑化法（民873条の2第2号）による「相続

178

財産に属する債務（弁済期が到来しているものに限る。）」に該当すると例示されている「被後見人が入院していた際の医療費や被後見人が住んでいた居室の賃料等」[7]と同様と考えられ，また，本人の死亡後に審判付与された後見人報酬は相続債務になるとの判決（前記3(1)）もあり，円滑化法（民873条の2第3号）により，「被後見人死亡後における被後見人名義口座からの払戻し」は「その他相続財産の保存に必要な行為」に該当し，家庭裁判所の許可を受けることができると考えられます。実際に，金融機関が被後見人の死亡を把握し被後見人名義の預貯金口座からの払戻しを停止している場合でも，後見人報酬の払戻しに関して家庭裁判所の許可を受け，被後見人名義口座から報酬の払戻しを受けた事例を聞いています。

　したがって，円滑化法施行以降において被後見人の相続財産に現金がない場合には，後見人は審判付与を受けた最後の報酬について，家庭裁判所の許可を受けて被後見人名義の預貯金口座から払い戻し，受領することが相当と筆者は考えます。

【注】

1）最高裁判所事務総局家庭局「成年後見関係事件の概況」（平成21年〜平成29年）。

2）同上。

3）第1編第1章　松川正毅「死後事務に関する改正法（民法873条の2）について」17頁。

4）東京家裁後見問題研究会編著『後見の実務』別冊判例タイムズ36号101頁。

5）大塚竜郎「『成年後見の事務の円滑化を図るための民法及び家事事件手続法の一部を改正する法律』の逐条解説」家判7号83頁。

6）小西洋ほか「成年後見実務の運用と諸問題」LIBRA2014年7月号15頁。

7）大塚・前掲注5）82頁。

〔馬場　雅貴〕

第2編　円滑化法と実務の対応

コラム8

本人死亡後の後見人等に対する報酬債務について

　後見等事務の法的性質は委任又は準委任であると解されています。すなわち，後見等事務は無報酬が原則であり，家庭裁判所の審判により，後見人等の報酬請求権が発生します。では，本人の死亡後になされた後見人等の報酬債務については，どのように解されるのでしょうか。判例は，「本件後見人報酬は，（中略），相続債務となると解される（本件後見人報酬債務は，本件審判により，後見の終了時である成年被後見人の死亡時に遡って発生するものと解される。）。」旨判示しています（大阪地判平成27年7月22日判時2286号118頁）。

　そうすると，本来，後見人は，各相続人に対し，その法定相続分に応じて報酬の支払を請求しなければならないことになります。それが，円滑化法の施行により，民法873条の2の規定に基づいて，本人の相続財産から報酬債務を弁済することが可能になったものと解されます。さらに，手元に現金がない場合において，「相続財産の保存に必要な行為」（同条3号）と認められる場合には，家庭裁判所の許可を得て本人の預貯金口座より報酬相当額の払戻しを受けることも認められる余地があると考えられます。

　これに関して，大阪家庭裁判所後見センターは，後見人報酬及び後見事務費用は必ずしも同条2号に当たる債務とはいえないとしながら，後見人と相続人との間に報酬をめぐる紛争が発生することが想定される場合等には，将来，法的紛争が生じて回収に関するコストや遅延損害金の発生が予想されることから，相続財産が減少することを避けるため，後見人報酬支払のための預貯金の払戻しについても，「相続財産全体のための保存行為」として3号許可を認める場合があり得るとの見解を示しています1）。

　しかし，これには大きな問題があります。本条は，「相続人の意思に反することが明らかなときを除き」と規定しているため，相続人が明らかに報酬の支払を拒否しているような場合には適用されないということ

180

コラム8 本人死亡後の後見人等に対する報酬債務について

です。実際，後見人と相続人との関係が良好でない場合も少なくありません。相続人が自らを候補者として申し立てたところ，専門職が後見人に選任された場合や経済的虐待を行っていた相続人に対して，後見人が民事訴訟を行っていたような場合などは顕著です。このように相続人による報酬の支払が期待できないような場合にこそ，後見人の報酬が確保されるような手当てが必要なのですが，本条では不十分と言わざるを得ません。

　また，本人の相続財産が債務超過の場合にも，若干の問題があるように思われます。すなわち，報酬債務を弁済するとその他の相続債務を弁済するに足りない場合においても，報酬債務を優先的に弁済することができるかということです。私見ですが，成年後見制度は本人の人権を擁護するための制度であり，そのために必要な後見人の報酬は，いわゆる「有用の資」であり，他の相続債務に優先して弁済しても詐害性はないものと考えます。とは言うものの，後見人が本人の自己破産の申立てを行った事案で，破産管財人より後見人に対する報酬債務の弁済が偏頗行為として否認の対象となる旨の指摘を受けたという話も聞き及んでいますので，注意が必要でしょう。

【注】

1）大阪家庭裁判所家事第4部後見係「大阪家裁後見センターだより（第6回）」83〜84頁（OBA Monthly Journal 2018. 4）。

〔中谷　卓志〕

第2編　円滑化法と実務の対応

コラム9
専門職後見人の報酬に対する消費税の取扱いについて

　報酬付与額の「消費税が内税か外税か」について，家庭裁判所の確定的な判断はこれまでなされていません。従来からの慣習では，後見人の報酬については，家庭裁判所から審判で付与された金額以上の金銭を受領することができないと考えられますので，消費税については内税の取扱いとなると考えてきました。しかし，個々の事件については個々の専門職が家庭裁判所に対し確認を行う必要があると考えます。

　ところで，家庭裁判所の審判による後見人報酬に関しても，年間売上が1,000万円を超える司法書士等の専門職については，消費税の課税対象となり税務署に対し報酬付与額に対する消費税の納付が必要となります。

　消費税を納付する場合，原則的には審判書の報酬付与額を1.08（本書刊行時の税率で，税率が変更した場合は変更後の税率による。）で除した金額が基準となると考えられるため，報酬付与額に対して消費税相当分が付加されていない場合には，実質的には報酬の減額となります。そのため，専門職後見人に対する報酬付与額については，家庭裁判所が報酬付与を予定している金額に対し，消費税相当分を付加した金額を報酬付与することが妥当であると考えます。

〔馬場　雅貴〕

第8章　民事責任

第8章

民事責任

改正のポイント

📌 　民法873条の2に規定する死後事務は，成年後見人の義務ではないと位
　置付けられていますが，成年後見人が同条に規定する要件に反して死後
　事務を行った場合は，無権代理（民117条）となり，当該行為の効果は相
　続人に帰属しないことになるので注意が必要です。

📌 　ただし，成年後見人が家庭裁判所の許可を得ずに，民法873条の2第3
　号に該当する行為を行ったとしても，応急処分義務が成立する場合には，
　その行為は有効であり，成年後見人は民事責任を負わないものとされて
　います。

1　後見人[1] としての悩みと民法873条の2の新設

　被後見人[2] が死亡した場合，後見人が被後見人の家族であれば，病院又
は介護施設の室内に残置した所持品を引き取り，入院費用又は施設利用料を
支払い，病室又は居室を明け渡し，遺体を病院又は介護施設から搬送し，死
亡届を提出し埋火葬許可証を取得し，葬儀をあげ遺体を茶毘にふし，納骨・
永代供養するといった一連の行為は，ごく自然に行われたと思います。そし
て，法律上も，後見人の権限としてではなく，家族としての被後見人の財産
に対する何らかの管理権限等（相続人や祭祀承継者としての権限等）に基づい
て，死後の事務を行うことができる場合も多く，問題が顕在化することは少
なかったわけです。ちなみに，平成7年において，家族後見人が全体の約

183

第2編　円滑化法と実務の対応

96％を占めています。しかも，家族後見人のうち，法定相続人が後見人に就任していた割合が相当高かったのではないかと指摘されています3)。

　ところで，平成12年4月1日から新しい成年後見制度が導入され，後見人等として，親族以外の第三者が選任される割合が年々増加してきました。最高裁判所事務総局家庭局が取りまとめた「成年後見関係事件の概況—平成29年1月～12月」によれば，平成29年に，親族以外の第三者が後見人等に選任された割合は全体の約73.8％となっています。この親族以外の第三者のほとんどは司法書士，弁護士，社会福祉士の専門職後見人で占められています。さらに，最近では，市民後見人の養成を行う地方自治体も徐々に現れ始めましたので，これからは親族以外の一般の市民が後見人となることも徐々に増えてくることと思います。

　専門職後見人や市民後見人等の親族以外の第三者後見人が，死後の事務を行った場合には，家族後見人と異なり，非常に悩ましい問題が生じます。家族後見人の場合は，後見人の権限に基づかなくとも，相続人としての立場で認められた法律上の権限によって死後の事務を遂行できるので，後見人として死後の事務を行うことができるかという点については，平成12年に新しい成年後見制度が開始するまでは問題にもなりませんでした。しかし，第三者後見人の増加に伴い，後見人として死後の事務にどのように向き合うことができるのかということが実務上の大きな課題となって顕在化してきたわけです4)。

　被後見人が死亡した場合は，後見は絶対的に終了し，後見人の地位及び権利義務は消滅するのが原則です（民111条1項1号，858条の「生活」の文言は被後見人の生存を前提としています，後見登記8条1項）。したがって，権限を喪失した後見人は死後の事務を行うことができないのではないかという疑問が生じます。一方で，社会的な要請もあって，被後見人の財産を管理してきた後見人がやむなく死後の事務を行わざるを得ない場合もあります。そこで，平成28年4月13日に公布され，同年10月13日施行された円滑化法によって，成年後見人に限定してではありますが，一定の要件の下，一定の範囲内で死後の事務を行うことができるようになりました（民873条の2）。ただし，保

184

佐人や補助人には，この規定の適用はありません。

　本章では，円滑化法の施行を受けて，死後の事務と後見人の民事責任について考えてみます。具体的には，死後の事務の中で，後見人がそれを行わずに放置した場合に民事責任が発生するような場合はあるのかどうか，そして，後見人が死後事務を行った場合に民事責任が発生する場合があるのかどうかについて，さらに，成年後見人については，民法873条の２の新設の下，どのような場合に民事責任を負うことになるのかについて検討していきます。

2　後見人の民事責任について

⑴　後見人の注意義務違反による民事責任の法的性質

　後見人の死後の事務における民事責任を検討する前に，被後見人が生存中の後見事務における後見人の民事責任について検討してみたいと思います。

　後見人等は，事務を遂行するに際しては，善良な管理者としての注意義務を負います（民869条，876条の５第２項，876条の10第１項による644条準用）。この注意義務に違反して，被後見人に損害を与えた場合には，後見人は損害賠償責任を負います。

　この民事責任の性質については，債務不履行責任と解する考え方（大判大正13年７月９日民集３巻303頁）と不法行為責任と解する考え方があります。前者が，「後見人と被後見人の関係を後見人が被後見人のための事務処理をする点で委任に類似するもの」と解しているのに対し，後者は，「後見人と被後見人の関係を契約上の関係とみるのではなく一種の身分関係であり自由意思の働く余地のすくない点から契約とみるべきでないとする。」ものです5)。

　後見に委任の規定が準用されている点（民852条，869条，876条の２第２項，876条の３第２項，876条の５第２項・第３項，876条の８第２項，876条の10第１項・第２項）を重視すれば債務不履行責任であると解せられ，後見人は家庭裁判所によって選任されるものであって，後見人と被後見人との間には契約関係はないことを重視すれば不法行為責任であると解せられます。ただし，後述しますように，管理の計算義務（民870条）に基づく責任については債

第2編　円滑化法と実務の対応

務不履行責任と解した方がよいのではないかと筆者は思います。

(2) 善管注意義務が問題とされた判例や裁判例

　後見人の善管注意義務が争点となった判例は大審院時代のものが一つある
だけです。それは，後見人が被後見人のために限定承認を申し立てるに際し
て，相続財産の一部を故意に財産目録に記載しなかったので法定単純承認を
したものとみなされた結果，被後見人の利益が害されたのは善管注意義務違
反であるとして債務不履行責任を認めた判例6）です。

　下級審判決はそれほど多くはありませんが，善管注意義務に違反し，民事
責任を負うと判示した裁判例と，負わないと判示した裁判例に分かれます。
以下，紹介します。

① 民事責任を肯定した裁判例

　ア　後見人が，禁治産者の土地を低廉な価格であることを認識しながら
　　低廉（時価評価額と比べて27％余も低かった。）に売却したことは，適正
　　妥当な価格で土地を売却すべき注意義務に違反し不法行為責任を負う
　　とし，鑑定評価額の90％と実際の売却価格の差額等を損害と認めた裁
　　判例7）。

② 民事責任を否定した裁判例

　ア　共同相続人である後見人と被後見人が遺産分割協議をするにあたり，
　　被後見人のために特別代理人が選任されている場合に，後見人が遺産
　　のほとんどすべてを取得する旨の協議を成立させたとしても，特別の
　　事情のない限り，後見人の善管注意義務違反の問題を生じないとした
　　裁判例8）。特別の事情とは，後見人が被後見人を犠牲にした上で，
　　自己に利益を帰せしめようと企図する等の悪意を有し，かつ，これを
　　特別代理人と通ずる等，権利の濫用，若しくは著しくその職務の範囲
　　を逸脱しているような場合をいうとしています。

　イ　後見人が家庭裁判所の許可（後見事務の監督の一環として行ったもの）
　　に基づき，禁治産者の相続人の1人が経営する会社に3億円を貸し付
　　けた場合において，貸付けの必要性及び貸付金の回収の可能性の判断
　　について相当性・合理性がある上，貸付けの実行についても，家庭裁

第8章　民事責任

判所の許可に付された条件を満たすよう忠実に実行しており，善管注
意義務違反はないとして，債務不履行責任を否定した裁判例9)。

③　**若干のコメント**

　　いずれの裁判例も平成12年以前の禁治産後見人の時代の事例で，新し
い成年後見制度が実施されてからの公表された裁判例は，現在のところ
見当たりません10)。民事責任を肯定する裁判例も否定する裁判例も，
おおむねその結論については具体的妥当性を有するように思います。そ
して，善管注意義務違反を債務不履行責任とする（と考えていると思わ
れる）裁判例（②イ）と不法行為責任とする（と考えていると思われる）
裁判例（①ア，②ア）に分かれています。

　　なお，②アの裁判例については，親族後見人の事例であり，専門職後
見人が選任された場合の新しい成年後見制度下でも妥当するかは疑問で
す。ただし，この裁判例は，本件の遺産分割協議を有効としつつ，特
別代理人が選任された場合にも民法866条の適用を認め，本件遺産分割
協議について，被後見人に同条の取消権を認めることで具体的妥当性を
図っています。

3　死後の事務における民事責任

⑴　後見人は死後の事務を行わず放置した場合に責任が発生するのか

①　管理計算等の事務

　　前述2は，被後見人が生存している場合の議論です。では，被後見人
が死亡した場合は，どのように考えたらよいでしょうか。まず，死後の
事務のうちで，後見人がそれを行わず放置した場合に民事責任を負うよ
うな場合はあるのかどうかについて考えてみます。結論から言えば，後
見人に法律上の義務がある場合にのみ，後見人は民事責任を負うことに
なります。

　　前述したとおり，被後見人が死亡した場合は，後見は絶対的に終了し，
後見人の地位及び権利義務は消滅します。ただし，後見人は，これまで
の後見事務を清算して管理の計算（民870条，876条の5第3項，876条の10

187

第2編　円滑化法と実務の対応

第2項）をし，被後見人の相続人に，管理計算の報告をして管理してきた財産を引き渡し，家庭裁判所に最終報告をするという法律上の義務は負っています。この管理計算の義務については，判例は，契約関係より生じたると，また法律の規定により生じたるとを問わず，常に債権関係であるとし，民法875条（判例中においては旧法942条）の債権に含まれると解しています[11]。このように解することで，例えば，被後見人が死亡した場合に後見人が管理計算を怠っているときには，被後見人の相続人から後見人に対して管理計算を行うように請求することができますので，判例の考え方に筆者も賛成します。

　本章において特に検討したいのは，後見人がこれらの管理計算等の事務以外に法律上の義務を負うような死後の事務があるかどうかということです。すなわち，法が要求する管理計算等の事務以外の死後の事務を後見人が行わず放置した場合に民事責任が発生するかどうかということです。

② **応急処分義務**

　検討すべき規定として，応急処分義務の規定（民874条，876条の5第3項，876条の10第2項による654条準用）があります。応急処分義務については，詳細は第4編第1章「死後事務と応急処分義務」をご覧ください。本章では，民事責任を検討する上で簡単に触れたいと考えます。

　民法654条の規定は，委任契約が委任者と受任者の信頼関係の上に成り立つことから，委任終了時に委任者に不測の損害が生ずることを防止するための規定だとされています[12]。そして，後見人と被後見人の間の関係は契約関係ではありませんが，委任と類似する法的関係があるので，後見にこの規定が準用され，後見の終了後，被後見人の側で現実に事務を処理することができるようになるまでの間に急迫の事情があるときは，後見人は必要な処分をしなければなりません。

　死後事務において応急処分義務があるとした場合に，後見人がこの義務を果たさず放置し被後見人に不測の損害を与えた場合には民事責任が発生することになります[13]。この場合の民事責任の性質については，

第8章　民事責任

被後見人が生存中の後見人の責任（前記2(1)）と同様に考えてよいと思いますので，債務不履行責任あるいは不法行為責任となります。なぜなら，委任の場合に，受任者側で応急処分義務を負う場合には事務処理をするについて，委任終了前と同様の権限を有するものと解されており[14]，後見の場合も同様に考えられるからです。また，代理権についても有するものと考えられますので，急迫な事情なしに応急処分行為がなされたときは，その行為は無権代理となります。この行為は，相続人の追認によって有効になりますが，追認が得られない時は，後見人は損害賠償等の責任を負うことになります（民117条）[15]。

　次に，円滑化法の施行に伴い，具体的にどのような場合に，死後の事務において応急処分義務が成立するのかが問題となると思いますが，この点については後述します。

(2)　後見人は死後の事務をすれば責任が発生するのか

後見人が死後の事務を行った場合に民事責任が発生するのかどうかについて検討します。円滑化法が施行されるまでは，以下のように考えることができました。

　もし，死後の事務について後見人に応急処分義務がある場合には，後見人がその事務をせずに放置したことにより被後見人側に損害を与えたときには民事責任が発生することになります。そして，後見人に応急処分義務がない場合には，原則に戻って被後見人の死亡によって後見人の地位は喪失するわけですから，後見人が死後の事務を行う権利義務がないということになります。

　それでは，後見人として法律上の義務がないにもかかわらず死後の事務を行った場合に民事責任が発生するのでしょうか。もし，この場合に事務管理（民697条）が成立するときには，後見人の行為は違法性を阻却し不法行為責任を問われることはありません。事務管理が成立しない場合には，後見人には費用償還請求権（民702条）はありませんし，さらに管理していた財産に損害を生じさせていれば不法行為責任が発生します。事務管理については，詳細は第4編第2章「死後事務と事務管理」を参照してください。

189

第2編　円滑化法と実務の対応

　円滑化法が施行された後も，民法873条の2は保佐人や補助人には適用されませんので，以上述べたことは，保佐人や補助人にはそのまま当てはまります。成年後見人については，死後の事務について権利として行うことが一定の要件の下，一定の範囲で認められるようになりました。そのため別途の考察が必要ですので次に述べます。ただし，成年後見人が事務管理の規定に基づいて死後の事務を行うことは否定されるものではありませんので[16]，この場合の成年後見人の民事責任は上記で述べたことが当てはまります。

⑶　民法873条の2の新設の下，成年後見人はいかなる場合に民事責任を負うのか

　まず，成年後見人が死後の事務を行うための要件と成年後見人ができる死後の事務の範囲を確認した上で，成年後見人の民事責任について検討します。

①　成年後見人が死後の事務を行うための要件（民873条の2柱書）

　　成年後見人は，以下の3つの要件の下，民法873条の2が定める一定の範囲の死後の事務を行うことができます。ただし，第3号に該当する事務を行うためには，家庭裁判所の許可を得なければなりません。

ア　成年後見人が当該事務を行う必要があること

イ　成年被後見人の相続人が相続財産を管理することができる状態に至っていないこと

ウ　成年後見人が当該事務を行うことにつき，成年被後見人の相続人の意思に反することが明らかな場合でないこと

②　成年後見人ができる死後の事務の範囲

　　成年後見人は，以下の範囲で死後の事務を行うことができます（民873条の2）。

ア　相続財産に属する特定の財産の保存に必要な行為（1号）

　　立法担当者によれば，1号の行為とは，具体的には，相続財産に属する債権について時効の完成が間近に迫っている場合に行う時効の中断（民147条1号）や，相続財産に属する建物に雨漏りがある場合にこれを修繕する行為等をいうとされています[17]。

イ　相続財産に属する債務（弁済期が到来しているものに限る。）の弁済

190

（2号）

　　立法担当者によれば，2号の債務とは，具体的には，成年被後見人
が入院していた際の医療費や，成年被後見人が住んでいた居室の賃貸
料の支払等をいうとされています[18]。

　ウ　その死体の火葬又は埋葬に関する契約の締結その他相続財産の保存
　　に必要な行為（3号）

　　　立法担当者によれば，3号の「死体の火葬又は埋葬に関する契約」
　　に葬儀は含まれないが[19]，納骨に関する契約は含まれるとしていま
　　す[20]。また，3号の「その他相続財産の保存に必要な行為」とは，具
　　体的には，(i)成年後見人が管理していた成年被後見人所有に係る動産
　　その他の寄託契約の締結，(ii)成年被後見人の居室に係る電気・ガス・
　　水道の供給契約の解約，(iii)債務を弁済するための預貯金（成年被後見
　　人名義口座）の払戻し等をいうとされています[21]。

③　死後の事務における成年後見人の民事責任について

　ア　成年後見人が民法873条の2が定める要件に反して死後の事務を
　　行った場合

　　　民法873条の2が規定する要件の下において，成年後見人は同条が
　　定める一定の死後の事務をすることができます。成年被後見人の死亡
　　に伴い，相続人に管理財産を引き継ぐまでの間に，成年後見人に，管
　　理財産の保存行為を認め，成年後見事務の延長ともいえる入院費用や
　　施設利用料の支払を認め，また，成年被後見人の死と直結する埋火葬
　　等に関する契約の締結を認めています。立法担当者は，死後の事務を
　　行う成年後見人の法的地位については何も述べていませんが，その地
　　位については，法が特別に成年後見人に死後の事務を行う権限を付与
　　したものと解するしかないと，筆者は考えます。したがって，法が特
　　別に権限を付与したことに鑑みて，成年後見人が民法873条の2が定
　　める要件に反して死後の事務を行った場合は，無権代理（民117条）
　　となり，当該行為の効果は相続人に帰属しないことになる[22]ので注
　　意が必要です。

第2編　円滑化法と実務の対応

イ　民法873条の2による死後の事務と応急処分義務による死後の事務が重なり合う場合において，成年後見人が当該死後の事務を行わず放置した場合

　　円滑化法の施行後も応急処分義務の規定（民874条，876条の5第3項，876条の10第2項による654条準用）は修正を受けずに存続しています。立法担当者によれば，円滑化法によって成年後見人に死後の事務を行う権限が与えられたにすぎず，死後の事務を行うことは成年後見人の義務ではないとされています[23]。その一方で，円滑化法の施行後も，応急処分（民874条で準用する民654条）や事務管理（民697条）の規定に基づいて死後の事務を行うことは否定されるものではないとされています[24]。さらに，応急処分義務が成立する場合には，成年後見人が家庭裁判所の許可を得ずに，民法873条の2第3号に該当する行為を行ったとしても責任は負わないものとされています[25]。

　　したがって，立法担当者は，民法873条の2で認められる死後の事務と応急処分義務に基づく死後の事務が重なり合う場合があり得ることを認めているのではないかと筆者は思います。それでは，もし，民法873条の2による死後の事務と応急処分義務による死後の事務が重なり合った場合において，成年後見人が当該死後の事務を行わず放置し，成年被後見人の相続人に損害を与えた場合，成年後見人はどのような責任を負うことになるのでしょうか。この場合，成年後見人には応急処分義務がありますので，債務不履行責任ないしは不法行為責任を問われる可能性があるのではないかと筆者は考えます[26]。

ウ　民法873条の2第3号の埋火葬に関する契約の締結行為について応急処分義務が成立することがあるのか

　　民法873条の2による死後の事務と応急処分義務による死後の事務が重なり合う場合は，具体的にどのようなケースなのかを考えてみますと非常に悩ましい問題に直面します。例えば，成年後見人が，民法873条の2第3号の埋火葬に関する契約の締結行為を応急処分義務を根拠として行えるのかについては論理的に説明が困難ではないかとい

192

う考え方もあります。この考え方によれば，埋火葬に関する契約の締結行為については，民法873条の２による死後の事務と応急処分義務による死後の事務は重なり合わないということになります。応急処分義務は本来的な後見事務の範囲内で認められるものであって，成年被後見人が死亡後の埋火葬に関する契約の締結という行為は，本来的な後見事務の範囲外であるということと，民法873条の２第３号の埋火葬に関する契約の締結行為は他に行う者がないとき又は判明しないときは市町村長に法的義務がある（墓埋法９条）のに対し，成年後見人には法律上の義務はないことを主な理由としています。この点の詳細は，第２編第２章「遺体の引取りと火葬・埋葬」をご覧ください。

　一方で，民法873条の２第３号の埋火葬に関する契約の締結を応急処分義務を根拠として行えるという考え方もあり得ます。むしろ，家庭裁判所の許可を得て行う埋火葬に関する契約の締結の場合は，応急処分義務も成立する場合が多いのではないかという考えです。民法873条の２による死後の事務と応急処分義務による死後事務の法律上の成立要件が類似しており区別できない場合も多く，立法担当者も民法873条の２第３号（前記３(3)②ウの具体例の中で，応急処分義務が特に問題となるのは埋火葬に関する契約の締結ですので，立法担当者は，この契約締結を念頭にしているものと思われます。）において応急処分義務の成立する場合があることを認めています。この考え方をとれば，現在の実際の後見実務（成年後見人として，埋火葬に関する契約の締結を家庭裁判所の許可なしに締結し，保管・管理している成年被後見人の現金から費用を支払うといった実務）の適法性を理論づけるものと評価できる一方で，前述したような理論的な問題も残されています。また，民法873条の２は義務規定ではないとしつつも，このように解すれば実質的に義務となることに対して実務家からの抵抗感も強いようです。

　どちらの方向で考えるのがよいのか，さらに立法的解決が必要であるのかについては今後の課題として残されています。いずれにせよ，民法873条の２の新設によって，死後事務に関する問題がすべて解決

第2編　円滑化法と実務の対応

したとは言い難い面もあると筆者は考えています。

なお，死後事務の具体的なケースについての要件とその解釈については，本編の各章を参照してください。

4 おわりに

民法が一部改正され，成年後見人に対して一定の範囲で死後の事務を行うことが認められました。しかしながら，保佐人や補助人には，財産管理権があったとしても死後の事務を行うことが認められませんでした。しかし，親族以外の第三者後見人の割合が全体の7割を超えた状況に至っており，また，成年後見制度利用促進法に基づき閣議決定された成年後見制度利用促進基本計画によれば，今後ますます保佐や補助を促進していこうとしている状況の下，財産管理権を有する保佐人・補助人にも成年後見人と同様の死後の事務を行うことが認められるべきではないかと考えます。なぜなら，親族以外の第三者である保佐人や補助人が財産管理権を有している場合に，被保佐人や被補助人に身内がいないか，いても関わりを拒否している場合に，社会的要請からやむなく死後の事務（特に，埋火葬や最後の施設利用料・入院費用の支払等）をやらざるを得ない事情は，成年後見人の場合と異なることがないからです。民法のさらなる改正を望みます。

【注】

1）本章においては，「後見人」という場合，成年後見人の他に財産管理の代理権を付与された保佐人・補助人を含むこととします。

2）本章においては，「被後見人」という場合，成年被後見人の他に被保佐人・被補助人（ただし，財産管理の代理権を付与された保佐人・補助人の場合）を含むこととします。

3）上山泰『専門職後見人と身上監護』185頁（民事法研究会，第2版，2010）。

4）上山・前掲注3）185頁。

5）於保不二雄＝中川淳編『新版注釈民法(25)　親族(5)』456頁〔中川淳〕（有斐閣，改訂版，2014）。

第 8 章　民事責任

6）大判大正13年7月9日民集3巻303頁。

7）東京地判平成11年1月25日判時1701号85頁，判タ1042号220頁。

8）山形地判昭和45年12月8日判タ260号291頁。

9）東京高判平成17年1月27日判タ1217号272頁。

10）成年後見人の善管注意義務違反が争点となった裁判例として，未公表判決ではありますが，東京地判平成21年2月17日（公刊物未登載）があります。これは，被相続人の子で，遺産分割の結果，本件訴訟上の地位を承継した原告が，被相続人の成年後見人であった被告に対して，被相続人の財産管理事務において売却した土地の価格が著しく低廉であったとして，受任者の善管注意義務違反の債務不履行又は不法行為に基づいて，損害賠償を請求した事案であり，鑑定の結果，土地売却の経緯等の事情に照らせば，同土地の売却価格が著しく低廉であったとはいえず，後見人であった被告に善管注意義務違反等は認められないとして，原告の請求を棄却したものです。その他の裁判例（未公表判決）として，弁護士費用の支払に関して成年後見人の任務懈怠による不法行為責任を認めた事例（東京地判平成23年7月29日）と遺産分割協議に関して成年後見人の不法行為責任を否定した事例（東京地判平成23年9月7日）があります（公益社団法人成年後見センター・リーガルサポート編「後見六法〔2016年版〕」677頁・678頁（民事法研究会））。

11）大判大正7年5月23日民録24輯1027頁。

12）幾代通＝広中俊雄編『新版注釈民法⒃　債権(7)』297頁〔中川高男〕（有斐閣，1989）。

13）理論的には，一応このように考えることができるとしても，死後の事務における応急処分義務が成立する場合をどのように考えるのかによっては問題が生じるように思います。死後の事務において応急処分義務が成立する場合を制限的に解する場合（例えば，倒壊する家屋の修繕等）は，民事責任が認められると解してもよいと考えます。一方で，死後の事務における応急処分義務を広く認めようと解する場合（例えば，本文解説**3**(3)③**ウ**，民法873条の2第3号の埋火葬に関する契約の締結の場合にも応急処分義務が成立する場合多いのではないかと解する場合）は，次のような問題があるのではないかと考えます。この場合，成年被後見人が既に死亡していますので，成年後

第2編　円滑化法と実務の対応

見人が応急処分義務に基づいて責任を負う場合，成年被後見人の相続人が損
害賠償請求権を行使することになります。しかし一方で，民法873条の2第3
号の要件が成立するような場合には，多くのケースにおいて，成年被後見人
の相続人が協力しないので，やむなく成年後見人が死後事務を行わざるを得
ない状況がありますので，このような相続人に損害賠償請求権の行使を許し
てよいのかどうかの問題が残るように思います。

14)　我妻榮『債権各論　中巻二』698頁（岩波書店，1962）。

15)　幾代＝広中編・前掲注12)　484頁〔吉村朋代〕。

16)　大塚竜郎「『成年後見の事務の円滑化を図るための民法及び家事事件手続法
　　　の一部を改正する法律』の逐条解説」家判7号83頁。

17)　盛山正仁「成年後見の事務の円滑化を図るための民法及び家事事件手続法
　　　の一部を改正する法律の概要」金法2045号35頁。

18)　盛山・前掲注17)　36頁。

19)　盛山・前掲注17)　36〜37頁。

20)　大塚・前掲注16)　83頁。

21)　盛山・前掲注17)　37頁。

22)　大塚・前掲注16)　83頁。

23)　盛山・前掲注17)　36頁。

24)　盛山・前掲注17)　35頁。

25)　大塚・前掲注16)　83〜84頁。

26)　前掲注13)　で述べました問題と同様の問題が，この場合にも生じるものと
　　　筆者は考えます。

〔多田　宏治〕

第3編

後見終了時の引継ぎ

第1章　財産の引渡し

第2章　後見の終了と遺言執行

第1章

財産の引渡し

事　例

　Bは身寄りがなく一人暮らしでしたが，1年前に脳梗塞により入院しました。
　そこで，B自身が入院費の支払等ができなくなったので，市町村申立てにより裁判所からの依頼でAが後見人に就任しました。
　その後，Bの症状が安定したので退院することになりましたが，この先の自宅にて一人暮らしは難しいことから，施設へ入居することになりました。
　最近になって，Bは，風邪をこじらせ再び入院したのですが，高齢の上，持病もあったため容態が急変し，ついに先日，亡くなりました。
　生前よりBは「私は，妻も子もなく独りである」旨を話していましたので，相続人の調査は，生前には行っていませんでした。
　Bの財産は，預貯金や株式があり，所有不動産は自宅があります。
　生前にBが遺言を書いていたとも聞いていませんし，自宅にも施設にもそれらしいものはありませんでした。

　被後見人の相続人がいるかどうかが不明の場合，後見人は，被後見人の残された財産について，どのように関与していけばよいでしょうか。また，複数の相続人の存在が判明した場合，誰に遺

第3編　後見終了時の引継ぎ

産を渡せばよいでしょうか。

解　説

1 問題点

　被後見人が死亡した後の財産の引渡しについて，後見人が直面する問題点については，下記のようなものが考えられます。

(1) 被後見人の相続人の調査

(2) 後見の計算について（民870条）

(3) 被後見人の死亡により後見は終了しますが，後見人が被後見人の財産を管理せざるを得ない場合の根拠

　① 相続人による場合（民918条）

　② 後見における委任終了後の急迫の事情のあるときの処分（応急処分義務）の準用による場合（民874条による654条準用）

　③ 事務管理による場合（民697条）

　④ 後見の計算の直接効果（民870条）

(4) 被後見人の財産の引渡し

　① 被後見人の相続人が複数いる場合

　② 相続人代表者への引渡しの可否

　③ 相続人間で争いがある場合の財産の引渡し

　④ 相続人不存在の場合の相続財産管理人選任（民952条）

　⑤ 相続人行方不明の場合の不在者財産管理人選任（民25条）

　⑥ 被後見人の遺言書の有無

2 相続人の調査

　後見人は被後見人死亡後，後見の管理の計算の結果を，相続人に対して報告し，相続財産を引き渡す必要があります。その際に相続人の調査が必要になり，相続人の特定には，戸籍謄本等を取得して調査をすることになります。

200

第1章　財産の引渡し

　後見人等は，相続人の調査の方法として，後見人としての登記事項証明書，被後見人の死亡を証する書面等を添付して，その時の相続人確定のための戸籍謄本等の交付請求をすることになります。

　これに対して，被後見人の生前に後見人が，推定相続人調査のため，戸籍謄本等を請求しても，被後見人の推定相続人が兄弟姉妹の場合には交付を拒否される場合が多く見受けられます。

　これは，後見人がなす戸籍謄本等の請求については，本人の代理としての法律行為なので，被後見人が生存している場合（相続が発生していない場合），戸籍法10条に基づき，戸籍謄本等の交付請求の範囲は本人又はその配偶者，直系尊属若しくは直系卑属に限られているためであると思われます。

　また，行政の窓口にて，「戸籍謄本等の発行基準は市区町村により，多少異なるかもしれませんが，平成20年5月，改正戸籍法の施行により，個人情報を保護する意識の高まりへの的確な対応や申請時の厳格な審査が求められているためです。」との説明を受けた実例があります。

　司法書士等の専門職後見人が職務権限で認められている戸籍謄本等の請求用紙を使用する際にも戸籍法10条の2第1項3号の「正当な理由」がなければ，戸籍謄本等の交付の請求をすることができません。被後見人の推定相続人調査が，後見の事務の範囲ということであれば，正当な理由と考えることができますが，現状では，家庭裁判所に後見申立てをする際に推定相続人を全員調査することが申立ての条件にはなっておらず，この点から考えるのは難しいと思われます。

　しかし，成年後見人の業務遂行に当たっては，被後見人等の生前においても，推定相続人を事前に知っておく必要があります。

　それは，被後見人等の医療行為に関して親族が同意をすること，被後見人等の死亡に際して迅速な手続を行うこと等，推定相続人と事前にコンタクトを取ることで後見業務を円滑に行うことができるからです。

　親族以外の第三者後見人が増加する現在においては，財産の引渡し時における法による直接規定のない業務のグレーゾーンはますます問題化することが危惧されます。また，第三者後見人にとっては，生前から被後見人等の推

201

第3編　後見終了時の引継ぎ

定相続人との間でコミュニケーションを取ることが後見業務にとって大事な要素となるので，事前に推定相続人を知ることの実益は大きいものがあります。

最近では，例外的にではありますが，成年被後見人への医療行為のため同人の親族の同意が必要となる時に一定の条件を満たしていれば，被後見人の生前においても戸籍調査が可能な場合があるとの見解が示されました。ただ医療行為における親族の同意が必要な時という条件付きのため，非常に限定的な取扱いです[1]。

平成28年10月に施行された円滑化法は，被後見人の死亡後に限定されているため推定相続人調査のための戸籍取得についての適用はありませんが，後見業務の円滑化のためにも被後見人の生前に後見人による推定相続人調査ができるようにすることが望まれます。

3　後見の計算（民870条）

後見人等は本人の死亡により財産管理の終了に伴う清算事務を行うことになりますが，条文上，本人の死亡から原則2か月以内に後見の計算を行わなければならないとされています（民870条）。後見の計算とは，後見事務の開始から終了に至るまでに後見事務の執行から生じた一切の財産上の変動及び現状を明らかにすることを目的とするものであり，後見の終了に伴う事務の中心的なものといえます。

計算の報告を誰にするかについては明文の規定はありませんが，被後見人の死亡により，その権利義務が相続人に引き継がれることから，相続人に報告するものと思われ，実務においては，通知は，一般的に相続人に対して行っています。

後見の計算は，終了に際しての義務であると考えられています[2]。

後見の計算が終了した後は，後見人が管理していた相続財産を相続人に引き渡すことになりますが，財産の返還義務と後見の計算義務は別個のものであるので，被後見人は後見の計算を待たずに，直ちに自己の計算に基づいて財産の引渡しを求めることができるとした判例があります[3]。

202

第1章　財産の引渡し

　また，期間内に後見人が事務を行うことができないときは，家庭裁判所へ審判の申立てをして伸長することができます（民870条ただし書，家事・別表第1の16）。

　実務の取扱いでは，管轄の家庭裁判所へ，できるだけ速やかに本人死亡の旨及び後見終了の報告も行います。この後見終了の報告は，それまでの家庭裁判所への報告から死亡日までの収支を報告する収支状況の報告書と死亡日における財産目録をあわせたものになります。

　後見の計算が終わると，その通知を相続人に対してする場合に，相続人全員に対して行うのか，それとも1人に対して行えば足りるのかが問題となります。親族による後見人以外の第三者後見人が多数を占める現在においては，この通知を保存行為として考えて，相続人全員に対して通知することなく，1人に対して通知するだけで免責されるのであれば，随分と後見人の負担が軽くなると筆者は考えます。実務においてもこのように考え，相続人全員に通知する必要はなく相続人の1人に対して通知すれば足りるとする裁判所もあります[4]。

　これは，管理計算義務を「なす債務」としてとらえ，性質上不可分債務であるので，相続人が複数ある場合でも1人に対して管理計算の報告をすれば足りるとする考え方です（民428条）[5]。

　なお，後見の計算は，本人死亡後の後見人の業務となります。通常，裁判所の報酬については後見業務の終了時までを対象としているので，公には法定代理権の消滅する本人の死亡後の事務については表立って報酬の付与は認められていないように思われます。しかしながら，実務では，①通常の死亡時引継事務に係る付加報酬，②死後事務に係る付加報酬をも勘案して後見人の報酬（最後報酬）を決める旨を明言している裁判所もあります[6]。報酬を付与する業務の対象期間は原則本人の生存中ですが，後見の計算が民法上規定されている義務であるので，実際には報酬の中に加味されているものと思われます。

203

第3編　後見終了時の引継ぎ

4　被相続人の財産を死後に管理する根拠

　後見人等の財産管理権が後見の終了により消滅している以上，終了後の財産の保存行為や支出行為に関して法的根拠がなければ管理の継続はできないことになります。

　後見人等が本人の相続人の場合は，相続人の資格によって本人の財産管理を継続することができますが，相続権のない第三者後見人については，どうでしょうか。

　円滑化法（民873条の2）施行以前は，応急処分義務（民874条による654条準用），事務管理（民697条），後見の計算の直接効果（民870条）等を理由に管理を継続することが考えられていましたが，円滑化法の施行後は円滑化法から本人死後の後見人の財産管理について一定の法的根拠が導かれると考えます。

(1)　円滑化法（民873条の2）

　民法873条の2は「相続人が相続財産を管理することができるに至るまで，次に掲げる行為をすることができる。」とし1号で「相続財産に属する特定の財産の保存に必要な行為」と規定しています。この規定は，「相続財産に属する特定の財産」の保存に必要な行為であるので，遺産の管理行為といえます。

　つまり，被後見人の財産の管理が，被後見人の死後も「例外的」に継続し得るとする今回の規定から，死後の事務を行うにあたり遺産の管理がその前提として認められたと考えることができます[7]。

(2)　後見終了後（応急処分義務，民874条による654条準用）

　後見事務の終了に際しては，まず民法874条によって，同法654条が準用されています。これは，委任が終了した場合において，受任者は委任者の相続人が委任事務を処理することができるに至るまで，必要な処分をしなければならないという善管注意義務でありますが，その範囲で権限が残ることになると考えられます。

　相続財産の引渡しが，この義務にあたるのであれば，それに伴い財産の管

204

第1章　財産の引渡し

理も引き続き後見人が行うことの根拠になると思われます。

(3) 事務管理（民697条）

後見事務の終了後は，一般的には事務管理が適用されると解されていますが，事務管理は権限なくして行った行為についての規定であり，本人死亡後の事務処理の必要性と，実務で直面する事務の多様性を考えれば，事務管理ですべてを行うには無理があります。

また事務管理では，原則報酬の対象にはなりません。

(4) 後見の計算の直接効果（民870条）

後見の計算が終了するまでは，財産を把握して正確に計算作業をする必要があるので，財産を継続して管理する権限があるのではないかと考えますが，それに付随して財産を相続人に引き渡すまでは，財産の散逸を防ぎ，預金通帳の管理等，ある程度の財産の管理継続ができるのではとの考えもあります[8]。

5　被後見人の財産の死亡後の引渡し

被後見人の死亡後は，後見人は財産を，相続人に引き渡さなければなりません。後見は終了していますし，また，相続人は，被後見人の財産に対して相続人としての権利義務を承継しているからです。

相続人1人の場合はそのまま引き渡せばよいでしょう。しかし，相続人が複数いる場合については従来から，相続人の代表を決め，全員に同意書をもらってから，代表者に引き渡すか，分割協議をしてもらい相続人各々に引き渡すなどの方法がとられていました。ただ，そのような手続では，相続人多数により相続人の調査が長引く場合，相続人の一部が行方不明の場合，相続人間で相続の協議が調わない場合等，いつまでも財産の引渡しができない状態が続くことになります[9]。

(1) 代表者への引渡しの可否

相続人が複数いても相続財産は，そのうちの1人に引き渡せば足りるとする考えがあります。家庭裁判所によっては，相続人の1人に対しての引渡しで足りるとの意見があり，実際にその旨の取扱いが行われている例もあるよ

205

第3編　後見終了時の引継ぎ

うです。筆者の最寄りの裁判所でも相続人の1人への引渡しで足りるとしています。

　それは，相続財産は，本人の死亡により全相続人の遺産共有の状態となり（民896条，898条），後見人等が後見事務を処理するにあたり受け取った金銭その他の物の権利移転は既に終了しており，動産及び権利の徴表たる書類（預金通帳，証書，建物の鍵等）の相続人への引渡しは，後見人等から見れば保存行為であるため，相続人が複数ある場合も，相続人の1人に対して行えば足りることになるとの考えからです[10]。

　しかし，実際に相続人の1人に引き渡した場合，他の相続人からクレームを受けることも考えられます。特に本人の生前から親族間の紛争がある場合は，紛争を避けるために相続人全員から同意をとるなどして，実務上は，慎重に対処する場合があるでしょう。

　また，財産の種類によって次のように考えられます。

① **不動産について**

　土地の場合，所有権は本人死亡により相続人に帰属することになります。死亡者名義のままでは処分等ができないので，相続人へ財産目録の交付をすれば足りるものと考えます。建物についても同様ですが，鍵等を相続人の1人に引き渡した場合でも新たな所有権の侵害とはいえないため，後見人の責任が問われることはないと考えます。

　ただ，建物内の動産を相続人の1人が持ち出して処分した場合等はトラブルの可能性があるので注意が必要です。

　実務においては，財産目録に記載するのはもちろん，写真を撮るなど，動産の内容を後で確認できるようにしておくことが必要であると考えます。

② **預貯金，株式・投資信託について**

　金融機関の実務上，預貯金全額の引出しは遺産分割協議書か又は相続人全員の署名と実印を押印した銀行専用の払戻し請求書に，相続人全員の印鑑証明書を添付するという相続手続が必要であり，通帳や印鑑等を相続人の1人に引き渡しても処分することはできません。

　ただし，注意として，本人の死亡を金融機関に通知していないと，相続

206

第1章 財産の引渡し

人の１人により預貯金を引き出される可能性があるので，金融機関へ，本人が死亡した旨の通知を必ずした上での手続が必要になります。

預貯金については，可分債権は相続分に応じて相続人に当然に分割・帰属する旨の判例[11]がありましたが，最高裁判所平成28年12月19日大法廷決定[12]により「共同相続された普通預金債権，通常貯金債権及び定期貯金債権は，いずれも，相続開始と同時に当然に相続分に応じて分割されることはなく，遺産分割の対象となるものと解するのが相当である。」と当然に相続人に分割・帰属するのではなく「遺産分割」の対象になると変更になりました。決定後の金融機関の取扱いについては，相続人間での遺産分割協議が調わないうちは支払には応じないものと思われます。

なお，相続法の改正により，相続された預貯金債権について，生活費や葬儀費用の支払，相続債務の弁済などの相続人の資金需要に対応できるよう，遺産分割前にも払戻しが受けられる２つの仮払い制度が次のように設けられました。

ⅰ 保全処分の要件を緩和して，仮払いの必要性があると認められる場合には，他の共同相続人の利益を害しない限り，家庭裁判所の判断で仮払いが認められた（家事200条)[13]。

ⅱ 家庭裁判所の判断を経ずに，遺産に属する預貯金債権のうち，一定額については，単独での払戻しが認められた（民909条の２)[14]。

株式・投資信託についても承継手続には，預貯金同様に相続人の遺産分割協議書か又は相続人全員の同意が必要となりますので相続人の１人から処分することはできません。

③ **現金について**

判例は，相続開始時に現金であった財産は，後に，相続財産管理人名義で預金として保管されても，当然に分割されないとしています。「相続人は，遺産の分割までの間は，相続開始時に存した金銭を相続財産として保管している他の相続人に対して，自己の相続分に相当する金銭の支払を求めることができないと解するのが相当である。」と判示しています[15]。したがって，現金は当然に分割できないものと考えられます。現金の引渡請

207

第3編　後見終了時の引継ぎ

求は相続人にとって共有物の保存行為として，1人に渡せばよいと理論的に考えられますが，現金の扱いはデリケートな問題を引き起こしかねません。そこで，実務上，紛争を避けるために，本人名義の通帳に入金しておけば相続人の1人から処分することはできないことになります。また，相続人から受取りを拒絶された場合には，後見人が債務者として供託すれば，後見人の義務は果たされるものと考えます（民494条）。

④　**動産について**

前述のように，後見人等から見れば財産の引渡しは，保存行為であるため，相続人が複数ある場合も，相続人の1人に対して行えば足りることになるとも考えられますが，実務上，財産目録に記載するのはもちろん，写真を撮るなど，動産の内容を後で確認できるようにした上で，引き渡すことがトラブルを防ぐことになると筆者は考えます。

相続人に対して受領を催告しても，拒絶された場合には次のような方法が考えられます。

i　後見人等が，利害関係人として，家庭裁判所に「相続財産の保存又は管理に関する処分」（家事・別表第1の90）の申立てをして，「寄託（有償）及び寄託料の支払」又は「換価」若しくは「廃棄」を求めます[16]。その財産の保管を続けることが相続財産全体の価値を毀損する場合に，換価が可能であれば換価処分を，換価が不可能（又は無価値）であれば廃棄処分をします。

ii　後見人が，①「相続財産に属する特定の財産の保存に必要な行為」（民873条の2第1号）として動産を倉庫業者に寄託して，②同条3号の許可に基づき毎月保管費用を支払い，③一定期間経過後（6か月〜1年未満）に，保存について過分の費用を要するので，「相続財産の保存に必要な行為」として，3号許可の申立てをして動産を廃棄します[17]。

⑵　**相続人間で争いのある場合**

相続人間で争いがある場合は，相続人の1人より遺産分割の審判（調停）を申し立てる方法があります。

しかし，これは時間がかかる場合が多いので，審判前の保全処分にて財産

第1章　財産の引渡し

管理人の選任を申し立てたり（家事105条），審判（調停）の途中でも選任の申立て（家事200条1項）をしたりして，選任された財産管理人に対して財産を引き渡す方法もあります。

　実務においては，ある相続人の管理が不十分な場合，複数の共同相続人の管理がうまく調整されない場合などに，相続財産の管理（民918条）を用いて，財産管理人を選任する方法も行われています[18]。

　ただし，大阪家庭裁判所では，申立ての要件として，相続人間の対立が激しく，誰が引継ぎを受けるかも定まらない場合，相続人が後見人等の財産管理に不信感を抱いており，引継ぎを受けると後見人等の財産管理を追認することになるとして，引継ぎを拒否する場合等，紛争性の極めて高い類型に加えて，財産管理人を選任する必要性がある場合に限られます[19]。

　なお，民法918条の適用は相続の承認又は放棄までというのが通説ですが，実務では3か月を過ぎても引き続き管理している例があります。

　実務における第三者後見人の相続財産の引渡しの場合に，いつまで経っても財産の引渡しができずに，不安定な状態のまま後見人が預かっている例が数多く見受けられます。

　それは，例えば，①相続人がいない場合，②相続人がいても相続人の協力が得られず受取りを拒否されている場合，③相続人間で分割協議がまとまらない場合等です。

　相続財産の引渡し義務は善管注意義務であり，財産の引渡しが，相続人の都合で長期にできない状況になれば，それだけ後見人に無用な責任がかかってくる可能性が高くなります。

　また，相続人が複数いる場合において，相続人同士の話合いがつかないうちから相続人の1人より，執拗に自己の持分の引渡しを迫られた例もあり，実務においては判断が難しく，迷うところであります。

　これら引渡しにおける実務上の問題点については，民法918条の相続財産管理人につき，「熟慮期間経過後も準用できるように明文化するか，又は単純承認後遺産分割までの財産管理に関する規定をおく法改正がなされるか」，いずれにせよ立法の不備を解消すべきであるなど，日本弁護士連合会や公益

209

第3編　後見終了時の引継ぎ

社団法人成年後見センター・リーガルサポートからの提言があります。まさに引渡しに伴う解釈上の不明瞭さが，実務に反映されていない点など立法による解決が望まれているところであります。

⑶　**相続財産管理人の選任**（民952条）

相続人のあることが明らかでないときや，相続人の全員が相続放棄をしたときなどは，家庭裁判所に申立てをして，相続財産管理人を選任します。

これは，相続財産を管理し，最終的に清算するための制度であり，後見人は，利害関係人として申立人となることができます。

申立ての際に費用や予納金が必要になりますが，実務においては，相続財産が少額の場合は申立て自体ができない場合があります。

予納金については，家庭裁判所によっては必要としないという報告もありますが，今のところ，一部の家庭裁判所の取扱いのようです。

円滑化法施行前でも，相続財産管理人の選任については，成年後見人は利害関係人として申立てができましたので，申立人に関しては法改正による実益はないものと思われます。しかし，従来から申立費用や予納金については被後見人等の相続財産から支出することは認められていませんでした。円滑化法により新設された民法873条の2により，裁判所の許可を得て申立費用や予納金が被後見人の相続財産より支出することができるのであれば，申立費用等の帰属が明確になることから，その点で実益があるものと思われますが，相続財産管理人の申立ては，成年後見人としての死後事務ではなく，利害関係人として行うものであるので，円滑化法の対象とはならず，申立てに関する費用については相続財産管理事件の中で検討することになります[20]。

⑷　**不在者財産管理人の選任**（民25条）

相続人が行方不明の場合や，相続人が生死不明の場合等には，家庭裁判所に申立てをして，不在者財産管理人を選任する方法があります。

⑸　**遺言書について**

本人が遺言書を作成している場合においては，遺言執行者が選任されていれば，遺言執行者に引き渡せばよいと考えますが，選任されていなければ，後見人には遺言執行の権限はないので，遺言の内容に基づいて単純に引き渡

210

第1章　財産の引渡し

しをすればよいということにはならないと考えます。したがって，遺言執行者が選任されていない場合は，家庭裁判所に遺言執行者選任の申立てをして，選任された遺言執行者に引き渡せばよいと考えます。

6　むすび

相続権のない第三者後見人の相続財産の管理権については，様々な解釈が考えられています。被後見人の死亡により代理権が消滅したとしても，実務上は，多くの事務が残ります。被後見人の財産の管理は相続人とのトラブルや法律違反も考えられ，非常に不安定なものです。円滑化法により一部の死後事務手続については法的な根拠が与えられましたが，未だに法的整備がされていない部分が数多く残されています。

最近では，大阪家庭裁判所が相続財産の引渡し等につき，実務における明確な指針を出し，円滑な業務の推進を図っています[21]。

ただそれでも，財産の引渡しの手続については，明文上どこまで行うかの規定がないので，後見人の免責される範囲が分かりにくくなっています。

成年後見法の制定当初は，親族が後見人になることが多く，第三者後見人のこのような問題は表面化していませんでしたが，平成29年度の最高裁判所事務総局家庭局の公表[22]によれば，平成29年に選任された第三者後見人は，全体の約73.8％に及んでいます。選任される第三者後見人が全体の7割を超える現状では，今後ますます第三者後見人特有の問題が増加してくると思われます。

被後見人死亡後の，財産の相続人への引渡し手続においては，実務上，問題が多くあり，第三者後見人が，四苦八苦しているのが現状です。

現場では，どのように引き渡せばよいかについての法に基づく明確な指針が求められています。

円滑化法については，被後見人等の死亡後においての相続財産を保管・管理する法的地位については，直接言及されるものではないように筆者には思われます。

いずれにせよ，後見終了時の引継ぎに関して被後見人死亡後の第三者後見

211

第3編　後見終了時の引継ぎ

人の不安定な執務状況が改善されるよう，さらなる整備が望まれます。

　　後見人等の法定代理権は，被後見人Ｂの死亡により当然に消滅するという条文上の直接の規定はありませんが，法定後見人の代理権は民法上の代理規定が適用されると考えられているので，成年後見人等の職務は被後見人死亡の時点で終了することになります。しかし，終了に当たっての業務として，後見の計算をし，被後見人の財産を相続人へ引き渡す義務等が残るので，Ｂの後見人であるＡは相続人を探して，Ｂの財産を相続人へ引き渡すことになります。

　　また，Ｂの相続人が複数存在する場合は，知れたる相続人のうちの１人に引き渡すか，共同相続人間で話合いをしてもらい，引き渡す相手を決めてもらって，その相続人に引き渡します。

　　相続人がいない場合は，家庭裁判所に対して相続財産管理人選任手続をして，選任された相続財産管理人に引き渡します。

【注】
1）コラム２「市民後見人と死後事務」参照。
2）島津一郎＝松川正毅編『基本法コンメンタール親族』269頁（日本評論社，第５版，2008）。大判大正７年５月23日民録24輯1027頁。
3）大判大正７年１月31日民録24輯74頁。
4）大阪家庭裁判所家事第４部後見係「大阪家裁後見センターだより（第６回）」82頁（OBA Monthly Journal 2018.4）。
5）大阪家庭裁判所家事第４部後見係「大阪家裁後見センターだより（第７回）」79頁（OBA Monthly Journal 2018.6）。
6）前掲注４）「大阪家裁後見センターだより（第６回）」82頁。
7）第１編第１章　松川正毅「死後事務に関する改正法（民法873条の２）について」9頁。
8）上山泰「成年被後見人等死亡の場合の成年後見人等の地位と業務」実践成

年後見10号12頁，15頁注25。

9）前掲注4）「大阪家裁後見センターだより（第6回）」83頁。

10）前掲注4）「大阪家裁後見センターだより（第6回）」82頁。

11）最判昭和29年4月8日民集8巻4号819頁。最判平成16年4月20日判時1859号61頁。

12）最決平成28年12月19民集70巻8号2121頁。

13）平成30年7月6日，民法及び家事事件手続法の一部を改正する法律（平成30年法律第72号）として成立。一部の規定を除き，2019年7月1日から施行予定。

家事事件手続法200条

1・2 （略）

3 前項に規定するもののほか，家庭裁判所は，遺産の分割の審判又は調停の申立てがあった場合において，相続財産に属する債務の弁済，相続人の生活費の支弁その他の事情により遺産に属する預貯金債権（民法第466条の5第1項に規定する預貯金債権をいう。以下この項において同じ。）を当該申立てをした者又は相手方が行使する必要があると認めるときは，その申立てにより，遺産に属する特定の預貯金債権の全部又は一部をその者に仮に取得させることができる。ただし，他の共同相続人の利益を害するときは，この限りでない。

4 （略）

14）民法909条の2

各共同相続人は，遺産に属する預貯金債権のうち相続開始の時の債権額の3分の1に第900条及び第901条の規定により算定した当該共同相続人の相続分を乗じた額（標準的な当面の必要生計費，平均的な葬式の費用の額その他の事情を勘案して預貯金債権の債務者ごとに法務省令で定める額を限度とする。）については，単独でその権利を行使することができる。この場合において，当該権利の行使をした預貯金債権については，当該共同相続人が遺産の一部の分割によりこれを取得したものとみなす。

15）最判平成4年4月10日家月44巻8号16頁。

16）前掲注4）「大阪家裁後見センターだより（第6回）」84頁。根拠として，

民法918条2項，「家庭裁判所は，利害関係人又は検察官の請求によって，いつでも，相続財産の保存に必要な処分を命ずることができる。」があります。また「相続財産の保存に必要な処分」には，個々の相続財産を換価又は廃棄して処分することも含まれるものと解されます。

17) 前掲注4)「大阪家裁後見センターだより（第6回）」85頁。

18) 詳細についてはコラム11「相続財産管理人の選任申立てに関して」参照。

19) 前掲注5)「大阪家裁後見センターだより（第7回）」77～78頁。財産管理人を選任する必要性がある場合とは，以下のとおりです。

①相続財産中に借地権又は住宅ローン付き住宅や，事業用不動産（抵当権付）があり，これらの財産を維持するためには，今後も継続的な弁済が必要となるが，相続人間の対立が激しいため，今後も相当長期にわたり相続人全員による預金の解約や払戻しが期待できない。②相続財産の中に事業用不動産があり，相続発生後も継続的に家賃の入金を受け入れる必要がある。③相続財産の中に，財産的価値は高いが換価が困難な動産（美術品等）があり，適切な方法で保管を続ける必要がある。

20) 前掲注5)「大阪家裁後見センターだより（第7回）」79頁注14。

21) 前掲注4)「大阪家裁後見センターだより（第6回）」82頁。

22) 最高裁判所事務総局家庭局「成年後見関係事件の概況―平成29年1月～12月―」。

【参考文献】

・北野俊光＝梶村太市編『家事・人訴事件の理論と実務』429頁〔坂野征四郎〕，502～506頁〔白石研二〕（民事法研究会，2009）

・上山泰『専門職後見人と身上監護』206～210頁（民事法研究会，第3版，2015）

・大阪弁護士会高齢者・障害者総合支援センター編集『新版 成年後見人の実務』81～82頁（大阪弁護士協同組合，2008）

・東京家裁後見問題研究会編著「成年被後見人死亡による後見終了における問題点」『東京家裁後見センターにおける成年後見制度運用の状況と課題』判タ1165号118～120頁

・上山泰「成年被後見人等死亡の場合の成年後見人等の地位と業務」実践成年

後見10号 4 ～ 6 頁，9 ～11頁，15～17頁

・藤江美保「法定後見における本人死亡後の事務への実務的対応」実践成年後見10号39～41頁

・社団法人成年後見センター・リーガルサポート「『成年後見制度改善に向けての提言』～法定後見業務に携わる執務現場から～」（2005年10月 1 日）

・日本弁護士連合会「成年後見制度に関する改善提言」（2005年 5 月 6 日）

・OBA Monthly Journal「大阪家裁成年後見センターだより」（2018年 4 月号82頁，6 月号77～79頁）

・島津一郎＝松川正毅編『基本法コンメンタール　親族』（日本評論社，第 5 版，2008）

〔川島　吉博〕

第3編　後見終了時の引継ぎ

コラム10
財産の引継ぎができないとき──供託の利用の可能性

　後見終了後，後見人は管理してきた財産を相続人又は場合によって相続財産管理人等に引き継ぐ必要があります[1]。しかし，財産が些少な場合に，相続人全員に財産の受領を拒否されたり，管理費用が見込めないために相続財産管理人等の選任の申立てが困難であったりというような事情で，財産の引継ぎができずに後見人が苦慮することがあります。このような場合，残された財産が現金のみであれば，引継ぎは必ずしも債務の弁済ではありませんが，実務では，弁済供託（民494条）が利用されることがあります。

　財産が些少な場合のその財産の内容は，少額の現金と動産類であることが多いように思われます。そして，供託可能な物は，金銭，有価証券，振替国債，その他の物とされており，動産も供託物となり得るので，現金の引継ぎ方法として供託が利用できるのであれば，動産も同様に供託すれば引継ぎ問題はそれで解決できそうに思えます。しかし，動産を供託する場合の供託所は法務大臣が指定した倉庫営業者又は銀行（供託法5条1項）となり，法務大臣が指定した倉庫営業者は17業者（22か所）しかありません（銀行は現在まで指定されたものはないようです。）。実際にはほとんど利用されていないのが実状[2]のようであり，現実問題として動産を供託することは困難のようです。引継ぎ財産が現金である場合に限って供託が利用されているのは，このような事情によると思われます。

　これまでに財産引継ぎに供託が利用されたのは，以下のようなケースです。

〈相続人が受領を拒否〉

　被後見人は離婚した後，配偶者に引き取られた子Aとは疎遠になっていました。Aの連絡先は分かっていたので，後見人は被後見人の生前にAに連絡を取ったことがありましたが，Aからは被後見人との付き合いを拒絶されていました。被後見人死亡後，後見人はAを訪ねて相続財

産である現金を引き渡そうとしましたが，Aに受領を拒否されました。

　→後見人はAを被供託者としてその現金を供託しました。

〈相続人の所在が不明〉

　配偶者に先立たれた被後見人には，子Bがいることは分かっていましたが，Bとは疎遠で，連絡先も分かりませんでした。被後見人死亡後，後見人が調査したところ，相続人はB一人であることが判明したので，後見人がBに連絡を取るため，Bの住民票上の住所宛に手紙を送りましたが，転居先不明で届きませんでした。そこで，後見人はBの住所地を調査しましたが，Bの所在は不明で，後見開始申立の申立人をはじめ判明している親族も，誰もBの行方を知りませんでした。

　→後見人はBを被供託者として，Bの住民票上の住所地の供託所に相
　　続財産である現金を供託しました。

〈相続人の存否が不明〉

　後見人は生前の被後見人Cから，C自身に婚姻歴はなく，子もいないし，一人いた弟も亡くなったと聞いていました。C死亡後，後見人はCの相続人について調査をしましたが，その存在は不明でした。

　→後見人はCの相続人を被供託者として（被供託者の氏名欄には「C
　　の相続人」と記載），Cの最後の住所地の供託所に相続財産である
　　現金を供託しました。

　2018年8月1日から，被後見人死亡後の事務に関して大阪家庭裁判所で新しい運用[3]が開始されました。それによると，相続人に財産の受領を拒否された場合，財産の内の現金については，弁済供託をすれば後見人の引継ぎ債務は消滅するとされました。さらに，供託では解決困難であった動産については，一定の場合には，換価してその売得金を供託する又は廃棄する方法が示され，現金・動産以外の財産（預貯金，株式・投資信託及び不動産等）については，そもそも「本人の死亡により全相続人の遺産共有の状態となり，後見人等が後見等事務を処理するに当たり受け取った金銭その他の物の権利移転は既に終了している」[4]ため，後見人が行う「引継ぎの対象とされる書類（本人名義の預貯金通帳・証書，登記関係書類等）は，権利を徴表する書類にすぎない」[5]

217

第3編　後見終了時の引継ぎ

として，相続人が受領を拒否する場合には引継ぎは不要とされました。また，この運用では，民法952条の相続財産管理人選任の申立てをすべき事案でも，管理財産が少額の場合で，家庭裁判所に相談して申立ての必要がないと判断された場合には，申立てはせずに管理中の現金を供託することとされました。

　引継ぎが困難な場合に供託は後見人にとって有用ですが，前述のとおり利用できるケースは限られていました。しかし，大阪家裁の新しい運用によれば，これまで問題となっていた動産の引継ぎで後見人が悩むことは減少するので，後見人の負担もそれだけ軽減されると思います。

【注】

1）第3編第1章「財産の引渡し」参照。

2）福岡法務局ブロック管内供託実務研究会編『供託の知識167問』75頁（日本加除出版，2006）。

3）大阪家庭裁判所家事第4部後見係「大阪家裁後見センターだより（第6回）」（OBA Monthly Journal 2018. 4）。

4）前掲注3）「大阪家裁後見センターだより（第6回）」82頁。

5）前掲注3）「大阪家裁後見センターだより（第6回）」84頁。

〔林　光子〕

第2章

後見の終了と遺言執行

改正のポイント

　本人死亡による後見等の終了後，後見人等が管理していた財産は相続法の規律に従うことになります。平成30年に民法の遺言制度に関する見直しが行われ，遺言執行者の権限の明確化（民法及び家事事件手続法の一部を改正する法律（平成30年法律第72号，平成30年7月6日成立，同年7月13日公布，一部の規定を除き，2019年7月1日施行），以下，「改正相続法」といいます1)。），公的機関（法務局）による自筆証書遺言書の保管制度の創設（法務局における遺言書の保管等に関する法律（平成30年7月13日法律第73号，平成30年7月6日成立，同年7月13日公布，2020年7月10日施行），以下，「遺言書保管法」といいます。）が成立，公布されています。

　改正相続法関係で最も重要な改正点は遺言執行者の権限の明確化です。改正後の民法1012条1項で「遺言執行者は，遺言の内容を実現するため，相続財産の管理その他遺言の執行に必要な一切の行為をする権利義務を有する。」と「遺言の内容を実現するため」という文言が追記され，これまで判例が示していたところを民法で明確に規定するということになりました。また，改正前1015条において「遺言執行者は，相続人の代理人とみなす。」とされ，遺言執行者の法的地位が不明確であったところ，改正後の民法1015条で「遺言執行者がその権限内において遺言執行者であることを示してした行為は，相続人に対して直接にその効力を生ずる。」とし遺言執行者が行った行為の効果の帰属先を相続人であると明確化しました。

第3編　後見終了時の引継ぎ

事　例

　AはBの後見人です。担当の介護支援専門員（ケアマネージャー）の話によると，最近，Bは時々，うわごとのように次の内容の話をするそうです。
① 　元気なときに，遺言を書いたことがあるらしいこと
② 　女性Cとの間に非嫡出子Dがいて遺言で認知すること
③ 　嫡出子Eは素行が悪くBの財産を費消するばかりであるため，遺言で廃除すること
④ 　Fを遺言執行者に選任すること
　Aが本人に確認したところ，やはり返事は曖昧で要領を得ません。Fや先ほどのケアマネージャーなど関係者に尋ねても遺言書の有無や，その在処は不明で，FもBから遺言執行者を頼まれたことはないとのことでした。結局Bからは何らの確認が取れないまま，Bは死亡してしまいました。

　後見人は，被後見人の遺言にどこまで関与すべきでしょうか。

1 後見終了後の後見人と遺言執行者の関係について

(1) 遺言執行者の指定と後見終了の効果

　後見人が，自筆遺言書を発見した場合，後見人はその業務執行中に自筆遺言書を発見し，保管することになるため，後見人は「遺言書の保管者」（民1004条）に当たり，検認の請求を家庭裁判所に対してしなければなりません。ただし，遺言書保管法11条において「民法第1004条第1項の規定は，遺言書保管所に保管されている遺言書については，適用しない。」と改められ，同法施行後は保管所に保管されている自筆証書遺言書については検認が不要となります。

220

そして，検認の結果，遺言執行者が選任されていたことになれば，後見人は被後見人死亡後に後見の計算を行い，後見の計算終了後，その財産を遺言執行者へ引き渡すと解されています。

通常，被後見人の財産の引渡しは，相続人に対して行うのですが，遺言の内容にもよりますが，遺言執行者がいれば遺言執行者に引き渡すことになると筆者は考えます[2]。遺言において，遺言執行者が定められている場合には，相続人は，遺言執行者が管理処分権を有することになる範囲の相続財産の処分その他遺言の執行を妨げるべき行為をすることができないとされており（民1013条1項），この規定に反して相続人がした処分行為は判例では絶対的無効と解されていました[3]。民法1013条2項で「前項の規定に違反してした行為は，無効とする。ただし，これをもって善意の第三者に対抗することができない。」と無効となることが明確に規定されました。ただしこれには善意の第三者保護の規定が追加されています。

遺言がなければ，遺言者である被相続人の死亡によって，相続人がその相続財産をすべて取得し，管理処分権を有することになります。しかし，遺言執行者がある場合に相続人に管理処分権があるとするならば，両者の権限が衝突し，遺言執行者によって遺言の内容を実現することが困難になります。その意味で遺言執行者の管理処分権を優先させ，その限りにおいて相続人の管理処分権を失わせたわけです。

(2) 処分禁止開始時期

では，相続人は，いつから相続財産を処分することができなくなるのでしょうか。

遺言執行者が管理すべき相続財産の範囲は遺言の内容によって異なります。遺言執行者の権限が優先し，相続人の処分権等が制限される時点は，遺言若しくはその委託によって遺言執行者が指定された時（民1006条），又は，遺言執行者がないとき若しくはなくなったときには，利害関係人の請求によって，家庭裁判所が遺言執行者を選任した時（民1010条）からとなります。判例は，改正前1012条1項及び改正前1013条を「遺言者の意思を尊重すべきものとし，遺言執行者をして遺言の公正な実現を図らせる目的に出たもので」

あるとし，その上で「右のような法の趣旨からすると，相続人が，同法1013条の規定に違反して，遺贈の目的不動産を第三者に譲渡し又はこれに第三者のため抵当権を設定してその登記をしたとしても，相続人の右処分行為は無効であり，受遺者は，遺贈による目的不動産の所有権取得を登記なくして右処分行為の相手方たる第三者に対抗することができるものと解するのが相当である（大審院昭和４年（オ）第1695号同５年６月16日判決・民集９巻550頁参照）。そして，前示のような法の趣旨に照らすと，同法にいう『遺言執行者がある場合』とは，遺言執行者として指定された者が就職を承諾する前をも含むものと解するのが相当であるから，相続人による処分行為が遺言執行者として指定された者の就職の承諾前にされた場合であつても，右行為はその効力を生ずるに由ないものというべき」として指定を受けた者がまだ就職承諾していない場合においても，相続人の管理処分権は喪失すると解されており，民法1006条でいう「遺言者が遺言で一人又は数人の遺言執行者を指定し」たときとは，遺言者が死亡し，指定の効果が生じたときから，民法1010条により家庭裁判所によって選任された場合には，遺言執行者選任の審判が確定したとき4)から，それぞれ相続人による処分行為が制限されることとなります5)。

⑶　遺言執行者がある場合とは

　次に，遺言執行者がある場合（民1013条１項）とは，①特定人が遺言者又は第三者によって指定され（民1006条２項），又は，②家庭裁判所によって選任されている（民1010条）場合をいいます。

　前述のとおり，遺言執行者の指定を受けた者がまだ就職承諾をしていない場合においても，相続人の管理処分権は喪失すると解されています6)。遺言執行者の指定又は選任の時であって，遺言執行者が就任承諾をした時ではありません。もっとも，遺言執行者の指定を受けた者が就職承諾をしなかったときは，相続人は遡及的に管理処分権を喪失しなかったことになり，相続開始時から管理処分権を有していたことになります。遺言執行者の指定の委託がある場合，又は家庭裁判所において選任される場合でも，未だ指定がないとき，又は選任がないときには適用がありません。

第2章　後見の終了と遺言執行

　なお，相続人がいない場合には，相続財産管理人がいれば，被相続人の財
産は，相続財産管理人へ引き渡すこととなります。

(4)　引渡し後に遺言書が発見された場合

　仮に，遺言書が発見されず後見人が相続人の1人へ財産の引継ぎを行った
後に，遺言書が発見され，当該相続人が廃除される場合，廃除の申立てがな
された相続人に財産の引渡しをしたことについて，後見人は責任を負うのか
が問題となります。しかしながら，後見人が十分に調査を行っても遺言書が
発見されなかった場合には，後見人はその職務を適正に行っており，責任を
問われることはないと思われます。

　遺言書保管法10条1項により，「何人も，遺言書保管官に対し，遺言書保
管所における関係遺言書の保管の有無（中略）を証明した書面（第12条第1
項第3号において「遺言書保管事実証明書」という。）の交付を請求すること
ができる。」とされましたが，この書面の請求をして遺言書の有無を確認する
義務が後見人にあるか，という問題があります。しかし後見人が請求・確認
できるのは，遺言書の有無，作成年月日，保管所名称及び保管番号のみであ
り，この照会制度によっても遺言執行者を確認できるわけではないので，後
見人の義務としては，知り得た情報の範囲内での対応をすることになると筆
者は考えます。

　なお，遺言書の発見により相続財産の帰属に変更が生じても，相続人と受
遺者等との間の問題となります。

　後見人は，遺言執行者の存在を認識している場合には，その遺言執行者に
対し，相続人その他の利害関係人として，相当期間を定めて就職するか否か
を確答するよう催告することができます（民1008条）。

(5)　後見人による死後事務

　遺言執行者が存在する場合に，後見人が被後見人死亡時に管理していた財
産において，施設の明渡しに伴う諸費用の支払をしたり，また家庭裁判所に
よる報酬付与の審判に基づき後見人自身の報酬引出しをすることはできるで
しょうか。すなわち，後見人の行為が民法1013条により無効となるかが問題
となります。

223

第3編　後見終了時の引継ぎ

　後見人は，被後見人（被相続人）の死亡時までの代理人であって，相続人の代理人ではありません（改正前1015条）。相続人の行為でなければ，改正前民法1013条に基づいて無効になることはないと筆者は考えます。ただし，後見人がこのような行為をすることは，後見終了後の権限外の行為となり問題となる可能性があります。

　事前に後見人がこれらの行為をしていない場合には，後見人はその状態で遺言執行者に相続財産を引き渡すこととなります。

　ここで問題となるのが平成28年10月13日から施行された円滑化法です。第1編・第2編で見てきたように，成年後見人が成年被後見人の死亡後にも行うことができる事務（死後事務）の内容及びその手続が民法873条の2により定められました。その解釈についてはいまだ一定の学説等は出ていないと思いますので，ここでは筆者の意見を述べます。

　円滑化法により成年被後見人死亡後の事務が一定の要件で一定の範囲認められたことにより，成年被後見人死亡後に成年後見人が管理財産より債務の弁済等をすることが可能となりました。遺言執行者との関係では本人死亡により相続財産はその管理処分権限が相続人ではなく遺言執行者に移ることはここまでで述べてきたところです。では（元）成年後見人との関係は円滑化法により，どのように変わったのでしょうか。

　円滑化法では，①個々の相続財産の保存に必要な行為，②弁済期が到来した債務の弁済，③その死体の火葬又は埋葬に関する契約の締結その他相続財産全体の保存に必要な行為（①・②に当たる行為を除く。），ができることとされました。②・③については相続財産を減ずる行為も認められることとなり，本来は管理処分権限が遺言執行者へと移ることとの抵触が生じます。ただし，それらの行為ができるのは，「成年被後見人の相続人の意思に反することが明らかなときを除き，相続人が相続財産を管理することができるに至るまで」，との条件が付きます。そうであれば本人死亡後，遺言書の存在が明らかであり，遺言執行者が存在することが明らかであるときには，民法1015条が「遺言執行者がその権限内において遺言執行者であることを示してした行為は，相続人に対して直接にその効力を生ずる。」としていますので，遺言

執行者が反対の意思表示をしている場合や，遺言執行者が相続財産を管理することができるに至っている場合には後見人は当該行為をすることができないと考えます。

遺言執行者が反対の意思表示をしていない場合や，遺言執行者が相続財産を管理することができるに至っていない場合には，後見人が死後事務を行い得るか，民法1013条に定める遺言の執行の妨害行為の禁止との関係で問題となります。円滑化法の中で，ある意味，権限が延長された成年後見人の法的性質に関しての確立した見解は出ていませんが，従来の成年後見人の権限が一定の範囲で延長されたものと考え，その延長された権限の範囲内で，無効とはならず，その範囲内で民法873条の2が優先するものと筆者は考えます。

成年後見人報酬は審判が出ただけでは弁済期にある債務とはいえないので，後見類型の場合でも，直ちに民法873条の2第2号に当たる債務には当たらないと考えられます。本人の死亡後に，後見人が相続人等に報酬や事務費を請求しても，相続人等が成年後見人に対して任意の支払を拒絶する場合があります。成年後見人は法的措置を取らざるを得ず，その場合には，遅延損害金の発生や法的紛争に伴う費用が発生することになるため，その限度において相続財産の目減りが予想されます。相続人の1人でも明確に反対の意思表示をしている場合には，民法873条の2の「成年被後見人の相続人の意思に反することが明らかなときを除き」に抵触することになり同条の規定の適用はできないこととなります。しかしながら，報酬請求権は法律に基づいて発生した後見人の権利です。相続人がこの報酬請求を免れるために「相続人の意思に反する」と主張することは権利の濫用と考えられる余地もあり，このような場合には，報酬等を回収するための預金の払戻しについても「相続財産の保存に必要な行為」として3号許可が認められる余地はあるとする大阪家庭裁判所の解釈も示されており，口座凍結後も民法873条の2第3号による家庭裁判所の許可を得て，死後事務のために預貯金から金員を払い戻すことが可能となる可能性はあると考えます。

では保佐・補助類型の場合には民法873条の2の適用がありませんが，保佐人・補助人は本人死亡後に，相続人等から報酬等の任意での支払を受ける

第3編　後見終了時の引継ぎ

ことができない場合にはどうすればよいのでしょうか。この場合には民法
918条2項「家庭裁判所は，利害関係人又は検察官の請求によって，いつで
も，相続財産の保存に必要な処分を命ずることができる。」の規定の適用を
検討します。大阪家庭裁判所では民法918条2項の申立ての種類として次の
3点を考えています。

　　①　動産の処分を命ずる審判申立て

　　②　預貯金の払戻しを命ずる審判申立て

　　③　相続財産管理人の選任審判申立て

　先ほど述べたように，保佐・補助類型であれば民法873条の2第3号に基
づく預貯金解約の許可を得ることができません。後見類型の場合のように，
任意での支払が期待できず，法的紛争によって更なる費用が発生する場合等
について，相続財産の保存に必要な処分として預貯金の払戻しが認められる
余地があるとする大阪家庭裁判所の解釈も示されており，各裁判所での取扱
いは当該家庭裁判所で確認する必要があります。

2　遺言事項

　では，遺言の内容を実現する，すなわち遺言執行が可能な遺言事項とは，
どのような内容なのでしょうか。以下，説明をします。

　遺言の内容は多様ですが，その実現にあたり遺言執行者の要否により3種
類に分けることができます。

⑴　執行が必要であり遺言執行者のみができる事項

　　①　認知（民781条2項）

　　　遺言認知の場合，遺言の効力が生じると当然に認知の効力が生じ，認
　　　知された子が，この身分を取得するには遺言執行者の執行を要しません。
　　　ただし遺言執行者は，就職の日から10日以内に戸籍上の届出をしなけれ
　　　ばなりません（戸64条）。

　　　この場合に成年の子の認知については，その者の承諾（民782条），胎
　　　児の認知については胎児の母の承諾（民783条1項），直系卑属のある死
　　　亡した子の認知については直系卑属の承諾がそれぞれ必要であり（民

226

第2章　後見の終了と遺言執行

783条2項），この承諾を得ることも遺言執行者のなすべき執行行為に該
当します。

② 相続人の廃除・その取消し（民893条，894条2項）

遺言執行者は遺言による相続人の廃除・廃除の取消しについて，遅滞
なく家庭裁判所に請求し，審判の確定を待って，戸籍上の届出をしなけ
ればなりません（戸97条，63条1項）。

③ 一般財団法人の設立（一般社団法人及び一般財団法人に関する法律152条
2項）

(2) 執行は必要であるが，遺言執行者でも相続人でも執行できる事項

① 遺贈（民964条）

(i) 包括遺贈

包括遺贈について，包括受遺者は相続人と同一の地位に立つ（民990
条）ので，原則として，遺言執行者の執行の余地はないと解されていま
す。ただし包括遺贈を原因とする権利の移転登記の際には，民事局長通
達に従えば，遺言執行者は，共同申請人となり得ます7)。

(ii) 特定遺贈

特定遺贈の目的が物の場合，遺言の効力発生時である遺言者の死亡と
同時に当然に受遺者に移転します。遺言執行者の任務は移転登記や引渡
しということになります。遺贈の効力が生じていても受遺者に対抗要件
を備えさせ，完全に排他的な権利変動を与える必要があると考えられま
す。

民法1012条2項で「遺言執行者がある場合には，遺贈の履行は，遺言
執行者のみが行うことができる。」としました。この規定が設けられた
趣旨は，「受遺者による遺贈の履行請求の相手方を明確にする点にあり，
これによって，受遺者は，遺言執行者がある場合には遺言執行者を，遺
言執行者がない場合には相続人を相手方として，遺贈の履行請求をすべ
きことが明らかとなる。」ということです8)。

また，改正相続法では「特定財産承継遺言」という用語が用いられて
います。これは，民法1014条2項で「遺産の分割の方法の指定として遺

227

産に属する特定の財産を共同相続人の一人又は数人に承継させる旨の遺言（以下「特定財産承継遺言」という。）があったときは，遺言執行者は，当該共同相続人が第899条の2第1項に規定する対抗要件を備えるために必要な行為をすることができる。」と定めました。すなわち，「特定財産承継遺言」とは「遺産の分割の方法の指定として遺産に属する特定の財産を共同相続人の一人又は数人に承継させる旨の遺言」ということになります。このように，不動産，動産，債権に関わらず，特定財産承継遺言の場合には，遺言執行者に対抗要件具備権限が与えられることが明確に規定されました。

　不動産については，不動産登記法63条2項によれば，受益相続人が単独で登記申請をすることができることとされているから，当該不動産が被相続人名義である限りは，遺言執行者の職務が顕在化せず，遺言執行者は登記手続をすべき権利も義務も有しない旨の判例があります[9]。「受益相続人が単独で対抗要件を具備することができるため，遺言執行者にその権限を付与する必要はないとも考えられるが，近時，相続時に相続財産に属する不動産について登記がされないために，その所有者が不明確になっている不動産が多数存在することが社会問題となっていること等に鑑みると，遺産分割方法の指定がされた場合に，遺言執行者による単独申請によって登記を認めることができないかについても検討の余地があるものと考えられ」たため，不動産の場合に遺言執行者が関与することが認められました[10]。

　改正前と同様に，受益者からの単独での相続登記も可能です[11]。

　また，遺言者が第三者に対して有していた債権が特定遺贈の目的物である場合には，民法899条の2第1項により，遺言執行者は，債務者に債権譲渡の通知をした上，債権証書を債権者となる受遺者に引き渡すことが必要です[12]。これも民法1014条3項で，「前項の財産が預貯金債権である場合には，遺言執行者は，同項に規定する行為のほか，その預金又は貯金の払戻しの請求及びその預金又は貯金に係る契約の解約の申入れをすることができる。ただし，解約の申入れについては，その預貯金

債権の全部が特定財産承継遺言の目的である場合に限る。」とされました。

民法1014条2項及び3項はいずれも，被相続人が遺言で別段の意思表示をしている場合にはその意思に従うこととなります（民1014条4項）。

(iii) 不特定物・金銭の遺贈

遺贈の目的が不特定である場合には，遺言執行者は，遺贈の趣旨に適合する目的物を相続財産の中から特定し，又は，第三者から取得してこれを受遺者に引き渡さなくてはなりません。

遺贈の目的が一定の金銭である場合には，それが一時に給付すべきである場合は，遺言執行者はこれを相続財産の中から，又は相続財産を処分して得た金銭の中から，その額を受遺者に交付することとなります。

② 信託の設定（信託3条2号）

遺贈の目的が信託の設定である場合には，遺言執行者は，信託の設定に必要な行為をすることとなります。信託財産を受託者に移転し，それと並行して，受託者に指定された者に信託を引き受けるか否かの確答を求め（信託5条1項），引受けを拒絶された場合若しくは相当の期間として定められた期間内に確答をしないときは引受けをしなかったとみなされる（同条2項）ので，その場合には，裁判所に新たな受託者の選任を請求しなければなりません（信託6条1項）。

③ 権利移転効果を有する遺産分割方法の指定（相続させる旨の遺言）

④ 祭祀主宰者の指定（民897条1項ただし書）

⑤ 生命保険金及び傷害疾病定額保険金の受取人の指定・変更（保険法44条1項，73条1項）

(3) 遺言の効力発生と同時に内容が実現されるから，執行の余地がないとされる事項

① 未成年後見人の指定（民839条）

② 未成年後見監督人の指定（民848条）

③ 相続分の指定・指定の委託（民902条）

④ 遺産分割方法の指定・指定の委託（民908条）

第3編　後見終了時の引継ぎ

⑤　遺産分割の禁止（民908条）

⑥　共同相続人の担保責任の減免・加重（民914条）

⑦　遺留分侵害額の請求を受けた場合の受遺者又は受贈者の負担額割合の指定（民1047条1項2号ただし書）

⑧　遺言執行者の指定・指定の委託（民1006条）

⑨　特別受益の持戻しの免除（民903条3項）

3 遺言執行

では，上記のような遺言事項を遺言執行者は，どのように実現するのでしょうか。

遺言執行とは，被相続人が残した遺言の内容を実現するために必要な事務を行うことをいいます。遺言執行者は，遺言の実現に向けての執行事務として，その就職に承諾をすると，まず①相続財産に関する目録を作成し（民1011条），遺言処分の対象となる財産を管理することになります。そして，続いて，②遺言に基づき，当該財産を受遺者に引き渡すことになります。このとき遺言執行に必要な場合には，その範囲での相続財産を処分し，あるいは相続財産の名義変更，登記・登録のあるものについては登記・登録の変更手続を行うことになります。そして，③すべてが終わった時点で，遺言執行者から相続人ら関係者に経過及び結果を報告して遺言執行事務が完了します（民1012条3項による645条の準用）。

①に関して，遺言執行者は就職承諾をすると，その業務を開始することとなります。就職後，まず遺言執行者がすべき仕事は相続人に遺言の内容を通知することです（民1007条2項）。次いで，財産目録の作成で，①について，遺言執行者は，財産目録作成のため，遺産のすべて，又は遺言書に記載された遺言執行対象財産を調査・確認し，相続財産の保管者から財産の引渡しを受け，自ら保管することとなります。ここで注意を要するのは遺言執行者が，今後，管理すべき財産は遺言執行の範囲に属する財産のみであるということです。遺言執行外の財産についての管理処分権限は相続人に属することとなります。したがって，遺言執行者が財産目録に記載する財産は，遺言執行者

230

第2章　後見の終了と遺言執行

が管理する財産ということになります。特定物遺贈にあっては，その特定財産の目録を作るだけでよいし，遺言が相続財産に関係がない認知，相続人の廃除などの場合には財産目録を作成する必要がないということになります。

4 遺言執行者の職責

遺言執行者は，遺言の内容を実現するため，相続財産の管理その他遺言の執行に必要な一切の行為をする権利義務を有します（民1012条1項）。

ここでの「必要な一切の行為」とは，「そのために（相続財産の管理その他遺言の執行に必要な）相当かつ適切と認める行為」[13]を意味します。いかなる行為が「相当かつ適切」であるかは遺言者の意思に沿った行為であるかどうか，すなわち遺言書の内容に沿った行為であるかどうかということになります。

したがって，遺言執行者は相続財産を管理・処分する権限を有するほか，遺言の内容によっては，清算し分配する権限をも有する場合があります[14]。つまり，本来，債務の「弁済」は遺言事項ではないので「債務を弁済する」と遺言しても無効といえそうですが，財産を換価し，換価物を加えた相続財産から消極財産を弁済し，その残余財産を遺贈により処分する場合には，包括遺贈の前提行為として債務の弁済がその遺言内容となっているわけですから，遺言執行者が清算分配することも可能となると筆者は考えます。純粋な包括遺贈であれば，遺言執行の可能性はないと考えられていますが，実務では清算型の包括遺贈の遺言執行は可能と考えられ，実際に多く行われています。大判昭和5年6月16日民集9巻550頁の事例では，遺産中の総財産を売却し，負債・税金を控除し残額を家督相続人及び数人の者に一定の割合で分割する内容の遺言を包括遺贈と解しています（「拙者所有ノ動不動産ヲ売却シ其ノ代金ノ内ヨリ負債諸税等ノ負擔ヲ控除シタル残額ニシテ金三十萬円滿ル迄折半シ」甲・乙に分配贈与するという内容）。この事例は，遺言執行者が指定されていながら，遺言執行がされず，家督相続人がめぼしい不動産を売却したり抵当に入れたりしていたところ，約6年後，受遺者から上記不動産の譲受人及び抵当権者に対して相続人の処分行為を無効と主張した事案です。判旨

231

第3編　後見終了時の引継ぎ

は，①上記遺贈は包括遺贈であり，②遺言執行者は相続財産のすべてを管理処分する権限を有し，③遺産は一応相続人及び包括受遺者の共有に属するが，④相続人はすべての遺産についてこれを処分する権利を失い，これに違反する行為は絶対に無効であると判示しています。

したがって，この判例では，清算について直接的な判断はされてはいませんが，遺言執行者は，○○名義のすべての預貯金を解約し，有価証券等すべての財産を売却し，その解約金及び売却代金から相続債務，葬儀費用，永代供養費用を弁済し，かつ遺言執行費用及び遺言執行者の報酬を控除し，「遺言執行者による清算後の残余財産は，××に遺贈する。」などとした清算型遺言をすることも可能であると筆者は考えます。このように清算条項を盛り込んだ遺言の場合には相続債務，葬儀費用，永代供養費などいわゆる死後の事務に属する範疇の債務の支払が実務上可能となります。およそ実務上，遺言執行者がその職務範囲内で死後事務の一部である清算業務を行うことが可能となるのは，この清算型遺言の場合のみと考えられます。実務上は，現在の公証役場での公正証書遺言書作成に当たっても，清算条項が広く用いられていることは確かであると思います。

先に引用した，民法908条を根拠として，遺言による分割方法の指定である，など理由づけは様々ですが，有効であるとする説があります。

逆に，認められないとする説では，包括承継主義をとるのが我が国の相続法であって，一部に法律で認められた清算システムがある場合（限定承認，相続人不存在，財産分離など）以外は，原則としてプラス財産とマイナス財産は混じることなく相続人へ承継され，我が国の民法では，遺言で効力を有するのは法定事項のみであり，法定事項の中では債務の処分は規定されておらず，遺言執行者が債務の清算をすることはできない，とする説もあります15)。

民法1012条3項では，遺言の執行に伴う遺言執行者の権利義務について委任に関する規定を準用することを定めたものです。他人の事務を処理するということでは委任に類似しているので，遺言執行者に委任に関する規定を準用しています。

232

同条3項により準用される規定は次のとおりです。

①遺言執行者の管理義務については，遺言執行者は善良な管理者の注意をもって遺言の執行に必要な行為をしなければならない義務を負います（民644条）。また，②金銭その他の引渡しと権利移転義務との関連では，遺言執行者は，遺言の執行にあたっては，受け取った金銭その他の物及び収取した果実を相続人に引き渡さなければなりません（民646条1項）。また，相続人のために，自己の名をもって取得した権利は，これを相続人に移転しなければなりません（民646条2項）。

前述3の③に関連して，遺言執行者は，相続人に対して，その請求がある時はいつでも遺言の執行の状況を報告し，また執行が終了した後は遅滞なくその経過及び結果を報告しなければなりません（民645条）。

なお，財産目録の作成とその交付義務については，別途，規定が置かれています（民1011条）。

その他，遺言執行者には，以下のような権利・義務があります。すなわち，①金銭消費による利息支払・損害賠償義務（民647条）と，②遺言執行者の費用償還請求権，代弁済請求権及び損害賠償請求権（民650条）です。

このようにみると，遺言内容に，施設費用等の支払などの条項がある清算型の包括遺贈の場合には，遺言執行者により，それが行われることになります。

Aが管理財産・資料をすべて調査し，また関係者からの聞き取りを十分に行ったにもかかわらず，遺言書が発見できなければAは成年後見人として十分に手を尽くしたといえ，後日，遺言書が発見され遺言執行者が現れても，Aの後見業務は終了していますので，後見の計算を終了し，遺言執行者に管理財産を引き渡せば足りるといえるでしょう。なお，管理財産から遺言書が発見された場合には遺言書保管法11条の適用がある場合を除いて，保管者として遺言書検認の申立ては行う必要があると考えられます。

第3編　後見終了時の引継ぎ

【注】

1）本章で記した民法の条文については改正民法の条文を記載しています。改正前の民法の条文を引用する場合には，「改正前○○条」と記しています。

2）第3編第1章「財産の引渡し」参照。

3）大判昭和5年6月16日民集9巻8号550頁。

4）家事事件手続法74条，214条。

5）最判昭和62年4月23日民集41巻3号474頁。

6）前掲注5）最判昭和62年4月23日。

7）昭和33年4月28日民事甲779号民事局長心得通達，昭和44年6月5日民三203号民事局第3課長回答，東京高決昭和44年9月8日高民22巻4号634頁，広島高岡山支決昭和52年7月8日家月29巻11号90頁等。

8）法制審議会民法（相続関係）部会（部会資料26-2）5頁。

9）最判平成11年12月16日民集53巻9号1989頁。

10）法制審議会民法（相続関係）等の改正に関する中間試案の補足説明51頁。

11）法制審議会民法（相続関係）部会　第17回会議議事録23頁。

12）大判昭和15年12月20日民集19巻2283頁。

13）最判昭和44年6月26日判時563号38頁。

14）我妻榮＝唄孝一著『判例コンメンタールⅧ　相続法』142頁，294頁（コンメンタール刊行会，1966），中川淳『相続法逐条解説　下巻』307頁，322頁（日本加除出版，1995），中川善之助＝加藤永一編『新版注釈民法(28)　相続(3)　遺言・遺留分』340頁〔泉久雄〕（有斐閣，2002），第一東京弁護士会司法研究委員会『新版　遺言執行の法律と実務』152〜153頁（ぎょうせい，2004），日本司法書士会連合会編『遺言執行者の実務』190〜191頁（民事法研究会，2009），床谷文雄＝犬伏由子編『現代相続法』232〜233頁（有斐閣，2010）など。

15）松川正毅「相続における債務の清算と遺言」法政論集254号945頁以下（2014）。本論文では，遺言で可能なのは法定事項のみであり，その観点から負担付遺贈と解される場合には，いわゆる清算の余地を認めています。

【参考文献】

・東京弁護士会法友全期会編『遺言書作成・遺言執行実務マニュアル』（新日本
　法規，2008）

・久貴忠彦ほか編『遺言と遺留分　第1巻』（日本評論社，2001）

・蕪山厳ほか著『遺言法体系』（西神田編集室，1995）

・中川淳『相続法逐条解説　下巻』（日本加除出版，1995）

・内田恒久『判例による相続・遺言の諸問題』（新日本法規，2002）

・島津一郎＝久貴忠彦編『新・判例コンメンタール民法(15)　相続(2)』（三省堂，
　1992）

・社団法人成年後見センター・リーガルサポート『成年後見教室　実務実践編』
　（日本加除出版，3訂版，2013）

・社団法人成年後見センター・リーガルサポート『成年後見教室　課題検討編』
　（日本加除出版，2訂版，2010）

・遺言・相続リーガルネットワーク編著『実務解説　遺言執行』（日本加除出版，
　2009）

〔吉野　一正〕

第3編　後見終了時の引継ぎ

> ### コラム11
> ### 相続財産管理人の選任申立てに関して

　成年被後見人の死亡後，本人の財産が相続人に引き継がれるまでの間の管理等は，誰がどのようにすればいいのでしょうか。

　本コラムでは，後見事務における「民法918条2項」による相続財産管理人制度の利用を考えてみます。

　まず条文を確認しておきましょう。まず1項において，「相続人は，その固有財産におけるのと同一の注意をもって，相続財産を管理しなければならない。ただし，相続の承認又は放棄をしたときは，この限りでない。」として，相続人が相続を承認又は放棄するまでの間，相続財産の管理をするように規定しています。

　次に，2項において，「家庭裁判所は，利害関係人又は検察官の請求によって，いつでも，相続財産の保存に必要な処分を命ずることができる。」として，相続人で管理ができない場面を想定した規定をおいています。相続財産管理人を選任することも，この「処分」に該当します。

　さらに，3項において，民法「第27条から第29条までの規定は，前項の規定により家庭裁判所が相続財産の管理人を選任した場合について準用する。」として，相続財産管理人に対して，家庭裁判所は，「財産の保存に必要と認める処分を命ずることができる。」（民27条3項）としています。

　ここでいう「必要な処分」には，相続財産を換価して処分すること等も含まれると考えられています[1]。しかしながら，本条の相続財産管理人は，本来的には相続人が相続を承認するか放棄するかを決定するまでの間，つまり後見人が相続人に引渡しができるようになるまでの間のいわば「つなぎ役」として想定されているものです。例えば債務の弁済は，相続財産の保存行為にあたるものといえども，民法918条2項に基づく相続財産管理人においては，家庭裁判所の許可がなければ，この債務の弁済も行い得ないという点に留意しなければなりません。常に慎重に事務にあたる姿勢が求められます。

コラム11　相続財産管理人の選任申立てに関して

　民法918条2項に基づく相続財産管理人の選任申立てに関して，大阪家庭裁判所後見センターの研究が公にされており，参考になります[2]。この論文によれば，相続財産管理人の選任は，相続人間の対立が激しく，誰が引継ぎを受けるかも定まらない場合など，「紛争性が極めて高いこと」を要件としています。また加えて，相続人間の激しい対立のため預金の解約や払戻しができない場合など「選任の必要性」も求められています。また相続財産管理人に後見人等をそのまま選任することは望ましくないとしています。この論文は，民法918条2項の相続財産管理人の選任について実務的な視点で書かれており，大変興味深い内容ですので，一読をお勧めします。

【注】
1）島津一郎＝松川正毅編『基本法コンメンタール　相続』112頁〔和田幹彦〕（日本評論社，第5版，2007）。
2）大阪家庭裁判所家事第4部後見係「大阪家裁後見センターだより（第7回）」77頁（OBA Monthly Jaurnal 2018.6）。

〔穴田　智久〕

第**4**編

円滑化法を補完する理論

第1章　死後事務と応急処分義務

第2章　死後事務と事務管理

第3章　死後事務委任

改正のポイント

- 相続法の理論との関係で，成年後見人，保佐人，補助人は，死後事務を根拠づけるため応急処分義務，事務管理，死後事務委任契約の締結などで，死後事務を行う範囲を個別の事案ごとに具体的に検討し実施する必要があります。
- 円滑化法の施行により，成年後見人については，一定の要件はあるものの，事務の可能性が認められました。死後事務として特定の相続財産の保存行為，弁済期が到来している相続債務の弁済，家庭裁判所の許可を条件に火葬又は埋葬の契約の締結，その他相続財産の保存に必要な行為ができることとなりました。

第1章

死後事務と応急処分義務

はじめに

円滑化法（平成28年4月6日成立，同年10月13日施行）により，民法873条の2が新設され，後見人が死後事務を行う権限が追加されました。

ところで，円滑化法施行前から，後見人等（以下，成年後見人，保佐人及び補助人を「後見人等」，成年後見，保佐及び補助を「後見等」といいます。被後見人等についても同様とします。）は，死後事務をせざるを得ない，しなければならないという状況において，民法874条が準用する民法654条（委任終了後の処分，応急処分義務[1]）又は事務管理（民697条）を根拠に，死後事務を行ってきました。

円滑化法による民法873条の2の新設により，従前から死後事務の根拠規定の一つとされてきた[2]応急処分義務の位置づけに影響はあるのでしょうか。両者の違いは，法文上明らかな点として次のものが挙げられます。

(i) 適用対象となる後見等の類型については，民法873条の2は，後見類型のみであり，応急処分義務は後見類型のみならず保佐及び補助類型も含むこと。

(ii) 対象となる行為（死後事務の範囲）については，民法873条の2は，①相続財産に属する特定の財産の保存に必要な行為（同条1号），②相続財産に属する債務（弁済期が到来しているものに限る。）の弁済（同条2号）及び③その死体の火葬又は埋葬に関する契約の締結その他相続財産の保存に必要な行為（前①・②に掲げる行為を除く。）（同条3号）とされ，他

241

第4編　円滑化法を補完する理論

方，応急処分義務については，法文に「必要な処分」とあるだけで，対象となる行為は明確ではないこと（そもそも死後事務が対象となるかということすら必ずしも明確というわけではありません。）。

(iii)　要件については，民法873条の2は，「必要があるとき」，「成年被後見人の相続人の意思に反することが明らかなときを除き」及び「相続人が相続財産を管理することができるに至るまで」とされ（ただし，同条3号に掲げる行為をするには，家庭裁判所の許可を得なければならない。），他方，応急処分義務は，「急迫の事情があるとき」とされていること。

(iv)　権限の性質が義務を伴うものであるかについて，民法873条の2は，「することが『できる』」という法文となっており，「できる」規定であって義務ではないこと，他方，応急処分義務は，「しなければならない。」という法文で義務とされていること。

立法担当者は，「本改正によっても，従前から存在する応急処分（民法874条で準用する654条）や事務管理（697条）の規定に基づいて死後事務を行うことは否定されるものではない。」として[3]，従前どおり応急処分は，死後事務を行う根拠となることが示され，また，家庭裁判所の実務もそのとおり運用されているようです[4]。よって，円滑化法施行後の死後事務における応急処分義務の位置づけは，ひとまずの決着をみたといえるのではないでしょうか。

以下では，円滑化法に留意しながら，まずは委任の規定である民法654条（応急処分義務）を概説し（後述1），次に，民法654条が民法874条により準用されている点，すなわち後見の死後事務の場面における応急処分義務について解説します（後述2）。さらに，死後事務と応急処分義務の法理論上の問題点及び実務上の留意点（後述3），円滑化法による民法873条の2と応急処分義務との関係（後述4）に言及します。

1　委任終了後の応急処分義務 ── 民法654条について[5][6]

(1)　意　義

民法654条は，「委任が終了した場合において，急迫の事情があるときは，

受任者又はその相続人若しくは法定代理人は，委任者又はその相続人若しく
は法定代理人が委任事務を処理することができるに至るまで，必要な処分を
しなければならない。」と規定しています。急迫の事情が存する場合におい
ても，委任が終了したものとして，受任者が事務を中止すれば，委任者は不
測の損害を受けることになります。委任者の不測の損害を防止するために，
受任者に必要な処分をする義務を負わせています。これは委任の信任関係か
らいっても，信任を受けた者の側における当然の責任と考えられています。
この規定は，受任者側の法律上の義務と考えられています[7]）。

⑵　**要　件**

　応急処分義務の要件は，「委任が終了した場合において，急迫の事情があ
るとき」とされます[8]）。「急迫の事情があるとき」とは，委任が終了した場
合に（委任終了原因のいかんを問いません。），「元」受任者が，従来の委任の
趣旨に従って善処しなければ委任者の不利益になる場合をいいます。例えば，
委任事務に属した委任者の権利が，まさに時効によって消滅するおそれがあ
る場合に委任が終了したとき，又は委任終了の時に委任者が重病になり，委
任事務を引き継ぐことができない場合などです。必ずしも法律行為に限定さ
れるわけではありません。委任終了前において，受任者が事務処理に着手し
ていたか否かも問われません。

⑶　**応急処分義務を負う期間**

　応急処分義務を負う期間は，「受任者又はその相続人若しくは法定代理人
は，委任者又はその相続人若しくは法定代理人が委任事務を処理することが
できるに至るまで」です。委任者の死亡により委任が終了した場合には，委
任者の相続人又は法定代理人が事務を引き継ぐことのできる状況になるまで
です。

⑷　**応急処分義務者**

　応急処分義務を負う者は，受任者，その相続人又は法定代理人です。受任
者が生存していれば，受任者自身が，受任者が死亡したことにより委任が終
了した場合には，受任者の相続人が応急処分義務を負います。

243

第4編　円滑化法を補完する理論

(5)　効　果

応急処分義務が生じると，受任者として義務を処理することになります。受任者は応急処分義務の限度で，委任終了前と同様の権限9）で事務の処理に当たります。「必要な処分」は，応急処分義務の性質が委任契約の延長ないし継続であると考えられるため，従前の委任契約の本旨に従って定まるとされます。処理をするにつき委任者のための代理権を有します10）。応急処分義務の範囲を超えて事務をした場合，事務管理の法理に従うことになります11）。

(6)　義務，報酬と費用償還

応急処分義務の効果として，従前の委任契約が応急処分義務の限度で継続することとなります。なお，条文上は，受任者側の義務の面を規定していますが，委任関係が継続することから12），委任者側も義務を負うと考えられます13）。

受任者は，委任者側に対して費用の償還請求権を有し，有償委任の場合には報酬請求権を有します。

2　後見法による委任の規定の準用

(1)　委任と後見法との関係と応急処分義務の意義

後見人等と被後見人等との関係は，委任に類似した関係であることから，委任終了時の応急処分義務（民654条）の規定を準用しています。後見が終了すると，後見人は，原則として，代理権及び財産管理権を喪失し，後見法により定められた所定の事務（管理の計算（民870条），後見終了登記の申請（後見登記8条1項），相続人等への財産引継ぎ）以外の事務をすることができなくなります。相続人等が事務をすることができるようになるまでの間に，急迫の事情があるときは，後見人は，必要な処分をしなければならない，とされます。これが死後事務の根拠といわれています。

(2)　急迫の事情

急迫の事情がある場合とは，元後見人が，後見の事務をしなければ，被後見人の側（相続人等）が不測の損害を受けるおそれがある場合です14）。これ

244

第1章　死後事務と応急処分義務

が応急処分義務の要件とされていますが，かなり抽象的な定義といえるで
しょう。急迫の事情のありやなしやは，個々の事案ごとに諸般の事情を総合
的に勘案した上で個別具体的に判断されるものと考えられます。後見終了後
の死後事務が，本来は，相続人等が行うものですので，相続人等が事務を行
うことができる状況であれば，急迫の事情はないといえます。この場合，元
後見人は，原則どおり，応急処分義務を根拠として死後事務を行うことはで
きません。

(3)　必要な処分

　必要な処分とは，後見人が，被後見人の生前に有していた代理権及び財産
管理権の範囲ないしその趣旨に沿うものであり，相続人等が事務をすること
ができるまでの間に，相続人等の側に不測の損害を与えないためにする必要
最小限度の事務であると考えられます。後見の終了により，原則として後見
人の代理権及び財産管理権が消滅していること，そもそも死後事務は相続人
等がなすべきものであることからも，必要な処分（なすべき死後事務）は，
自ずと限定的になるものと思われます。

　急迫の事情の要件を満たさない場合にした処分（応急処分行為たる死後事
務）は，その行為は無権代理となるとされます[15]。他方，その行為が事務管
理の要件を満たす場合には，後見人の地位でした事務とはなりませんが，一
個人としてなした事務として，その行為は正当化され得ます。

3　死後事務と応急処分義務 ── 法理論上の問題点と実務上の留意点

　被後見人の死亡は，民法においては，後見の終了を意味し，同時に，相続
の開始を意味します。相続の開始の時から，相続人は，被相続人の財産に属
した一切の権利義務を承継しますので（民896条），相続人は，当然に相続財
産の管理処分権を有し，他方，元後見人は，原則として代理権及び財産管理
権を失います。被後見人死亡から相続人への財産引き継ぎまでの間は，相続
財産は，ある種の二重構造をもっているといえるでしょう[16]。死後事務を
するということは，そのような性質をもつ財産に触ることであり，この期間
の元後見人の財産管理権について法的に明らかでないことは，現在の民法典

245

第4編　円滑化法を補完する理論

の限界，若しくは立法の問題であるといえるでしょう[17]。元後見人としては，たとえ応急処分義務に該当する場合であっても，相続人の財産を触っているということを留意して事務を行うのが，後日，相続人等との間の紛争の予防につながるものと筆者は考えます。

　死後事務を行う場面で，実務上悩ましい問題の一つとして，応急処分義務の要件である「急迫の事情があるとき」に該当するか否かの判断が難しいことが挙げられます。急迫の事情に該当するかどうかは，個々の事案ごとに諸般の事情を総合的に勘案した上で個別具体的に判断されるものと考えられるため，緊急の場面で，後見人が第一次的に判断するのが難しいのです。後見人はそのような場面にしばしば直面させられ，難しい判断を強いられ，決断をして，死後事務をしているという実情があります。後見事務の中で最も困難な局面の一つである後見終了の場面で，このような抽象的な規定であり，裁判例においても明確な基準が示されているとはいえない応急処分義務を根拠として死後事務に関わることは，後見人にとって大きな負担であることは間違いありません。他方，逆の見方をすれば，急迫の事情のありやなしやの要件は抽象的であり，結果的に，ありやなしやが総合的な観点から個別具体的に判断されるということは，家庭裁判所の運用面において，死後事務の適用を柔軟に解する余地が残っているともいえます[18]。

　次に，報酬の問題を検討します。死後事務の根拠を応急処分義務に求めることの意義の一つに報酬の問題があります。死後事務を応急処分義務として行う場合は，後見人の地位で行うこととなり，委任の規定の趣旨から，その死後事務につき，報酬付与の加算対象となると考えられています。他方，事務管理として行った場合は，報酬付与の対象とはなりにくいとされています[19]。しかし，両者いずれの場合であっても，元後見人が，職業的後見人である場合は，本来する必要がない事務を，必要に迫られて行っているのであり，また報酬付与額の決定は裁判所の専権事件であるので，家庭裁判所は，応急処分であるのか事務管理であるのかに拘泥せずに両者を同等に扱い，報酬付与の対象とするなど，柔軟な運用をすべきではないでしょうか。後見の事務は，就任直後と後見終了の場面において，事務量が多く，かつ困難な事

246

第1章　死後事務と応急処分義務

務も多く，特に死後事務は負担が重いため，これらの事務が適正に報酬額に反映されるべきであると筆者は考えます。

4　円滑化法による民法873条の2と応急処分義務との関係

　円滑化法による民法873条の2が規定されましたが，応急処分義務とのすみ分けはどのように考えたらよいのでしょうか。両者は，後見人の権限として死後事務を行う根拠と考えられますが，互いに別個独立の制度であると考えられます。したがって，ある死後事務について，民法873条の2及び応急処分義務のいずれをも根拠としてすることができるというように範囲が重なることもあれば，民法873条の2ではできるけれど，応急処分義務ではできない，若しくはその逆，というように範囲に違い・ズレが生じるということがあり得るのだろうと思われます。範囲の違い・ズレの部分については，例えば，円滑化法による民法873条の2により明確に権限が示された死後事務としては，後見類型における死体の火葬契約（民873条の2第3号），後見類型における預貯金の引出し（同条同号）等があります。これらの死後事務は，円滑化法施行前においては，前者は，その事務が応急処分を根拠としてできるのかについて見解がわかれ（どちらかと言えば消極の見解が有力という印象を筆者は受けます。），後者については，原則的には権限がないのではないかと考えられていたものでした。死後事務を行う根拠がグレーだったものが，円滑化法により一部は明確になったという点は，円滑化法の一つの成果であるといえます。

　他方，依然として応急処分義務に基づく死後事務と考えざるを得ないものも少なからず存在します。例えば，補助・保佐類型における最後の病院費用，施設費用の支払がその一例です。他には，後見類型における民法873条の2第3号の家庭裁判所の許可がない場合になされた事務が応急処分とされる可能性があります[20]。この点，立法担当者は，「成年後見人が裁判所の許可を得ないで本条3号に該当する行為（例えば，火葬に関する契約の締結）をした場合には，無権代理（民法117条）と同様，当該行為の効果は相続人に帰属しないこととなろう。他方，本改正によっても，従前から存在する応急処分

247

第4編　円滑化法を補完する理論

（民法874条で準用する654条）や事務管理（697条）の規定に基づいて死後事務を行うことは否定されるものではない。したがって，本条3号に該当する行為であっても，それが応急処分に該当すると認められる場合には，成年後見人が家庭裁判所の許可なしに行うことも許容されるものと考えられる。」[21] と述べ，応急処分義務が円滑化法による民法873条の2の補完的な位置づけとなり得ることを示唆しています。

むすび

　円滑化法施行後においても，応急処分義務は，依然として，死後事務の根拠として重要な役割を担っています。円滑化法による民法873条の2の適用のない保佐・補助類型において，民法873条の2第3号の家庭裁判所の許可がない場合においてはなおさらのことです。死後事務をなすに際して，円滑化法で解決できるのであれば，その手段によるべきであり，その要件を満たさない場合や，緊急性がある場合には，必要に応じて補充的に応用できる理論として応急処分義務を位置づけることができます。死後事務が円滑化法によって規定されても，委任に関しての応急処分義務の理論は，その存在価値は残存しているといえるでしょう。他方，相続法との抵触や，急迫の事情の要件の判断の困難さ，応急処分を行う場合の後見人の財産管理権の法的性質等の多くの問題を有していると思われます。死後事務は，本来，相続人が行うべきものですので，後見人等が死後事務を行うときには，それをする権限があるのか，要件を満たしているのか，必要な範囲を超えていないかなど，相当に慎重な態度で執務を行う必要があるでしょう。

【注】

1）「善処義務」，「応急措置義務」，「応急処理義務」ともいいます。

2）応急処分義務は死後事務の根拠と解されていますが，必ずしも明確とはいえません。積極の立場をとるものとして，上山泰『専門職後見人と身上監護』200頁（民事法研究会，第3版，2015），田山輝明編著『成年後見　現状の課題と展望』174頁〔黒田美亜紀〕（日本加除出版，2014），大塚竜郎「『成年後見の

事務の円滑化を図るための民法及び家事事件手続法の一部を改正する法律』の逐条解説」家判7号83頁等があり，家庭裁判所の運用として肯定するものとして，東京家裁後見問題研究会編著『後見の実務』別冊判例タイムズ36号99頁，大阪家庭裁判所家事第4部後見係「大阪家裁後見センターだより（第3回）」54頁（OBA Monthly Journal 2017.10），東京家庭裁判所後見センター・円滑化法運用検討プロジェクトチーム日景聡ほか「『成年後見の事務の円滑化を図るための民法及び家事事件手続法の一部を改正する法律』の運用について」家判7号92頁等があります。応急処分義務としてすることができるとも考えられますが，「急迫の事情」があるかについては疑問があるとの意見があったとして，成年後見制度研究会「成年後見制度研究会の研究報告 成年後見制度の現状の分析と課題の検討—成年後見制度の更なる円滑な利用に向けて」家月62巻10号148頁参照。

3）大塚・前掲注2）83頁。

4）日景ほか・前掲注2）92頁，前掲注2）「大阪家裁後見センターだより（第3回）」54頁。

5）幾代通＝広中俊雄編『新版注釈民法(16) 債権(7)』297頁〔中川高男〕（有斐閣，1989）。

6）応急処分義務に関する公刊物掲載判例は，最三小判昭和61年11月4日裁判集民149号89頁，最二小判平成18年7月10日裁判集民220号689頁（社会福祉法人が理事の退任によって定款に定めた理事の員数を欠くに至り，かつ，定款の定めによれば，在任する理事だけでは後任理事を選任するのに必要な員数に満たないため後任理事を選任することができない場合において，仮理事の選任を待つことができないような急迫の事情があり，かつ，退任した理事と当該法人との間の信頼関係が維持されていて，退任した理事に後任理事の選任をゆだねても選任の適正が損なわれるおそれがないときには，民法654条の趣旨に照らし，退任した理事は，後任理事の選任をすることができるとしたもの。）等があり，その数は多くはありません。

7）幾代＝広中・前掲注5）298〜299頁。

8）幾代＝広中・前掲注5）298頁。

9）我妻栄『債権各論 中巻二』698頁（岩波書店，1962）は，「受任者側で応急処理の義務を負う場合には，処理をするについて，委任終了前と同様の権限

第4編　円滑化法を補完する理論

を有するものと解すべきは当然」とします。

10）我妻・前掲注9）698頁。

11）幾代＝広中編・前掲注5）299頁〔中川高男〕。なお「『急迫の事情』なしに応急処分義務がなされたときは、その行為は無権代理となる」との見解もあります（後見について、於保不二雄＝中川淳編『新版注釈民法(25)　親族(5)』484頁〔吉村朋代〕（有斐閣、改訂版、2004）参照。）。

12）応急処分義務の性質については、委任契約延長説が通説。幾代＝広中編・前掲注5）298頁〔中川高男〕参照。

13）我妻・前掲注9）698頁参照。

14）於保＝中川編・前掲注11）483頁〔吉村朋代〕参照。

15）於保＝中川編・前掲注11）484頁〔吉村朋代〕参照。能見善久＝加藤新太郎編『論点体系　判例民法9（親族）』469頁（第一法規、2009）。

16）なお、次のように解することも可能と思われます。東京家庭裁判所後見センターでは、「相続財産を整理・清算し、相続人へ相続財産を引き渡すまでの相当と認められる期間内であれば、後見終了時の緊急処分義務（民法874，654）を根拠として、後見人が応急の必要があると判断する場合においては、整理・清算の目的の限度で相続財産の管理権限も残存するものとして扱っています。」とあります（前掲注2）別冊判例タイムズ36号99頁、101頁）。

17）第1編第1章2(1)「死後事務とは何か」7頁参照。

18）東京家庭裁判所は、「急迫の事情があるかどうかの判断についても、ある程度柔軟に考えています。」とあります（前掲注2）別冊判例タイムズ36号99頁）。

19）事務管理者が専門職の場合、報酬請求権を認める立場として、内田貴『民法Ⅱ　債権各論』559頁（東京大学出版会、第3版、2011）があります。

20）大塚・前掲注2）83頁。

21）大塚・前掲注2）83頁。なお、この立法担当者の見解で注意すべき点は、ここでいう3号の事務が死体の火葬契約のことを指すのか、預貯金の引出しのことを指すのかそれ以外の事務を指すのかを特定していないこと、さらに、3号の許可なくなされた事務について、「応急処分又は事務管理」として正当化されうると述べるにとどまっており、必ずしもそれが応急処分義務となるとまでは言っていないことです。

〔井木　大一郎〕

第2章

死後事務と事務管理

事　例

　成年後見人Ａは，被後見人Ｂが死亡したため，唯一の相続人Ｃに電話で連絡をしました。Ｃは海外留学中で，すぐに帰国すると言っていたのですが，１か月経ってもまだ帰国したとの連絡が入りません。そうこうするうちに，Ａは，Ｂについて生前に生じていた日常的な債務（施設利用費，介護サービス負担金，配送給食費，水道光熱費，税金，保険料等）の支払の請求を次から次へと受けました。水道光熱費，税金，保険料はＢの預金口座から自動引落しされるようになっていましたが，施設利用費，介護サービス負担金，配送給食費については，Ａが代理して支払っていました。

　このような状況の中，Ａは事業者の請求に対して，どのように対処すればよいか困っています。Ａは，できればＢの預り金から直接支払いたいと思っていますが，問題はないのでしょうか。

成年後見人は，被後見人の預り金から，被後見人の生前に生じた債務を支払ってもよいのでしょうか。それとも，成年後見人が立て替えて支払うことになるのでしょうか。それとも支払うべきではないのでしょうか。

251

第4編　円滑化法を補完する理論

 成年後見人ではなく，保佐人であった場合は，どのような違いがあるのでしょうか。

解　説

1 円滑化法による民法873条の2の新設

本事例のような場合に，民法873条の2の規定がなかったときは，成年後見人は，被後見人死亡後，少額で定型的な債務を支払う実務的な要請があるにもかかわらず，その法律上の根拠が明確でないという理由から「成年後見人の死後事務」という課題を抱えていました。

しかしながら，民法873条の2の新設により，その一部は立法的な解決を見ました[1]。

すなわち，成年後見人は，①成年被後見人が死亡した場合において，②必要があるときは，③成年被後見人の相続人の意思に反することが明らかなときを除き，④相続人が相続財産を管理することができるに至るまで，「相続財産に属する債務（弁済期が到来しているものに限る。）の弁済」をすることができるようになったのです。

本事例で見れば，①と④の要件は満たしています。③についても相続人Cの意思は分かりませんが，Cが支払うとは言っていないし，明らかに弁済することに反対しているわけではありません。最後に②の要件ですが，債務の弁済期が来ているので，遅延利息が付く可能性があるため，通常は必要と認められます。よって，成年後見人はその債務を弁済することができます。同条3号と異なり，家庭裁判所の許可は必要としません。つまり，成年後見人の権限として支払うことができるので，後見人は立て替える必要はなく，相続人に引き渡すべき財産（現金又は預貯金）を使用して弁済することになります。ただし，現金がなく，預貯金を出金して使用するためには，同条3号に規定する家庭裁判所の許可が必要となります。

第2章　死後事務と事務管理

　この民法873条の2の新設により，少なくとも後見類型の定型的な債務の弁済に関しては，事務管理を根拠とする行為を考える余地は，ほとんどなくなったといえるでしょう。

　しかしながら，本条は成年後見人にしか適用がなく，保佐人及び補助人は従来どおり，本人死亡後に残った債務を支払うための明確な法的根拠がありません。立法者の解説によれば，保佐人及び補助人は審判に基づき個別に付与された「代理権」を行使する権限しかないので，本人死亡後に一律に代理権限を付与することはできないからだといいます。

　しかし，実務家の立場からすると，本人の生前は，その判断能力の程度により成年後見人等の支援者の権限に差があるのは当然としても，死亡後は判断能力ではなく，相続人の相続する能力及び引継ぎに協力的かどうかによって，死後事務の権限を付与する必要があります。保佐人及び補助人の一部にも条件付きで成年後見人と同様の権限が与えられよう民法改正されることを望みます。

　しかし，現状では，保佐人に本条の適用がないため，本条の要件を満たすような債務であっても当然には支払うことができません。本条と別の法的根拠が必要となります。その根拠として考えられるのが，委任終了時の応急処分義務と事務管理の法制度です。本稿では事務管理を根拠に，この問題を考えたいと思います。事務管理は事務処理者の権限が契約ではなく，事務処理の開始という事実に基づいて与えられるのですが，事務管理を行うにあたり生じた費用は，民法の規定に基づき償還請求できるとしても，その行為に対する報酬を請求することはできません。

　また，相続人と連絡が取れないけれども，保佐人が清算しておいた方が良いと判断したときに，事務管理では，自身の財産で立て替えなければならないのか，あるいは預り金などで直接支払ってよいのかということが問題となります。前者の場合は，何を根拠に相続人に対して立て替えた費用の支払を求めることができるのか，後者の場合には，仮に相続人からその支払の不当性を責められた場合に，何を根拠に自身の行為を正当化することができるのかあるいはできないのかということが，この事務を行うに際して考えておく

253

第4編　円滑化法を補完する理論

べきことと思われます。このような事態に陥らないよう普段から，被保佐人の死亡後は債務が支払えなくなることを想定して後見事務をする必要がありますが，死亡しないと金額が確定しない債務があることも現実です。

2　事務管理

民法873条の2に基づき，死後事務のかなりの部分が成年後見人の正当な事務として実施できることになりましたが，改正法の適用がない保佐人や補助人の死後事務及び改正法の範囲に含まれない死後事務（民873条の2第3号の事務を許可なしに実施した場合を含む。）は依然として，明確な法的根拠がありません。従来からそのよう場合に，死後事務の法的根拠になり得るものは，委任終了時の応急処分義務（民654条）の準用（民874条）又は事務管理（民697条）といわれています。本稿では，このうち，事務管理について考えていきたいと思います。

事務管理について，民法の教科書では，「長期不在の隣の家の窓ガラスが壊れているのを発見した隣人が大雨を心配して，修理する」という例がよく挙げられています[2]。つまり，義務もないのに善意やお節介で他人の事務を行った場合に，どのような場合にそれが正当化されるかということと，どのような法的効果が生じるのかということが，事務管理を理解する上での基本となります。

まず，事務管理の成立要件からみていきます[3]。

(1)　事務管理の成立要件（民697条）

第1に，「本人との関係で法律上の義務がないこと」です。契約や法律の規定に基づく義務がある場合は，事務管理は成立しません。成年後見における死後事務との関連でいえば，後見人等（保佐人及び補助人を含む。以下同じ。）に何らかの法的義務がある場合は，事務管理は成立しないのです。後見人等の法的義務には，委任終了時の応急処分義務も含まれますが，民法873条の2に基づく成年後見人の権限は，言葉どおり権限であって義務ではありませんので，改正民法に基づく死後事務は，この要件を満たしています。

第2は，「他人のためにすること」です。「他人のためにする」とは，他人

254

のためにする意思が必要ですが，自分のためにする意思と併存していてもか
まわないとするのが通説です。事務管理の「他人のためにする意思」は，法
律効果に向けられた意思表示ではありませんので，事務管理の性質は法律行
為ではなく，準法律行為といわれています。

第3に，「他人の事務の管理を始めたこと」です。他人の事務は法律行為
であるほか事実行為も含みます。そして，そのほとんどが事実行為と考えら
れます。後述しますが，代理権が認められませんので，法律行為をする場面
は少ないのです。

行為の外形からは判断できないような中立的な事務，例えば，留守の知人
宅の窓を修理するために材料を購入する契約は，他人のためにする意思があ
れば，他人のための事務となります。

第4に，「事務の性質に従い最も本人の利益に適合する方法又は本人の意
思に従い事務を管理すること」です。本人の利益に反する場合又は意思に反
する場合は事務管理は成立しません。途中から本人の意思に反することに
なった場合は，事務管理を継続できません。継続しても事務管理は成立しな
いので不法行為となる可能性があります。

⑵　事務管理の効果

事務管理の成立要件を満たせば，他人の事務に対する干渉が適法となり，
事務管理者の不法行為の成立を妨げます。事務管理の消極的効果といえます。
また，本人の意思に従い事務管理を行う義務を負うことになります。本人の
意思が不明確な場合は，事務の性質に従い本人の利益に適合する方法により
事務管理を行い，本人等が管理することができるに至るまで，事務管理を継
続しなければなりません。

事務管理遂行時の基本的義務としては，第1に「善管注意義務」を負うこ
とと解されています。委任と同様に高度の注意義務を負います。自ら買って
出て他人の事務を処理する以上，無償であっても抽象的軽過失も許されない
ということです。ただし，緊急事務管理の場合には，すなわち「本人の身体，
名誉又は財産に対する急迫の危害を免れさせるために」事務管理をしたとき
は，悪意又は重過失がなければ損害賠償責任を負いません（民698条）。急迫

第4編　円滑化法を補完する理論

の危害を免れさせるための事務管理については，善管注意義務の軽減が図られています。

　第2に「自己執行義務」を負います。委任と比較して，対象たる事務は事実行為が多いので，一般的には履行代行者にあたらせることは可能でありますが，死後事務の場合は，後見人等であったことが事務管理行為をさせる大きな要因となっているため，この義務はあると考えます。

　第3に「忠実義務」を負います。受任者と同様に，本人の意思と利益に従う積極的義務と，自己又は第三者の利益を図ってはならない消極的義務を負います。

　さらに，委任と同じように他人の事務を遂行するのですから，事務管理者は受任者と同様の義務を負うことになり，情報提供義務として通知義務（民699条）と報告義務（民701条による645条準用）があります。このほか，受取物の引渡義務と権利移転義務，事務管理者が自己のために金銭を消費したときの利息支払義務と損害賠償義務も負います。

　また，事務管理者が請求できる権利については，以下のように考えます。

　有益費用を支出したときは，本人に償還請求できます（民702条1項）。有益かどうかは支出時を基準とします。利息の請求はできません。そして，この費用償還請求権が事務管理者の唯一の権利です。

　管理者が過失なく，損害を受けた場合でも賠償請求権はありません。この点，民法650条3項の規定により，原則，賠償請求できる委任契約の場合とは，異なります。また，報酬請求権もありません。

　対外的効果としての代理権も，事務管理の趣旨から，ないとするのが通説です。

3　ケースの検討

(1)　Q₁について

　成年後見人の場合は，民法873条の2に基づき，必要があるときは，成年被後見人の相続人の意思に反しない限り，相続人が相続財産を管理することができるに至るまで，弁済期が到来している相続債務は，弁済できることに

なりました。

本事例の場合は，唯一の相続人と連絡がつかない場合であり，上記の要件を満たしているので，弁済期が来ていれば，弁済可能となります。施設利用費等については，通常月ごとに請求があり，支払期限の定めもありませんので，請求書を受領したときが弁済期（民412条3項）となります。よって，弁済することができるといえます。

また，弁済資金は，法が成年後見人に権限を認めていることから成年後見人が管理する相続人に引き継ぐ財産を使用することになります（法務省の解説で「債務を弁済するための預貯金（成年被後見人名義口座）の払戻し」4）が民法873条の2第3号に該当する行為の具体例として説明されています。）。

事務管理による弁済と改正法による弁済を比べると，成立要件としては，ほとんど同じで，唯一異なるとも言えるのが，「他人の事務の管理」か，権限に基づく事務（本人の事務）かということです。この違いが，弁済資金の違いにもつながります。事務管理では立替え払いとなりますが，改正民法による弁済は管理している相続財産による弁済となります。

債務弁済以外の民法873条の2に基づく行為も同様，成年後見人が管理している財産を使用できますので，この点では改正民法によって，死後事務の一部がやりやすくなったとはいえます。

(2)　Q₂について

民法873条の2の適用のない保佐人については，債務を弁済する明確な法律上の根拠がありません。

被保佐人の死亡により，一身専属権を除き一切の債権債務及び財産が相続人に帰属し，保佐人は，以後，相続人に引き渡すまで財産を管理することになります。

引き渡すまでは，委任による応急処分義務の準用規定以外は，特に規定がないので，応急処分を必要とする管理以外はそのまま現状で引継ぎをすればよいということになります。債務もそのまま引き継げばよいということになります。

しかしながら，相続人が積極的に関与できないときは，保佐人が財産管理

第4編　円滑化法を補完する理論

をしているときに生じた少額の定型的な債務は，生前にはその財産の管理について代理権を持ち，権限のあった保佐人がその債務内容をよく知って，対処してくれるものとして，多くの債権者が保佐人にその支払を求めてきます。

　この保佐人の債務の支払について，委任終了時の応急処分義務がない場合，日常債務の支払権限に関する代理権付与の有無に関わらず保佐人の支払は，事務管理として行ったと捉えることが可能と思われます5）。通常，保佐人には日常債務の弁済（①定期的な支出を要する費用の支払，②介護契約（介護サービスの利用契約，ヘルパー等派遣契約を含む。）の費用の支払，③施設入所に関する費用の支払）の代理権が付与されている場合が多いでしょう。ただし，このような権限がなくとも，理論的には事務管理の適用は可能と考えます。

　第1の事務管理の要件は，「本人との関係で法律上の義務がないこと」ですが，この場合の本人は，既に亡くなっている被保佐人ではなく，相続人となります。そして，既にみたように「保佐人としての職務上の義務がない」とすれば，Aは，相続人との関係で法律上の義務がないという要件を満たします。

　第2の要件は，「他人のためにすること」ですが，相続人のためにする意思があるかということになります。相続人の債務の支払ですから，当然あるといえます。自分のためにする意思が併存していてもかまわないので，保佐人が保証をしているような場合も要件を満たします。

　第3の要件は，「他人の事務の管理を始めたこと」ですが，相続人の債務を支払うことは他人の事務ですから，要件を満たします。ここで重要なことは，その支払の原資をどこに求めるかです。

　本来，事務管理は，管理者が自分の名前で法律行為などをするので，第三者（債権者）との法律上の関係は管理者との間に発生します。本人（相続人）は登場しません。本人名義で契約をすれば，登場する余地はありますが，管理者には代理権がありませんので，本人と第三者の契約は無権代理となり，追認の余地が残るだけであります。つまり事務管理は，管理者を中心に，管理者と本人又は管理者と第三者の法律関係ということになります。とすれば，本人（相続人）と第三者（債権者）の法律関係は直接には生じず，したがっ

258

て預り金等から支払をすることはできないのが原則です。

　つまり，管理者である保佐人が立て替えて弁済をするということになります。その上で，相続人に有益費用の償還を請求することになります。実際上は，その償還請求に基づく債権と相続人に引き渡すべき保佐人が管理していた金銭等に係る引渡請求権とを相殺することになるのでしょうが，実務的には，迂遠な方法です。しかし，筆者は事務管理として立て替える以上はやむを得ないと考えます。

　預かっている金銭を直接使用して支払う方法は，容易ですが，事務管理を根拠とする以上は，正当化することはできません。事務管理と預り資産からの直接の弁済は両立しないのです。

　第4の要件は，「事務の性質に従い最も本人の利益に適合する方法又は本人の意思に従い事務を管理をすること」です。金銭債務の支払なので，弁済期日内に契約に従って支払うということが，これに当てはまります。これで，債権者との関係は，問題なく無事に終了します。

　その次の対応として，管理者がした行為については，本人に対する通知義務がありますので，相続人に事務の内容を告げるということになります6)。

　繰り返しになりますが，事務管理として行う行為は，「義務のない」ことが前提となっています。したがって，専門職後見人が本事例のような行為を「事務管理」として行うのであれば，それについての報酬請求の根拠を欠き，報酬は認められないことになります。

　次に，立替えは一般的に第三者弁済となりますので，第三者弁済として考えてみます。保佐人が，被保佐人の入所契約について，書面で保証をしていれば，利害関係があるといえます。ただし，口頭で，支払に責任を持ちますと言っている場合には，保証をしている場合と同視できません。事実上の道義的責任を負うことはあるにせよ，その責任を保佐人の責任として法的に追及できることにはならないからです。

　そして，少なくとも民法474条2項にいう利害関係がないときは，後見人等は相続人の意思に反して弁済することはできません。

　また，本事例について，実際の対応は，次のように考えられます。

259

第4編　円滑化法を補完する理論

　　円滑化法による民法873条の2第2号が新設されたため，成年後見人は相続人が特に反対していない限り，弁済期が来たものは管理資産を使用して弁済することが可能です。

(1)　相続人と連絡の取れる場合
　　相続人に債務の存在を伝えて，任せればよいと思います。
(2)　相続人と連絡が容易につかない場合
　　管理財産が十分あるのであれば，書面で債務の内容・金額・債権者等を明記して，保佐人が自ら立替え払いをした後，その償還請求権と預り資産に関する債務を相殺する旨を通知すればよいでしょう。ただ，相殺に関しては，理論上，問題が潜んでいることは理解しておくべきでしょう。つまり，相続人は相続放棄をする選択権も有していますので，それを無視することはできないからです。
(3)　相続人が所在不明・意思能力がない・不存在の場合
　　更なる手続が必要となるため，家庭裁判所とも協議して，事案に応じた対応をすることになるでしょう。

【注】
1)　第1編第1章「死後事務に関する改正法（民法873条の2）について」参照。
2)　内田貴『民法Ⅱ　債権各論』519頁（東京大学出版会，第2版，2007），加藤雅信『新民法体系Ⅴ　事務管理・不当利得・不法行為』3頁（有斐閣，第2版，2005）。
3)　内田・前掲注2）519頁，加藤・前掲注2）3頁。
4)　法務省ホームページ「成年後見の事務の円滑化を図るための民法及び家事事件手続法の一部を改正する法律」に関するQ&A参照（http://www.moj.go.jp/MINJI/minji07_00196.html）。Q10に対するA10(3)の（具体例）の3番目。
5)　生前債務の支払について，相続人が関与できないときに応急処分義務を認める見解もありますが，どのような場合に認められるのか困難な問題があり

ます（第4編第1章「死後事務と応急処分義務」参照）。

6）了承が得られない場合は，事務管理を中止することになりますが，既にされた行為は「本人の利益に適合する方法」でなされた限り，事務管理が適用されます。

〔田中　利勝〕

第3章　死後事務委任

第3章

死後事務委任

改正のポイント

🔖　円滑化法の施行により，一定の要件のもとで，成年被後見人の死亡後の成年後見人の事務の範囲について定められました。葬儀はこの事務の範囲に含まれないとされています。

🔖　死後事務委任契約の締結をするについて，その事務の範囲を定める場合に相続法の理論との関係で，円滑化法で定められた要件に合致しない場合や定められた事務の範囲外の事務を委任事項とする場合は，個別の委任事項ごとに具体的に相続法との関係の検討を要すると考えられます。

事　例

　D（83歳・女性・独身）は，姪のB（71歳・女性・独身）と同居していましたが，Bは平成25年2月に脳梗塞で倒れ意識不明となり緊急入院しました。DはBの介護を受けながら生活を維持していたのですが，今度はDがBを介護する立場となりました。Dの意識は鮮明ですが，足や腰に疾患があり歩行が困難な状況です。Bの意識は少し戻ったものの，Bが事理弁識能力を欠く常況となったため，DはBの後見開始の申立てをしました。AがBの法定後見制度による成年後見人として選任され，Aに○○病院に入院中であるBの後見をしてもらうこととなりました。なお，Bには甥がいますが疎遠で関与は望めません。

　DはBの介護が受けられなくなったため，介護してくれる人を探さなければなりません。DにはBの他にも甥や姪はいるのですが，いずれも

263

第4編　円滑化法を補完する理論

疎遠で，介護を依頼できるような親族はいません。Dは自宅での生活が困難となったため，介護付きの△△高齢者住宅に入居の申込みをしました。入居契約には身元引受人が必要と言われましたが，身元引受けをお願いできるような人はいません。各種の相談の結果，Dは，任意後見契約，死後事務委任契約，医療・介護等の施設入所契約及び特定の預金口座の財産管理契約をCと公正証書によって締結しました。

　この契約の内容を介護付き△△高齢者住宅の入居担当者に伝えたところ，身元引受人は不要とのことで入居契約を締結することができました。

　また，Dは生前債務の清算や死後事務に必要な経費を除き，D所有のすべての財産を姪のBに相続させる旨を公正証書によって遺言しました。Dは，△△高齢者住宅でCの見守りを受けながら，各種の介護サービスを利用して生活を維持し，任意後見契約を発効させるほどに事理弁識能力が低下することもなく，平成29年6月に死亡しました。Cは死後事務委任契約に基づいて，病院への支払や遺体の引取り，通夜，告別式，火葬等を執り行い，指定を受けていたお寺へ納骨をしました。△△高齢者住宅の部屋の明渡し作業や動産の処分も行い，管理していた残余財産を遺言執行者に引き継ぎました。

　任意後見委任者Dはなぜ，身元引受人なしで△△高齢者住宅に入居できたのですか。

　被後見人Bが入院の必要がなく，介護施設入所が可能な健康状態になれば，身元引受人がいなくても，Bは介護施設等に問題なく入所できますか。

　任意後見契約と公正証書遺言をしているのに，なぜ，任意後見委任者Dには死後事務委任契約が必要なのですか。

第3章　死後事務委任

　死後事務委任契約は公正証書でする必要がありますか。

　被後見人Ｂが死亡した場合も，死後事務の受任者Ｃがした死後事務と同様の事務処理を求められますが，後見人Ａは事務処理が可能でしょうか。

　死後事務委任契約の内容で注意すべきことはありますか。

　死後事務委任契約を相続人から任意解除されることはありませんか。

解　説

　核家族化した社会で高度経済成長期を労働者として生きてきた高齢の女性２人が，地縁血縁社会の崩壊と個人情報保護によるプライバシー保護の厳格化の中で孤立してきており，老後の生活支援を誰に託せばいいのか，死後の処理を誰がしてくれるのか途方に暮れていました。兄弟姉妹はいるものの長い間，関係途絶のため甥や姪がいることは明らかですが，老後の生活支援や死後の処理の支援は依頼できない関係となっています。

　成年後見制度を利用し老後の支援はなんとか受けることができましたが，死後の処理については，死後事務委任契約を含む任意後見契約を利用する場合と法定後見制度を利用する場合とでは対応できる範囲が異なり，死後の処理の支援をする者にも戸惑いがあります。死後の処理について本人に関与した周囲の人々からは，死後事務委任契約を含む任意後見契約の利用者にも法定後見制度の利用者にも同様の事務処理をすることを求められますが，任意後見契約で本人の委任を受けた死後事務受任者と，法定後見制度の後見人で，できること，できないことを女性２人の事例で比較し考えます。

265

第4編　円滑化法を補完する理論

また，円滑化法が施行されたことによる変更についても考えます。

1　死後事務委任者の施設等への入所

△△高齢者住宅に限らず，特別養護老人ホームや介護老人保健施設に入所する場合も原則として，身元引受人あるいは身元保証人を求められます。

有料老人ホームの設置運営標準指導指針において，入居者及びその身元引受人等の氏名及び連絡先を明らかにした名簿並びに設備，職員，会計及び入居者の状況に関する帳簿を整備しておくことなどが定められています[1]。

公益社団法人全国有料老人ホーム協会なども「ホームに入居する場合，身元引受人をたてることを条件とするホームがほとんどです。どうしても身元引受人をたてられない場合には，成年後見制度の利用やその他の方法で対応できるホームもありますので，希望のホームへ相談してみるとよいでしょう。」と身元引受人の確認を入所契約前にするよう求めています[2]。

前記指針において，「入居者の生活において必要な場合には，身元引受人等への連絡等所要の措置をとるとともに，本人の意向に応じ，関連諸制度，諸施策の活用についても迅速かつ適正な措置をとること。要介護者等については，入居者の生活及び健康の状況並びにサービスの提供状況を身元引受人等へ定期的に報告すること。」とされています[3]。

入所施設では入所者を受け入れるについて，前記のような指導に従う必要がありますが，入所予定者で身寄りがいないため，又は身寄りはいるものの身元引受けなどの支援を受けることができず，必要があるのに施設入所ができないことがあります。

入所施設として入所者の生活を支援する場合に，施設として，できないことがあり，これを補完してもらうのが身元引受人ということになります。

施設の支援として事務手続ができず，入所者自身でもできなくなった場合に，身元引受人が行う事務で考えられる主な事務は次のとおりです。

①　入所費の支払（支払保証を含む。）

②　施設が提供する介護サービス等の確認

③　病院への入退院の手続（入院保証を含む。）

第3章　死後事務委任

④　手術等の医療行為に関する同意

⑤　死亡時の身柄の引取り

⑥　居室の明渡し（室内の動産処分を含む。）

　入所者の相続人である親族が身元引受人である場合は，前記の事務手続すべてを問題なく行うことができます。

　第三者が身元保証人になる場合，①入所費支払から③入退院手続までの事務は，入所者の事理弁識能力がある場合は入所者が事務処理をするか，委任契約によってできますが，認知症などで事理弁識能力が低下した場合には任意後見契約等での支援が必要となります。①入所費支払・③入退院手続の保証については，別途の制度を利用した支援を必要とします[4]。

　④医療行為の同意については，医療同意の法的権限を有するのは本人ですから，本人から事前に医療に関する希望を聞いておいて医療関係者に伝えることになります[5]。

　⑤遺体引取り・⑥居室明渡しについては，入所者が死亡後のことですから，死後事務の委任契約での処理が必要となります。入所者の死亡後に行う①入所費支払については相続債務ですので，⑤遺体引取り・⑥居室明渡しと同様の死後事務委任契約による処理が必要です。

　本事例の場合は，Ｄが任意後見契約，死後事務委任契約，医療・介護等の施設入所契約及び特定の預金口座の財産管理契約をＣと公正証書によって契約をしているので，△△高齢者住宅で問題となる事務についての処理がおおむね可能となったことと，Ｄが入所費等を賄うのに十分な資産を保有していたため，①入所費支払・③入退院手続等の保証についての強い要求がなされなかったものと思われます。

2 被後見人の施設等への入所

　Q₁で身元引受人の事務と考えられた前述1の⑤死亡時の身柄の引取り，⑥居室の明渡し（室内の動産処分を含む。）及び本人死亡後の①入所費の支払の事務は後見人に法的責任のある事務と考えることはできません。相続人がいる場合は権利義務を有している相続人が，⑤遺体引取り・⑥居室明渡し及

第4編　円滑化法を補完する理論

び本人死亡後の①入所費支払の事務を行うこととなります。相続人が関与できない場合や関与を拒否している場合には，委任の終了後の応急処分義務や事務管理として後見人は関与することとなります。

　また，死体の埋葬，火葬を行う者がない場合は，市町村長が行うこととされていますが，後見人が関与している場合は，現実に市町村において対処していることは稀です。

　死亡後の事務において，後見人は，相続人に連絡するなどの一定の手続を経た上で，関与する者がいない場合に，やむなく身元引受人の事務とされる⑤遺体引取り・⑥居室明渡し及び本人死亡後の①入所費支払の事務を行うかどうかの判断をすることとなります。

　また，介護保険法の規定に基づいて，運営等の基準を定められている介護老人保健施設などは，正当な理由なく介護保健施設サービスの提供を拒んではならないとされていますので，身元引受人がいないことを理由に入所を拒むことはできません6)。

　そこで，身元引受人がいないため問題が生じる事務がある場合は，成年後見人と介護施設側で速やかに協議をして問題解決に努めるなどの相互の事務を理解の上で入所をお願いすることとなります。

　例えば，入所費・入院費は生前に必要費用を前払いしておいて，死後に清算をすることや死後に居室の明渡しが簡易にできるよう不必要な動産などは生前に処分をしておくことなどが考えられます。

　なお，円滑化法の施行によって，後見人（保佐人，補助人を除く。）については，弁済期の到来した相続債務（入所費・入院費等）の支払や家庭裁判所の許可を条件に火葬又は埋葬に関する契約の締結ができることとなりました。

3　死後事務委任契約の必要性

　任意後見契約は，任意後見契約に関する法律2条1号において「委任者が，受任者に対し，精神上の障害により事理を弁識する能力が不十分な状況における自己の生活，療養看護及び財産の管理に関する事務の全部又は一部を委託し，その委託に係る事務について代理権を付与する委任契約であって，第

第3章　死後事務委任

4条第1項の規定により任意後見監督人が選任された時からその効力を生ず
る旨の定めのあるものをいう。」とされています。Dの事理弁識能力が低下
し任意後見監督人が就任した後，Dが死亡するまでの財産管理等の処理をす
る事務の契約です。死亡後に関しての応急処分義務はあります。

　遺言はDが死亡した時から効力を生じますが，遺言ができる事項は次のと
おりです。

①　推定相続人の廃除又はその取消し（民893条，894条2項）

②　相続分の指定又は指定の委託（民902条1項）

③　遺産分割方法の指定又は指定の委託，遺産分割の禁止（民908条）

④　遺贈の減殺方法の指定（民1034条ただし書）

⑤　相続人の担保責任の指定（民914条）

⑥　遺贈（民964条）

⑦　一般財団法人の設立（一般社団法人及び一般財団法人法152条2項）

⑧　信託の設定（信託3条2号）

⑨　生命保険及び傷害疾病定額保険金の受取人の指定変更（保険法44条1
　　項，73条1項）

⑩　認知（民781条2項）

⑪　未成年後見人，未成年後見監督人の指定（民839条，848条）

⑫　遺言執行者の指定又は指定の委託（民1006条1項）

⑬　特別受益持戻しの免除（民903条3項）

⑭　祭祀主宰者の指定（民897条1項）

上記以外の事項を遺言しても，付言事項として相続人や関係者に遺言者の
思いを伝えることはできますが，法的拘束力がありません。

　また，公正証書による遺言以外の遺言については，家庭裁判所外において
開封した者や家庭裁判所で検認手続をせずに遺言の執行をすれば過料に処せ
られることとなります（民1005条）。「法務局における遺言書の保管等に関す
る法律」が平成30年7月13日に公布されました。この法律によって遺言書保
管所に保管される遺言書についても検認手続は不要とされています。また，
遺言は契約ではなく，単独行為なので，遺言執行者に指定された者が遺言執

269

第4編　円滑化法を補完する理論

行者となる就職を承諾する義務はありません。

死亡後すぐに行わなければならない事務や，遺言では実現できない事務を相続人以外の者が遂行しようとすれば，死後事務委任契約が必要となります。

Dは，死亡後の病院への支払や遺体の引取り，通夜，告別式，火葬等の執行及びお寺への納骨を依頼する死後事務委任契約をCと締結していましたので，これらの事務を滞りなく行うことができました。ただし，死後事務受任者は戸籍法による死亡届をすることができる者とはなっていませんので注意が必要です7)。

Dの相続人でこれらの事務をする者がいれば，死後事務委任契約がなくても相続人として慣習に則って上記の事務が遂行されますが，相続人がいない場合や関与を拒否している場合は，これらの事務を行える権限のある人が必要となります。

4 死後事務委任契約の締結についての真実性の担保

死後事務委任契約を公正証書でする必要があるとの法律上の規定はありませんが，実務を行う上では公正証書で作成することを原則とすべきと考えます。死後事務委任契約は，委任者が死亡してから事務を執行することとなるため，委任者が死亡前の意識が鮮明なときに，自らの意思で死後事務の委任契約締結をしたことが明確になるような方式で，なされることが必要と考えられます。

任意後見契約は，法務省令で定める様式の公正証書でしなければなりません（任意後見3条）。

遺言は民法に定める方式に従わなければ，することができません（民960条）。

この2つの制度ではできない事務を委任するのが死後事務委任契約と考えられることから，両制度と同等の契約手続に関する信頼性を確保する必要があります。

また，死後事務の内容によっては，相続人の利益に反する事務もあり，委任者の明確な意思として行った事務であることが確認できるようにしておく

270

第3章　死後事務委任

ことも必要です。相続人との紛争にならないよう事務処理の内容にも注意し，委任者と受任者のみで契約をすることとしないで，公証人など第三者にも契約に関与してもらうことも考えられます。

このことから，前述のとおり，死後事務委任契約を公正証書でする必要があるとの法律上の規定はありませんが，実務上では，死後事務委任契約についても公正証書によって契約締結する必要があると考えます。しかし，死後事務委任契約については，疾病その他の事由によって死亡の危急に迫った者が，死後の処理を依頼したいが公正証書を作成する時間がない場合があります。このような場合は民法976条以下に特別の方式の遺言により定められている手続等を参考にして契約締結の真実性の担保をすることが考えられると筆者は思います。

死後事務委任契約を公正証書以外で作成する場合は，委任者の死亡前に契約締結がなされたことの証として，確定日付の付与を受ける等の手続が必要です。また，委任者の承諾が得られるようであれば，相続人に対し死後事務の契約の内容を事前に通知しておくことも考えられます。

5　後見人の死後事務の範囲

Dからの聞き取りによると，BはDの姪であり，Dと一緒のお寺で供養をしてもらうと決めていたようですが，後見人AはBの死亡により後見が終了し，Bの法定代理人でなくなります。死亡後の事務としては，管理の計算を行うこと（民870条）と，従前に行っていた事務処理で，早急に対処しなければ相続人等に損害を与えるおそれがある場合に，相続人等が事務処理できるようになるまで，必要な処分をしなければならない（民874条による654条準用）とされている以外は，法的義務はありません。

しかし，Aは，Bの入院契約や施設入所契約の代理人であり，Bの思いを聞いてきた者として，「本人死亡後の成年後見人には法的義務はありませんので，病院や施設で勝手に処分をお願いします。」とは言えません。

そこで，相続人にBの死亡を伝え，死亡後の事務手続を引き受けてもらえるかを確認し，引き受けてもらえるようであれば任せることとなります。関

271

第4編　円滑化法を補完する理論

与を拒否された場合は，今後処理すべき事務手続と概算の費用を伝えて承諾を得るようにします。

　相続人と連絡が取れない場合や相続人がいない場合は，死後事務について社会的妥当性等を考慮して，相続人に対する権利侵害が発生しないよう最小限の必要なことを行うこととなります。

　地方によって慣習が違うと思われますが，墓地，埋葬等に関する法律9条による市町村長が行う火葬等の費用，生活保護の葬祭扶助費などが参考になると思われます。

　Bの場合のように，相続人はいるものの関与を拒否し協力が得られないような場合は，できるだけ相続人に経済的損失を与えないように配慮した上で，Bの思いが実現できるよう工夫をすることとなります。生前に葬儀の契約をして概算費用の支払をしておくことなども考えられます。

　葬儀費用の支出については，相続人の同意が得られれば，Bの相続財産から相続人に支払ってもらうことが可能です。この場合には，相続は承認されたことになる可能性があります。相続人と連絡が取れない場合，相続人がいない場合などは葬儀費用の支出はできません。他に葬儀を行う者がなく，葬儀を行わなければならない場合，原則として葬儀を行う者が立替えをすることとなりますが，立替えができない場合は前記の生活保護の葬祭扶助費同等の葬儀か，死亡した者の資産や生活状況から社会通念に従った範囲内での葬儀であれば，遺産からの葬儀費用の支出も，実務上，やむを得ないものと考えられます8）。

　円滑化法において，本人死亡後の後見人に①必要があり，②相続人の意思に反することが明らかなときを除き，③相続人が相続財産を管理することができるに至るまで，下記の①から③の行為ができることとされました。ただし，③の行為をするには家庭裁判所の許可を要することとされました（民873条の2）。

　①　相続財産に属する特定の財産の保存に必要な行為

　②　相続財産に属する債務（弁済期が到来しているものに限る。）の弁済

　③　その死体の火葬又は埋葬に関する契約の締結その他相続財産の保存に

272

必要な行為（前2号に掲げる行為を除く。）

　円滑化法の施行によって，後見人の死後事務の範囲の権限が整理され，葬儀に関する契約は含まず，納骨に関する契約は含まれると解されています。円滑化法の施行前は，これらの行為は，応急処分や事務管理の規定に基づいて必要に応じて行われていました。円滑化法の施行後も応急処分や事務管理の規定に基づいて行われる死後事務は許容されると考えられます9）。

6　死後事務の事務手続の範囲

　死後事務は，委任者に事務遂行の確認を受けることができません。事務遂行後に相続人や相続財産管理人の確認を受けることとなります。死後事務の代理権の範囲によっては相続人と対立する場面もあります。前述4で説明したとおり任意後見契約や遺言については厳格な手続を要することとなっていますが，死後事務についてはそのような定めはありません。死後事務を委任する場合は事務を監督する人を付する契約内容とするなどの，任意後見契約等と同等の厳格な手続を考慮することも考えられます。

　死後事務の契約をするときは，死亡により委任契約が終了しないこと，相続人によっても相当の理由がなければ解除できないこと，事務範囲はできる限り明確に記載することなど，委任者の意思を明確に記載しておくことが必要です。

　相続人でできる事務や遺言で可能な事務は，相続人や遺言執行者で対処をしてもらうのが原則です。

　死後事務委任契約の範囲には短期的なものと長期的なものがあります。短期的な事務には，①遺体の引取り，②火葬，埋葬，③葬儀，④入院，入所費用等の生前債務の支払，⑤入所施設等の居住空間の明渡し，⑥関係者への応分の謝礼，⑦納骨，永代供養などがあります。長期的な事務としては，実務上，⑧年忌法要が考えられます。

　短期的な事務については，実務の観点からは事務処理の要望も多く，早急に処理すべき事務や当面の清算事務であり，相続人の早急の対応も難しい場合もあり死後事務委任の範囲と考えられます。⑥関係者への応分の謝礼の事

第4編　円滑化法を補完する理論

務については遺言事項と重なる部分ですが，委任者の死亡時までの状況を見通して遺言で決定することが難しいため，信頼できる受任者に死亡までの状況によって一定の範囲内で謝礼の額を判断させるものであれば，死後事務として許されるものと筆者は考えます[10]。

　長期的な事務は，相続人や祭祀の承継者での対応が可能であり，やむを得ない場合を除き，死後事務委任契約の範囲とすべきでないと考えられます[11]。

　内閣府の消費者委員会は，身元保証・日常生活支援・死後事務サービス等を「身元保証等高齢者サポート事業」として，消費者が安心して利用できるように，消費者庁は関係行政機関との調整，厚生労働省は実態把握を行うこと，消費者庁及び厚生労働省は，関係行政機関と連携し必要な措置を講じることを建議しています[12]。

7　相続人からの死後事務委任契約の任意解除

　民法653条1号は，「委任者又は受任者の死亡」を委任の終了原因と定めていますが，同号は強行規定ではなく，当事者が委任契約を終了させないとする特約をすることは認められています。

　死後事務委任契約を締結するときに，委任者の死亡によって契約は終了しない旨の特約を付して契約をします。しかし，委任者の死亡により相続人が委任者の地位を相続するため，受任者は相続人の受任者となります。

　委任契約は各当事者がいつでも解除できる（民651条）と定めていますので，相続人はいつでも死後事務委任契約を解除できることとなります。そこで契約締結時に委任者の解除権を放棄する特約をします。相続人は，委任者の解除権放棄特約付きの委任契約の地位を相続することとなります。

　委任者と相続人の間で対立がある場合などには，委任者の解除権放棄特約は問題となります。委任者は契約どおり事務執行されることを期待し，相続人は自己に不利益であれば解除をしたいと考えるからです。

　委任者と受任者でなされた解除権放棄付き死後事務委任契約は，委任者の生前には有効に成立しており委任者の死亡によって，委任者の地位を相続人は包括的に承継することとなり，解除権放棄の特約も引き継がれることとな

274

第3章　死後事務委任

ります。

　相続人は自己に不利益であれば解除権の行使ができると考えられますが，死後事務委任契約に合理的妥当性があり相続人の不利益も一般的な受忍限度の範囲内であれば解除権の行使は制限され得るのではないかと考えます[13]。

　なお，民法（債権法）改正で委任の解除について，民法651条2項が見直しされています。委任の解除をした者は，「相手方に不利な時期に委任を解除したとき。」「委任者が受任者の利益（専ら報酬を得ることによるものを除く。）をも目的とする委任を解除したとき。」には，相手方の損害を賠償しなければならない。ただし，やむを得ない事由があったときは，この限りでないとされています。

　　　Dが任意後見契約，死後事務委任契約を締結したことで，身元引受人を置いたことと，ほぼ同等の効果があることを△△高齢者住宅の管理者が理解したためです。

　　　後見人AはBの死亡により後見が終了し，Bの法定代理人ではなくなりますので，介護施設等に後見人Aの事務範囲に，Bの死亡後に身受引受人が行う事務は含まれていないことの理解を得て，入所手続をすることとなります。ただし，円滑化法により，必要があれば，相続人の意思に反することが明らかなときを除き，家庭裁判所の許可を得て火葬や埋葬に関する契約の締結，その他相続財産の保存に必要な行為が可能になりましたので，以前より入所しやすくなったと思われます。

　　　前述3の解説のとおり，任意後見契約と遺言の事務の範囲内では，死亡後すぐに行わなければならない事務手続や，遺言では執行できない事務があるためです。

275

第 4 編　円滑化法を補完する理論

　　公正証書で作成することを原則とし，公正証書以外で死後事務の委任契約書を作成した場合は，委任者の死亡前に契約締結がなされたことの証として，作成後，速やかに確定日付の付与を受けることが望ましいでしょう。

　　後見人ＡはＢの死亡により後見が終了し，Ｂの法定代理人でなくなりますので，応急処分義務の範囲内の事務をすることとなります。ただし，円滑化法により，必要があれば，相続人の意思に反することが明らかなときを除き，相続財産に属する特定の財産の保存に必要な行為や弁済期の到来している相続債務の弁済及び家庭裁判所の許可を得て火葬や埋葬に関する契約の締結，その他相続財産の保存に必要な行為が可能になりました。

　　遺言や相続の制度で解決できる問題は，原則として死後事務委任契約の契約内容としないよう注意が必要です。

　　解除権放棄特約を付して，死後事務委任契約を締結した場合は，一般的に死後事務の範囲が合理的な範囲を超えていなければ，解除されることはないと考えられます。

【注】
1)「有料老人ホームの設置運営標準指導指針について」（平成14年 7 月18日老発第0718003号）は平成30年 4 月 2 日に一部改正され，厚生労働省老健局長より老発第0402第 1 号で各都道府県知事に通知されています。同指針の「 8　有料老人ホーム事業の運営，⑵名簿の整備・⑶帳簿の整備」を参照。
2)　公益社団法人全国有料老人ホーム協会ホームページの「チェックポイント～入居前の準備～　ホーム選びをする前に参照（https://user.yurokyo.org/point/point0006/）。
3)　前掲注 1)の指針「 9　サービス等，⑴ハ　身元引受人への連絡等」参照。
4)　伊賀市社会福祉協議会が，保証人がいないとの問題について，「地域福祉あ

第3章　死後事務委任

んしん保証推進プロジェクト事業」として取組みをしています（http://www.
hanzou.or.jp/chiikifukushi/kenriyougo/anshinhosho/）。

　このほか参考資料として，「『身元保証等』がない方の入院・入所にかかる
ガイドライン」を平成29年2月に半田市地域包括ケアシステム推進協議会が
公表しています。

5）日本弁護士連合会「医療同意能力がない者の医療同意代行に関する法律大
綱」（平成23年12月15日）及び公益社団法人成年後見センター・リーガルサ
ポート「医療行為における本人の意思決定支援と代行決定に関する報告及び
法整備の提言」（平成26年5月15日）で医療行為の同意に関する詳細な報告が
なされています。また，成年後見制度の利用の促進に関する法律11条3号に
おいて，意思決定能力のない者が医療・介護が受けられるよう支援の在り方
を検討し必要な措置を講ずることとされています。

6）「介護老人保健施設の人員，施設及び設備並びに運営に関する基準」（平成
11年3月31日厚生省令第40号　最終改正平成28年2月5日厚生労働省令第14
号）5条の2は「介護老人保健施設は，正当な理由なく介護保健施設サービ
スの提供を拒んではならない。」と定めています。「全国介護保険・高齢者保
健福祉担当課長会議資料」平成30年3月6日【高齢者支援課】1．介護施設
等の整備及び運営について，(6)介護保険施設における身元保証人等の取扱い
についてを参照。

7）平成29年8月公表の「戸籍制度に関する研究会最終取りまとめ」の「第6
の2⑾その他の論点，イ　死亡届の届出人資格の拡大」において，死後事務受
任者を届出人に含めることが提言されています。令和元年5月24日，戸籍法
の一部を改正する法律（令和元年法律第17号）が成立し，任意後見受任者は
死亡の届出ができるようになりました（同月31日公布）。

8）東京家裁後見問題研究会編『後見の実務』別冊判例タイムズ36号99～102頁。

9）大塚竜郎「『成年後見の事務の円滑化を図るための民法及び家事事件手続法
の一部を改正する法律』の逐条解説」家判7号82～84頁。

10）松尾知子「遺言以外の死後の意思実現」野田愛子＝梶村太市総編集『新家
族法実務大系4巻〔相続Ⅱ〕』351～352頁（新日本法規，2008）。

11）日本公証人連合会編著『新版　証書の作成と文例　家事関係編〔改訂版〕』

277

第4編　円滑化法を補完する理論

165〜166頁（立花書房，2017）文例20から年忌法要の項目が削除されています。

12) 平成29年1月「身元保証等高齢者サポート事業に関する消費者問題についての調査報告」並びに建議を消費者委員会が行い，平成29年8月22日に建議についての厚生労働省医政局総務課ほか，からの実施状況報告がなされています。

13) 相続人の解除権の制限を認めるものとして，後藤巻則「死後の事務処理の委託と委任契約の終了」星野英一＝平井宜雄＝能見善久編『民法判例百選Ⅱ債権』別冊ジュリスト176号147頁（有斐閣，第5版新法対応補正版，2005)，金山直樹「委任者が受任者との間でした自己の死後の事務を含めた法律行為等の委任契約と委任者の死亡による契約の終了」判タ852号68頁。相続人の解除権の制限を認めないものとして，岡孝「委任者死亡後の委任契約の効力」判タ831号41頁。

〔迫田　博幸〕

コラム12
被保佐人・被補助人との葬儀，永代供養を中心とした死後事務委任契約

　被補助人であるＡさんの親しい親族は，従弟のＢさんです。　Ａさんは，従弟のＢさんに遺言で全財産を遺贈するとともに，亡くなったときは，両親を永代供養したお寺で，葬儀をして納骨すること，また，その費用を遺贈した財産から支出することをお願いしています。しかし，万が一Ｂさんがその義務を履行しなかったとしても，その負担付遺贈に係る遺言の取消しを家庭裁判所に請求できる相続人がいません。一方，被保佐人のＣさんは，50年前の就職を機に四国から大阪に来ました。Ｂさんが亡くなった後は，両親が供養されている出身地のお寺に納骨を望んでいます。これらの事例のように，高齢者は，認知症の症状が現れ，契約等の法律行為をすることが難しくなっても，お墓や供養には深い思い入れがあるようです。

　平成28（2016）年の民法改正が後見類型のみに限定された理由として，成年後見人は成年被後見人の財産について包括的な管理権を有しているが，保佐人，補助人は特定の法律行為について同意権又は代理権を有しているにすぎず，補助人・保佐人に死後事務に関する権限を付与することとすると，被補助人，被保佐人の生前より，かえって強い権限を付与することになるからとしています。

　上記の例では「両親と同じ寺で葬儀をしてほしい」「出身地の寺に永代供養してほしい」といった希望は明確に意思表示がなされています。しかし，このような葬儀，永代供養は，応急処分義務で行うことができません。本人が意思決定をしているそれらの項目については，本人の意思が実現できるように保佐人等が代理権の付与を受けて死後事務委任契約を締結し，受任者に必要な費用を預けることとしては，どうでしょうか。ただしこの場合，利益相反となるため，報酬を発生させないとした場合でも本人と保佐人等が契約を締結することは望ましくありません。また，本人の死亡後，元保佐人等は相続人に財産を引き継ぐまで財産管理を継続することになるという点からも適切ではないと考えます。さら

に，費用をどのように保管するかということも課題となります。たとえ葬儀社と生前のパッケージ契約をしていたとしても，契約時には亡くなる場所や，時期が分からないため，実際に要した費用を後で清算する必要が生じる場合もあります。

そこで，推定相続人ではないが親しい親族や専門職等の信頼のできる第三者と死後事務委任契約を締結し，必要な費用及び報酬を受任者が預かり口座で管理し，補助人・保佐人が定期的に受任者から通帳等で確認することとすると，本人はさらに安心をして，その後の生活を送ることができるのではないでしょうか。ここでの預け金は，生前は本人の財産の一部として定期的に家庭裁判所に報告され，本人が亡くなった後は，元保佐人等が管理の計算を行うに際して，契約の履行を確認することができます。

また，預貯金等の財産管理の代理権のない補助人・保佐人である場合は，事務管理や応急処分義務で死後事務を行っても，その費用を本人の財産から支出することができないため，死後事務委任契約の必要性はさらに強まります。死後事務委任契約の受任者は，本人の生前は補助人・保佐人に定期的に預け金の報告をし，死亡後は，元補助人・元保佐人に契約の履行を報告する等を契約で取り決めておくことも有益であると思われます。

〔岸川　久美子〕

諸外国における
成年後見と死後事務

コラム13　ドイツにおける死後事務

コラム14　フランスにおける死後事務

コラム15　アメリカにおける死後事務

コラム13

ドイツにおける死後事務

　ドイツは，高齢化社会を迎えるにあたり，日本に先行して成年後見制度や介護保険制度を整備してきました。日本は，成年後見制度や介護保険制度を導入するにあたって，これらの制度を参考にして整備してきましたが，これらの制度の前提となる諸条件が大きく異なるためか，ドイツでは死後事務の問題は日本ほど生じておりません。

　ドイツには，日本の成年後見制度にあたる制度として，世話制度があります。日本の成年後見制度との大きな違いは，類型はなく，一元的な制度となっています。すなわち，成年者が，精神病又は身体的，精神的，知的障害のために，一時的もしくは継続的に，自己の事項の全部又は一部を，自ら配慮できない場合に世話裁判所により世話人が選任されます（ドイツ民法1896条１項（以下，特筆しない限り，ドイツ民法とします。））。世話人の職務の範囲は，世話が必要なものに限られます（1986条２項）。世話人は，与えられた範囲で，被世話人のために法定代理権や同意権を行使します。そして，世話の終了も，要件が脱落したときに終了しますが（1908d条），世話は自動的に終了するのではなく，与えられた職務を終えた場合や本人が自ら世話に関する事項を行えるようになった場合に，世話裁判所が審査をして廃止を決定します。ただし，被世話人が死亡した場合には当然に終了すると解されています。

　終了にあたっては，本人の財産の引渡しや管理に関する計算義務を負い（1908i条，1890条準用），その際，財産目録も提出されます（260条）。しかし，日本においてみられるような世話人による遺体の引取りや埋葬を職務範囲として拡張するような動きはありません。というのも，世話法という観点から見た場合，世話人の職務範囲は上記のとおり限定されたもので，遺体の引取りや埋葬は世話人の職務範囲には入っていないからです。もっとも，職業世話人が葬儀・埋葬を行った場合には報酬を受けることができます。この場合，世話裁判所はその行為について死後でも報酬として定めることができ，その報酬は遺産から支払われると

考えられているようです（黒田美亜紀「ドイツにおける本人の死亡と世話人の権限」田山輝明編『成年後見　現状の課題と展望』（日本加除出版，2014）110頁）。

　ちなみに埋葬義務者として，公法（火葬法）上，一定の親族（配偶者，直系卑属，直系尊属，兄弟姉妹並びに婚約者）が明記されています。私法上の明確な規定はありませんが，公法が類推されると解されています。さらに，埋葬にかかった費用負担は，相続法上の問題として捉えられています。埋葬費用は「遺産債務」と解され，相続人が負担するものとされています（1967条）。埋葬義務者と相続人は一致しておりません。相続人とは異なる者が埋葬を行った場合には，相続人に償還請求が可能です（1968条）。契約に基づき行ったことから生じるのか，事務管理等に基づく請求かは問題となりません。なお，ドイツ法の特徴は，相続人は，その責任範囲を遺産に限定することができるため，埋葬費用も遺産から支払うことができる限度で，弁済するにすぎません。ここで考慮される埋葬費用は，被相続人の「生活水準」に従うことになります。

　なお，埋葬に関して，本人が埋葬者や埋葬方法などについて希望がある場合，事前に契約により対応することは可能です。ドイツでは，日本法と異なり，委任契約は委任者が死亡しても原則として終了せず（672条），死後も本人（委任者）の意思をできる限り尊重させようとする制度となっています（ただし，相続人の撤回権を制限する場合や公序良俗に反する場合を除きます。）。

【注】

・ドイツ法における成年後見（世話）と死後事務の詳細は，上記に引用した論文のほか，拙稿・本書初版「ドイツ法における成年後見制度と死後の事務」（2011）223頁以下を参照してください。

〔冷水　登紀代〕

コラム14　フランスにおける死後事務

コラム14
フランスにおける死後事務[1]

　フランスでも，被後見人の死亡をもって法定後見は終了します。従来は明文の規定を欠いていましたが，2007年の後見法の改正で[2]，後見人の任務は被後見人の死亡によって終了するとの規定（民法典418条[3]）が置かれるに至っています。

　被後見人が死亡すると，後見人が管理していた被相続人の財産は，被後見人の相続人に当然に承継されます。それゆえ，後見終了後の問題は，相続法の領域であり，もはや後見の領域ではありません。上記規定も，「とりわけ，死亡した被保護者〔被後見人等を指す〕の財産を法定受任者〔後見人等を指す〕が管理し続けることを禁止することを目的としている」とされています[4]。

　フランスにおいては，相続の処理・遺産分割は，公証人（notaire）が担当するので，後見人は，管理していた被後見人の財産を，相続人が指定する公証人に引き継ぐことになります。相続人によって公証人の指定がなされない場合には，公証人センター長が指名する公証人に引き継ぐことになっています（民事訴訟法典1215条1項）。後見終了後の財産関係は，公証人の担当であり，後見人のなすべきことではありません。後見人からの相続財産の引渡しは，公証人に対してであるためスムーズになされるでしょう。

　また，我が国での死後事務の問題は，成年後見人が被後見人の遺族・相続人ではなく，第三者（特に専門家）であることから生じますが，フランスでは，被後見人の保護は家族に担わせるべきと考えられています。すなわち，後見人を選任するのは，原則として裁判官ですが，選任すべき者が定められており，次の順によらなければなりません。①被後見人が事前に指定していた者（民法典448条），①がない場合には，②配偶者，パックス又は内縁のパートナー（共同生活を維持していることを条件に），③血族，姻族，又は成年者と緊密かつ持続的な関係を有する同居人。そして，④専門職後見人は，極めて補充的にしか選任されませ

285

ん[5]。それゆえ，後見人による死後事務の問題は生じにくいものと思われます。

後見人が，相続財産の引渡し前に，何らかの事務を処理する場合に，事務管理の規定に従ってなすことは妨げられていません（民法典418条）。ただし，フランス法の事務管理では，管理者が本人（被後見人の相続人）に対して費用償還をなし得るのは，管理人の行った事務が有益なものであった場合に限られています（民法典1375条）。フランス法は，後見人が積極的に死後の事務を遂行することには抑制的だと言えます。

【注】

1）宮本誠子「フランス法における成年後見制度と死後事務」本書初版（2011）233頁以下で論じました。また，山城一真「本人死亡と成年後見人の権限―フランス法」田山輝明編著『成年後見　現状の課題と展望』（日本加除出版，2014）117頁以下にも詳説があります。

2）Loi n°2007-308 du 5 mars 2007 portant réforme de la protection juridique des majeurs. 2009年1月1日施行。

3）フランス民法典418条「事務管理の規定を除き，保護されていた者の死亡により，保護の責任を負っていた者の任務は終了する。」

4）国民議会及び元老院から提出された報告書 Rapport n°3557 de M.Emil Blessig.

5）ジャック・コンブレ，山城一真訳「老い―老いのもたらす影響，老いへの備え―」慶應法学32号（2015）123～124頁，150～151頁。

〔宮本　誠子〕

コラム15

アメリカにおける死後事務

　アメリカにおける成年後見（adult guardianship）は州によって法律が異なります。身上監護の意味ではguardianshipという用語を，財産管理の意味ではconservatorshipという用語を用いる州がある一方，カリフォルニア州のように，guardianshipという用語を用いず，身上監護と財産管理の両面でconservatorshipという用語のみを用いる州もあります。

　成年後見制度は，その制度を利用することにより，成年被後見人（ward）の行為能力が制限されるので，あくまで最後の手段として考えられています[1]。そのため，より制限的でない方法として，信託（trust）やリビング・ウィル（living will），持続的代理権（durable power of attorney）等の後見制度に代替するシステムがあります。日本の任意後見制度に相当する持続的代理権は，当事者の一方が相手方に一定の事務処理（財産管理・身上監護）を委託し，本人が無能力となった場合においても持続的効力を持つ委任です。

　成年被後見人が他州へ転居・転院する場合は，州と州の管轄問題や後見開始裁判の効力の承認の問題等，複数の州が関連する事案において様々な問題が生じる可能性があります。そのため，アメリカの統一州法委員会（Uniform Law Commission）は2007年に統一成年後見及び保護手続管轄権法（Uniform Adult Guardianship and Protective Proceedings Jurisdiction Act – UAGPPJA）を制定し，現在，50州中46州において採用されています[2]。

　成年被後見人の死亡後の後見事務処理に関しては，成年後見人が行うことができる死後事務の内容及びその手続を明確に規定する州法があります。例えば，ニューヨーク州では，成年後見人が成年被後見人の死亡前に債務等を支払う権限を有していた場合は，成年被後見人の死亡後においても裁判所の許可を得て，相続財産管理人又は遺言執行者が選任されるまで成年被後見人の葬式費用や債務を支払うことができます[3]。

287

また，テキサス州においても，成年後見人は裁判所の許可を得て，成年被後見人の財産を相続財産管理人に引き渡す前に，成年被後見人の葬式の手配，葬式費用及びその他の債務を相続財産から支払うことができます[4]。さらに，フロリダ州では，葬式費用として成年被後見人の財産から6,000ドル以内の支払が認められていましたが，2017年の州法改正によりその制限が廃止され，裁判所がケースバイケースで妥当な金額を決めることができるようになりました[5]。

【注】

1) Sen. Gordon H. Smith and Herb Kohl, Guardianship for the Elderly: Protecting the Rights and Welfare of Seniors with Reduced Capacity, U.S. Senate Special Committee on Aging (Dec. 2007) (http://supporteddecisionmaking.org/sites/default/files/guardianship_report_elderly_senate_0.pdf)

2) http://www.uniformlaws.org/Default.aspx

3) NEW YORK STATE MENTAL HYGIENE LAW § 81.21(a)(14), § 81.21(a)(19).

4) TEXAS ESTATES CODE § 1204.051.

5) FLORIDA STATUTES § 744.441(16); CS/HB 399 (2017).

〔マルセロ・デ・アウカンタラ〕

新・成年後見における死後の事務
──円滑化法施行後の実務の対応と課題──

2019年3月1日　初版発行
2023年1月27日　第4刷発行

編　者　　松　川　正　毅

発行者　　和　田　　　裕

発行所　　日本加除出版株式会社
本　社　　〒171-8516
　　　　　東京都豊島区南長崎3丁目16番6号

組版　㈱郁文　　印刷・製本（POD）　京葉流通倉庫㈱

定価はカバー等に表示してあります。
落丁本・乱丁本は当社にてお取替えいたします。
お問合せの他、ご意見・感想等がございましたら、下記まで
お知らせください。

〒171-8516
東京都豊島区南長崎3丁目16番6号
日本加除出版株式会社　営業企画課
電話　03-3953-5642
FAX　03-3953-2061
e-mail　toiawase@kajo.co.jp
URL　www.kajo.co.jp

Ⓒ Tadaki Matsukawa 2019
Printed in Japan
ISBN978-4-8178-4541-2

JCOPY 〈出版者著作権管理機構　委託出版物〉

本書を無断で複写複製（電子化を含む）することは，著作権法上の例外を除き，禁じられています。複写される場合は，そのつど事前に出版者著作権管理機構（JCOPY）の許諾を得てください。
また本書を代行業者等の第三者に依頼してスキャンやデジタル化することは，たとえ個人や家庭内での利用であっても一切認められておりません。

〈JCOPY〉　H P：https://www.jcopy.or.jp，e-mail：info@jcopy.or.jp
電話：03-5244-5088，FAX：03-5244-5089

被後見人の意思を探ることは、どのようにしてできるのか？
事務の指針となる、類のない一冊！

近畿司法書士会連合会
(公社)成年後見センター・
リーガルサポート
推薦

成年後見における意思の探求と日常の事務
事例にみる問題点と対応策

松川正毅 編

2016年1月刊 A5判 300頁 定価3,080円(本体2,800円)
978-4-8178-4284-8 商品番号:40616 略号:成年事

- 被後見人の意思を探ることの意味を、後見開始から順を追って考察。
- 実務で遭遇するであろう重要な問題を題材にして、被後見人の意思、事務の正当性を、問題指摘とともに探求。

【収録内容】

序．成年後見における被後見人の意思

第1章 後見が始まるとき
後見人を選任するとき―利害関係について―／成年後見制度における市町村長申立て／コラム：本人財産の侵害について／被後見人の財産が支援信託されるとき／自立した老後に向けて―任意後見契約の問題点について―

第2章 財産管理に関する行為
被後見人に郵便物が届いたとき／不動産の管理と処分／コラム：土地の筆界確認／被補助人本人がなす銀行取引／被後見人がなす無償行為／本人の意思尊重と法定監督義務者としての責任について／本人が日常生活に関する行為をするとき／コラム：自己決定尊重と本人保護／成年後見等監督人の監督事務―監督人の「監督事務」の実情と同意権の有無の問題点を中心として―／未成年者の成年後見人に選ばれたとき

第3章 身分に関する行為
被後見人が養子縁組をしたとき―身分行為に隠れた財産行為―／親族が介護の日当を請求したとき／被後見人が相続人になったとき／後見人の管理行為が被後見人の遺言処分と抵触するとき／コラム：会社経営者が被後見人になったとき―事業承継―

第4章 特別寄稿
台湾の後見と介護

日本加除出版

〒171-8516　東京都豊島区南長崎3丁目16番6号
TEL (03)3953-5642　FAX (03)3953-2061　(営業部)
www.kajo.co.jp